Und ein Schiff mit acht Segeln
Und mit fünfzig Kanonen
Wird liegen am Kai.

Diese Zeilen machten Lotte Lenya als Seeräuber-Jenny in der *Dreigroschenoper* unsterblich. Doch wer war diese Frau, die fast über Nacht zum Publikumsliebling der Weimarer Republik avancierte? Geboren 1898 in ärmlichen Verhältnissen in Wien, kam Lotte Lenya Anfang der 1920er Jahre nach Berlin – getrieben vom Drang, die Bühnen zu erobern. 1924 lernte sie Kurt Weill kennen, und die beiden verliebten sich ineinander. Weill erkannte ihr Talent, Menschen mit ihrem Gesang zu berühren. Er schneiderte ihr musikalische Parts auf den Leib, und als die beiden 1927 Brecht begegneten, war auch dieser angetan von Lenyas Natürlichkeit, mit der sie seinen Huren, Seeräuber-Bräuten und Waschweibern Leben einhauchte. Nach der Uraufführung der *Dreigroschenoper* 1928 feierten die Kritiker ihre mitreißende Darstellung und Widersprüchlichkeit. Lotte Lenya ist grob und zart, verletzlich und verrucht. Fröhlichkeit und Melancholie gehen bei ihr Hand in Hand. Die schillernde Frau verbirgt etwas Dunkles, das ihre Beziehungen immer wieder auf die Probe stellt. Als Anfang der 1930er Jahre die Nationalsozialisten die Straßen Berlins an sich reißen, muss sie sich entscheiden …

Eva Neiss, geboren 1977, lebt mit ihrer Familie in Hamburg. Sie hat einen Magister in Literaturwissenschaften und einen Bachelor in Psychologie. Eva Neiss hat sich intensiv mit der wechselhaften Geschichte der 1920er und 1930er Jahre beschäftigt, ebenso mit der Musik dieser Zeit.

Weitere Informationen finden Sie unter www.fischerverlage.de

EVA NEISS

LOTTE LENYA
UND DAS LIED DES
LEBENS

———◇———

Die Frau, die Kurt Weill und Bertolt Brecht
ihre Stimme schenkte

Roman

FISCHER Taschenbuch

FSC
www.fsc.org

MIX
Papier aus verantwor-
tungsvollen Quellen
FSC® C083411

Originalausgabe
Erschienen bei FISCHER Taschenbuch
Frankfurt am Main, Dezember 2020

Satz: Dörlemann Satz, Lemförde
Druck und Bindung: CPI books GmbH, Leck
Printed in Germany
ISBN 978-3-596-00062-3

PROLOG

Lotte tanzte auf dem Grab der Stadt. Zumindest fühlte es sich so an, in unrhythmischen Schrittfolgen den Pfützen auszuweichen, während einem der kühl-feuchte Duft eines Mausoleums in die Nase stieg.

Ein nieselgrauer Apriltag neigte sich seinem Ende entgegen, und Lotte erinnerte sich an keinen Frühlingstag, an dem weniger Verheißung in der Luft gelegen hätte. Fröstelnd schlug sie ihren Mantelkragen dicht vors Gesicht. Die feuchte Wolle kratzte an ihrem Kinn. Wie schrecklich deprimierend dieses neue Berlin doch war! Da hieß man gerne die Nacht willkommen, deren Schwärze die Trümmerberge verhüllte.

An das Berlin, das ihr Zuhause gewesen war, erinnerten höchstens noch ein paar Leuchtreklamen. Anstelle von einigen Gebäuden, die damals hell illuminiert gewesen waren, klafften immer noch Baulücken. Zerstört war der Ballsaal des Femina mit seinen Tausenden Glühbirnchen. Früher war das Gedränge darin so groß gewesen, dass man mit den Freunden wenige Meter weiter am besten per Tischtelefon sprach. Auf den Einbruch der Nacht hatte Lotte allerdings auch früher schon sehnsüchtig gewartet. Darauf, dass die Dunkelheit alles Fadenscheinige

5

verschluckte. Dennoch war es etwas ganz anderes, daraufhin in einen 1000-Watt-Rausch einzutauchen, als in diese Trübnis.

Sie kam nicht umhin, sich zu fragen, wie ihr Gastgeber es aushielt, wieder hier zu leben, nach allem, was gewesen war. Lotte selbst würde an der Wehmut ersticken. Sein Haus im Hinterhof der Chausseestraße war nicht mehr weit entfernt. Gleich würde sie also vielleicht erfahren, warum er zurückgekehrt war. Im Grunde war es ihr aber egal, solange er ihr nur gestattete, dieses eine Lied auf ihrer neuen Schallplatte zu singen. Im Gedanken an ihre Mission trieb sie sich trotz ihrer Müdigkeit selbst an, ihre Schritte auf dem einsamen Pflaster zu beschleunigen.

Früher hatten sie sich alle mühelos, wie von einer unsichtbaren Kraft getrieben, vorwärtsbewegt. Das noch junge Wunder der Elektrizität hatte in der Luft gelegen und die Stadt samt ihren Bewohnern unter Strom gesetzt.

Der Führer hat sein Versprechen vortrefflich gehalten, uns innerhalb von zehn Jahren ein Berlin zu schenken, das wir nicht wiedererkennen würden, dachte Lotte bitter.

Oder hatte nur sie sich verändert? Waren es nur die Ferne und die Zeit, die sie dieser Stadt entfremdet hatten? Schon damals hatte es versehrte Soldaten und verlumpte Kinder gegeben, die sich ihr weniges Geld erbetteln mussten. Aber in Lottes Erinnerung glühten noch die tristesten Gestalten in der fiebrigen Erwartung eines Neuen, das nach dem ersten großen Krieg nur etwas Besseres sein konnte. Doch dann kam ein zweiter Krieg, der eine Zerstörung ohne Versprechen und eine gespaltene Stadt hinterlassen hatte.

Die weite Welt, die ihnen offenzustehen schien, wurde nun von einem eisernen Vorhang verdeckt. Doch die Ameisen des jungen Arbeiterstaates errichteten ihre Stadt unermüdlich neu. Dass manche von ihnen dabei so abgestumpft aussahen, musste an ihrem neuen Wissen liegen. Nun war erwiesen, dass einem schlimmen Krieg sehr wohl noch schlimmere Schlachten folgen konnten. Das glorreiche Danach des ersten hatte sich als ein trügerisches Dazwischen entpuppt. Wer sollte also diesmal garantieren, dass sich an der Spree nicht schon der nächste stümperhafte Kunstmaler seinen Allmachtsphantasien hingab? Dass er rasch Gefolgschaft finden würde, stand außer Frage. Auch wenn schon der letzte Krieg keine Chance gehabt haben dürfte, wenn man die Menschen hier danach fragte. Schließlich war ja keiner von ihnen ein Nazi gewesen, das hatte man Lotte erst gestern wieder versichert. Wirklich, nicht ein Einziger! Sie alle waren als erschütterte Opfer aus einem bösen Traum erwacht, an dessen Ende man die Schurken in Nürnberg aufgeknüpft hatte. Besser man ließ die anderen nun in Ruhe ihre Wunden lecken. Natürlich musste man den Roten dankbar sein, dass sie geholfen hatten, den Braunen den Garaus zu machen. Trotzdem hatte es sich alles andere als erhebend angefühlt, an diesem Morgen über die Stalinallee zu spazieren, die erste sozialistische Straße Deutschlands. Früher hätte sie behauptet, dass ihre Gesinnung so rot sei wie nur irgendetwas. Das hielt sie nicht davon ab, das Berlin zu betrauern, das noch viel mehr Farben gekannt hatte als diese beiden. Sie hatte in ihm stets eine Seelenverwandte gesehen: vielleicht ein wenig gebrochen im Innern, aber doch jederzeit bereit, das Scheinwerferlicht durch diese Lücken scheinen zu lassen und dem Publikum eine augenzwinkernde Todesverachtung zu zeigen.

War das alles nicht gerade erst gestern gewesen? Der Gedanke, dass dies alles für Kurt schon so vorbei war, wie etwas nur vorbei sein konnte, schien ihr immer noch unerträglich. Aber sie hatte es sich zu ihrer Aufgabe gemacht, mit all ihrer Kraft zu verhindern, dass er in den Augen der Welt an Bedeutung verlieren sollte, bloß weil er selbst sie nicht mehr sehen konnte.

Die neue Aufnahme, die sie gerade plante, wäre ein bedeutender Beitrag, die Erinnerung an ihn wachzuhalten. Deshalb betrat sie den schummerig beleuchteten Hinterhof mit festen Schritten, auch wenn ihr schauderte: Dieser Brecht lebte tatsächlich inmitten eines Friedhofs. Er thronte über den bleichen Gebeinen des Dorotheenstädtischen Friedhofs mit dem alten Hugenottenfriedhof gleich nebenan. Gewöhnliche Menschen würden hier jeden Windhauch als eisigen Atem in ihrem Nacken spüren. Niemals könnte Lotte sich länger an einem Ort wie diesem aufhalten. Man musste natürlich berücksichtigen, dass normale Maßstäbe für Brecht nicht galten. Und als er die Tür öffnete, verflog auch bei ihr jede Beklemmung. Sie streifte sie an seiner Garderobe mitsamt ihrem Mantel ab und kehrte noch einmal in seine Welt zurück.

»Sei alles, nur nicht sentimental!« Sie hörte das Raunen seiner jüngeren Stimme in ihrem Kopf. Von ihm hatte sie ihre besten Schauspielkniffe gelernt, egal, welche Unstimmigkeiten es später gegeben hatte. Als sie auch noch das Kopftuch abnahm, lachte sie laut auf. »Wie eine alte Babuschka. Ich schwöre, ich habe so etwas noch nie getragen. Aber ich dachte, hier trägt man es womöglich so. Nun sag doch mal, Brecht, wie fühlt es sich denn an, mitten auf einem Friedhof zu leben?«

Ihr Blick schweifte über die Mütze und seine Lederjacke. Er war bekleidet, als wolle er gleich noch einmal auf die Straße gehen. Entweder konnte er nicht einmal hier drinnen mit sich allein aufhören, *der* Brecht zu sein, oder ihm fehlte das Geld für das Holz im Ofen. Sehr warm war es nicht bei ihm.

Während er ihr höflich einen guten Abend wünschte, blickte er sie mit seinen schwarzen, tief liegenden Augen an. Keine Regung war in ihnen zu erkennen, doch Lotte hatte nicht vergessen, wie trügerisch diese Stille war. Ruhe würde in diesen Sümpfen erst herrschen, wenn Brecht unter einem der Grabsteine dort draußen läge. Sie wusste, dass er sie einer heimlichen Prüfung unterzog, die jede Falte, jede Regung und ihre Haltung deutete. Lotte ließ sich bereitwillig mustern, ohne einmal die Augen zu senken. In ihrem Leben hatte sie nur selten unter einem Blick den Rückzug angetreten. Stattdessen reckte sie auch dieser Herausforderung ihr Kinn entgegen, das über die Jahre noch ein wenig markanter geworden war. Sie glaubte, sich an eine Zeit zu erinnern, in der sie zurückhaltender gewesen war, aber die lag viel weiter zurück als die Jahre, in denen sie Brecht kennenlernte. Die Männer waren früh zu ihr gekommen, und im Kampf um ihr Brot hatte sie noch viel früher, als kleines Kind schon, auf jede unsinnige Scheu verzichtet, die ihr Leben hätte erschweren können. Sie hatte lachend jeden Krumen aufgesammelt, den Soldaten den Kindern aus ihren Kasernenfenstern zuwarfen. »Ich war jung, Gott, erst sechzehn Jahre …«

In ihrem Kopf summte sie die Zeilen unwillkürlich mit ihrer alten, höheren Stimme. Sie selbst war erst dreizehn Jahre alt gewesen, als einer sie mit auf ein schäbiges Zimmer genommen hatte.

Und so stupste sie den ach so bedeutenden Dichter ohne Befangenheit gegen den Arm und bedeutete ihm auf diese Weise voranzugehen. Nachdem sie das Arbeitszimmer betreten hatten, beantwortete er plötzlich ihre Frage.

»Aber wie sollte es sich denn anfühlen, Lotte? Denkst du etwa, ich fürchte mich, die eigene Zukunft vor Augen zu haben?« Er kicherte.

»Schön gesagt, Brechtchen. Aufmunternd wie eh und je.« Lotte verzog einen Mundwinkel.

Sobald er sich auf den Stuhl hinter seinen Schreibtisch niedergelassen hatte, nahm er einen halb gerauchten Stummel aus dem überquellenden Aschenbecher neben seiner Schreibmaschine. Was war denn aus seinen Zigarren geworden? Beim Öffnen des Mundes gab er den Blick auf schwarze Stummel frei. Nach einer schnellen Streichbewegung erglomm das Streichholz und wurde nach dem ersten Zug mit einem kurzen Schütteln der Hand wieder gelöscht. Die Jahre hatten die seltsame Asymmetrie seiner Züge verstärkt. Mittlerweile stand seine rechte Augenbraue so hoch über der linken, dass er wohl gar nicht mehr anders konnte, als spöttisch dreinzublicken. »Was hast du denn da in deiner großen Tasche, Lotte?«

»Ein Sandwich. Ich war mir nicht sicher, ob es in diesem neuen Land etwas Anständiges zu essen gibt. Und falls man mich nicht wieder auf die andere Seite lässt, will ich vorbereitet sein.«

Jetzt lachte Brecht genauso, wie er es ganz am Anfang ihrer Bekanntschaft getan hatte, bevor er allzu linientreu wurde. Es war ein Lachen, das seinen ganzen Körper erschütterte. Tränen kullerten seine Wange herunter. Lotte schloss die Augen und wartete auf die Worte, die solchen Ausbrüchen damals gefolgt waren.

»Ja, das Leben.« Er hatte es gesagt. Lotte lächelte, während Brecht sich mit den Fingerknöcheln die Augen rieb. »Ach, Lotte. Du hast dich kaum verändert. Immer für eine Überraschung gut und durch nichts aus der Ruhe zu bringen. Wusstest du, dass

Hegel dort begraben liegt? Das sollte uns Aufmunterung genug sein.«

Lotte verstand nicht, wieso sie die Anwesenheit eines toten Philosophen tröstlich finden sollte. Letztendlich handelte es sich doch nur um eine Abwesenheit, die sich in nichts von der eines toten Hausierers unterschied. Aber natürlich liebte Brecht seinen Hegel und hatte früher seiner Begeisterung in weitschweifigen Ausführungen reichlich Ausdruck verliehen. Weil Lotte immer schon neugierig gewesen war, hörte sie ihm bisweilen gerne zu. Doch dieses Wissen aus zweiter Hand genügte ihr vollauf. Ein gelehrter Mann mochte üppige Wälzer für seine Artgenossen schreiben. Aber während diese in Regalen Staub ansetzten, hatten andere Menschen genügend damit zu tun, eine Handvoll hungriger Mäuler zu stopfen oder einfach das Leben zu leben. Und vom Leben außerhalb ihrer Köpfe schienen diese Männer nur wenig zu verstehen. Brechts Ausspruch ging ihr durch den Kopf. »Das Fressen kommt vor der Moral.« Doch es war leicht, anderen ein Verhalten vorzuwerfen, das in der menschlichen Natur liegt, wenn man selbst satt in seinem Cabriolet saß.

»Es muss sehr schön sein, wenn Hegel einem ein warmes Plätzchen freihält«, sagte sie trocken.

Brecht grinste. »Glaub mir, es war großer Einsatz nötig, mir dort ein Grab zu sichern. Und nun will ich noch einen Stein, an den ein Hund gerne pinkeln würde.«

Man konnte ihm einfach nichts krummnehmen. Lotte lachte laut auf und spürte, wie ihre Bitterkeit verflog. Die hatte ja ohnehin nur der Art gegolten, wie Brecht ihren Kurt behandelte. Lotte hingegen hatte sich von ihm immer anständig behandelt gefühlt. Und dieser boshafte Funke in ihm hatte sie oft genug herrlich amüsiert. Wie alt waren sie damals eigentlich gewesen? Auf jeden Fall noch keine dreißig Jahre, vielleicht fünfundzwanzig Jahre alt. Noch einmal so viele Jahre waren seither vergangen. Es kam ihr länger vor, als würden mindestens zwei Leben dazwischen stecken. Alles in allem schien Brecht aber noch der Alte zu sein.

Hätte Lotte in diesem Moment erfahren, dass schon bald das Herz dieses Mannes versagen würde, hätte sie es nicht geglaubt. Dieses Organ hatten Kurt und sie immer für seine kleinste Schwachstelle gehalten. Und doch würde sie in beinahe genau einem Jahr die Zeitung aufschlagen und darin zwei Schlagzeilen entdecken. »Lotte Lenya ist in Hamburg angekommen« und auf der gleichen Seite »Bertolt Brecht ist in Ost-Berlin gestorben«. Es würde ihr danach noch lange wie ein hinterfotziger Streich des Schicksals vorkommen, das sie auf diese Weise ein letztes Mal zusammenbrachte. Aber noch stand er lebend vor ihr und machte Scherze.

»Wenn du es sagst, Brecht. Mit Steinen kenne ich mich wirklich nicht aus. Mit Hunden übrigens auch nicht«, sagte sie. »Aber ich bin sicher, du wirst schon einen Stein finden, den jeder Hund beglückt anpinkelt.«

Bei dem ganzen sehr ernsthaft politischen und epischen Getöse um ihn herum hatte Lotte ganz vergessen, welch ein hinreißender Lump in diesem Herrn steckte. Einmal hatte Kurt bei ihm *Das Kapital* aus dem Regal gezogen, mit der Bemerkung: »Nanu, dabei muss es sich wohl um eine gekürzte Ausgabe handeln. Früher war das Werk dicker.« Dann fiel der Schutzumschlag hinunter, der zu groß für den Band darunter war. Brecht hatte einen Krimi von Edgar Wallace darin versteckt.

Lotte ließ sich eine Zigarette und Feuer reichen, dann lehnte sie sich mit dem Rücken gegen das schwere Bücherregal, während Brecht sich wieder in den Stuhl hinter seinem Schreibtisch sinken ließ. Lotte nahm einen tiefen Zug und betrachtete das Chaos auf seiner Arbeitsplatte – die unvermeidlichen, vollgekritzelten Kladden neben zwei dicken, aufgeschlagenen Wälzern.

»Ich hab gehört, du bist auf dem Weg in den Kreml?«, fragte sie, um nicht gleich mit ihrem Anliegen herauszuplatzen. Er sollte nicht herausfinden, wie wichtig ihr die Sache war. Es würde ihn nur dazu verleiten, die Katze zu geben, die mit einer Maus spielte. Als sie ihren Besuch am Telefon angekündigt hatte, schwadronierte er nur wieder über seine eigenen Pläne und Gedanken. Nach Lottes Leben und ihrem Befinden hatte er kein Mal gefragt. Stattdessen schien er immer noch so verbissen überzeugt von all dem epischen Dies und Das und der Verfremdung. Es war gut zu sehen, dass doch noch ein wenig von dem jungen Mann in ihm steckte, das vielleicht ihre lebendige Anwesenheit hervorgelockt hatte. Nach dem Kreml hatte sie ihn in der Absicht gefragt, ihm zu schmeicheln, doch nun blickte er leer an ihr vorbei. Es war schwer, aus ihm schlau zu werden. Nachdem die Bolschewiken seine *Mutter Courage* derart verunglimpft hatten, müsste es ihm doch ein Trost sein, mit einem Mal im Kreml den Stalinpreis verliehen zu bekommen.

»Sag mal, Brecht, kann es sein, dass es zwischen dir und den Befreiern doch nicht die ganz große Liebe geworden ist?«

Er verzog sein Gesicht. »Wann habe ich denn jemals an so etwas geglaubt?«

Genau wie Kurt hatte auch Brecht es nach der Flucht in Amerika probiert. Dort wurde er dann allerdings ebenso als Kommunist verteufelt wie im Hitler-Deutschland, auch wenn man ihn deswegen zum Glück nicht gleich in ein Lager steckte. So konnte er mit der roten Fahne in der Hand nach Deutschland zurückkehren, wo nun manch einer sein Werk als pompös abtat. Es schien, als müsste sein Platz immer an der eigenen Front bleiben – zwischen allen anderen.

Durch ihre gemeinsamen Erfolge konnte es nach außen so scheinen, als seien sie alle aneinander gebunden, dabei hatten sie von Anfang an nach ganz unterschiedlichen Dingen gestrebt: Brecht hatte es nach einer Revolution gedürstet. Kurt wollte die Oper erneuern, um sie für die Zukunft zu retten. Lotte selbst hatte sich nach den Holzdielen einer Bühne unter ihren Füßen gesehnt, nach dem Geruch staubiger Vorhänge und dem Licht der Scheinwerfer. Es hatte für sie nie etwas Schöneres gegeben, als sich ganz in dem zu verlieren, was mit ihr geschah, sobald der Vorhang sich öffnete.

»Lottchen, du schaust plötzlich so ernst, so kenne ich dich gar nicht«, sagte Brecht.

Für einen alten Grobian klang er beinahe zärtlich. Waren der Kegel seiner Schreibtischlampe und sein lauernder Blick schon die ganze Zeit auf sie gerichtet gewesen?

»Ach, es ist gar nichts. Die Stadt hat sich sehr verändert.«

»Vielleicht ist sie ja nun besser? Willst du denn wirklich mit mir über Politik reden?«

Sie schüttelte lächelnd den Kopf. »Nein, ich denke, da bist du dir selbst der beste Gesprächspartner. Was meinst du – soll ich in die Küche gehen, um uns eine warme Milch zuzubereiten? Ich glaube, etwas Warmes würde uns beiden guttun.«

Es schien Brecht kaum zu überraschen, dass eine Besucherin ihren Gastgeber bewirten wollte. Er war es gewohnt, dass sich jemand um ihn kümmerte. Schon vor vielen Jahren hatte dies die Weigel übernommen, mit der er immer noch zusammen war, auch wenn sie derzeit nicht die gleichen Räume bewohnten. Lotte hatte ein Foto von Helene in der Zeitung gesehen. Sie hatte schon in jungen Jahren alt ausgesehen und sich deshalb kaum verändert. Unter dem straff zurückgekämmten Haar sah sie den Betrachter ernst und misstrauisch an. Sie war jetzt die Intendantin des neuen Berliner Ensembles und inszenierte die Aufführungen ganz im Sinne ihres Mannes, auch wenn er gerade eine junge Frau namens Isot mehr liebte als seine eigene.

Auch hierin hatte er sich nicht geändert, ebenso wenig in seiner Abneigung gegen jede Art von Zeitverschwendung. Die Zeit, die sie in der Küche verbrachte, nutzte er, um sich wieder tief über eines der dicken Bücher vor ihm zu beugen. Als sie zurückkehrte, pochte der Stift in seiner Hand rhythmisch auf den Tisch, als versetzten ihn die Worte, die er las, in äußerste Unruhe. Lotte musste zweimal laut hüsteln, bis Brecht sie bemerkte und endlich das Buch zur Seite schob, um ein wenig Platz für die Milch zu schaffen. Lotte kehrte zu ihrem Platz am Bücherregal zurück und deutete lächelnd mit dem Kinn auf das Buch. »Machst du das etwa immer noch? Die Werke der anderen verbessern?«

Ertappt klappte er das Buch zu. »Glaub mir, sie profitieren davon.«

»Vielleicht sollte ich mir einmal deine vorknöpfen.«

Er kniff die Augen zusammen, entspannte sie aber gleich wieder. »Die sind so, wie sie sein sollen.«

Gewiss doch! Kurt und sie hatten oft über seine Manie gelacht, gedruckten Werken Ergänzungen und Anmerkungen hinzuzufügen. Er strich ganze Sätze und korrigierte die Grammatik. Alles wusste er besser, der arrogante Mistkerl. Selbst Hegel war nicht ungeschoren davongekommen. Lotte nahm einen Schluck von der warmen Milch und ließ sie ihre Wirkung tun. Sie war sogar besser als Alkohol, der einen erst ausgelassen und dann melancholisch stimmte. Diese cremige Flüssigkeit schmeckte süß, nach einer Vergangenheit ohne Bitterkeit. Sie gab sich keine Sekunde der Illusion hin, dass es eine solche jemals gegeben haben könnte – und dennoch, in diesen Tagen schien die vergangene Zeit schon deshalb vollkommen, weil sie damals jung und beisammen gewesen waren.

Sie spitzte ihre Lippen und pfiff die Melodie von Mackie Messer. »Erinnerst du dich noch daran, als dieses Stück in allen Straßen Berlins gepfiffen wurde?«

Brecht lehnte sich zurück, die Arme hinter dem Kopf verschränkt. »Natürlich. Dabei fanden wir es anfangs nicht einmal wirklich gut, sondern brauchten nur ein Stück, damit Paulsen, dieser Idiot, sich wichtig fühlen konnte.«

»Dieses Halstuch, das er immer trug.«

Sie lachten. Dann wurde seine Miene wieder ernst. »Ich weiß aber auch noch, wie sehr du sie alle gerührt hast. Man bekam das Gefühl, sie hätten noch nie zuvor etwas Wahrhaftiges erlebt.«

Lotte nahm seine Worte als Kompliment, auch wenn sie vielleicht einen Vorwurf beinhalteten. Passte es in seine Vorstellung vom Theater, die Menschen zu rühren? Nach der *Dreigroschenoper* schien ihnen die Welt offenzustehen. Dass zumindest der Teil der Welt, in dem sie sich zu Hause fühlten, sie ablehnen würde, damit hätten sie zu dem Zeitpunkt nicht gerechnet. Und doch vergingen danach nur noch zwei Jahre, bis sie sich die erste Prügelei mit den Braunhemden lieferten. Hätte sie von Anfang an wissen müssen, wie die Dinge weitergehen würden? Im Nachhinein liegt immer alles offen da, doch sie hatte in diesen widerlichen Gestalten zunächst nur ein paar Rüpel gesehen, die von Juden nur etwas weniger hielten, als es ihre Mitbürger taten. Vielleicht hätte sie als Frau eines Juden hellhöriger sein müssen. Dabei hatte sie Kurt geheiratet und nicht den Angehörigen irgendeiner Religion.

Sie fragte sich immer noch, wie Brecht zu all dem stand. Dass er die Nazis gehasst hatte, stand außer Frage. Sie trugen den Klassenkampf nicht auf die Art aus, die er sich wünschte. Aber darüber hinaus? Bei allem Getue um die Geschundenen hatte er die Beißer vorgezogen. Bisweilen war es Lotte sogar vorgekommen, als würde er Opfer verachten, selbst diejenigen, die unschuldig ins Elend geraten waren.

»Du schreibst deinen Nachnamen jetzt mit einem Ypsilon, Lenya. Das sieht ja sehr modern aus.«

»Der Name war ja ohnehin nie echt, da kann man ihn auch ein wenig der Zeit anpassen.«

Sie hatten genügend um den heißen Brei herumgeredet, fand Lotte. »Ich möchte dich um etwas bitten.«

»Mich um etwas bitten? Da bin ich gespannt.«

»Wir wollen eine neue Schallplatte aufnehmen, mit Weills Liedern.«

Brechts Augen verschlossen sich wie die Blende einer Kamera. Sogleich ärgert sich Lotte über ihre ungeschickte Wortwahl. Sie hätte nicht vom »Weills Liedern« anfangen sollen, wo Brecht die Stücke vor allem als seine Werke ansah. Dies war schließlich der Grund, warum sie an diesem Abend die Bittstellerin gab. »Ich will auf meiner neuen Schallplatte das Lied vom Surabaya-Johnny singen«, fuhr sie dennoch mit fester Stimme fort. »Es wäre schön, wenn du einwilligst.«

Im Halbdunkeln blieben Brechts Gesichtszüge unlesbar. Nur seine Körperspannung verriet, dass seine Aufmerksamkeit jetzt ganz Lotte und ihrer Sache galt.

Du bist nicht der Einzige, der eine Sache hat.

»Das Lied? Das habe ich ja schon fast vergessen«, rief er überrascht. Für einen Moment schwieg er. »Sing es mir vor. Bitte!«, forderte er dann mit rauer Stimme.

Lotte zuckte zusammen, weil es ihm wieder einmal gelungen war, sie kalt zu erwischen. Es war unvorstellbar, hier vor ihm in diese Stille hineinzusingen. Es gab keine instrumentelle Begleitung, die sie schützte. Nichts würde davon ablenken, wie dunkel und brüchig ihre Stimme geworden war.

»Vielleicht ist es dir ja nicht episch genug, Brecht – vielleicht gefällt es dir gar nicht«, wandte sie ein.

Als er endlich antwortete, klang seine Stimme sanft. »Lenya, mein Liebling, alles was du tust, ist mir episch genug.«

Da schloss sie die Augen und öffnete ihre Lippen. Während der ersten Takte hörte sie ihre gealterte Stimme durch seine Ohren, wie zum ersten Mal. Je länger sie sang, desto mehr verflog jede Bangigkeit. Sie sang, bis die Umgebung vor ihren Augen zu schwimmen begann und sie in die Bilder in ihrem Innern eintauchte.

Es war, wie man es vom Sterben behauptet – die Zeit schien sich auszudehnen, und Lottes ganzes Leben zog an ihr vorbei.

1. Akt

Ick kieke, staune, wundre mir,
uff eemal jeht se uff die Tür
(Das Klopslied)

1. Szene

◇

Das Ruderboot – Grünheide, Sommer 1924.

M it dem Handrücken wischt Lotte sich die Schweißperlen von der Stirn. Das Salz brennt auf dem frischen Mückenstich an ihrem Handgelenk. Gleich ein ganzer Schwarm dieser Biester hat sie umzingelt, während sie das Boot über das Wasser steuerte. Sie hat das Ruder nicht ein einziges Mal abgelegt, um nach ihnen zu schlagen, so sehr ist sie in Eile gewesen. Es gilt, einen wichtigen Auftrag zu erfüllen. Vermutlich wartet der Herr Komponist am Bahnhof schon ungeduldig darauf, von ihr abgeholt zu werden. Er soll die Musik zum neuen Libretto ihres Gastgebers verfassen. Seit Monaten lebt sie in dem prächtigen Haus der Familie Kaiser, ohne einen Pfennig zahlen zu müssen. Sie schuldet ihnen viel und willigte sofort ein, als der Herrscher des Kaiserreichs sie bat, einen Herrn Weill vom Bahnhof abzuholen. »Nimm einfach eines der Boote, dann musst du nicht den langen Fußmarsch durch den Wald antreten«, riet er ihr.

Sie hat es zunächst für einen Riesenspaß gehalten, hier im Ruderboot vorzufahren. Doch nachdem sie hastig den ganzen See überquert hat, brennen die Muskeln in ihren Oberarmen. *Nicht so schlimm.* Der Kaiser hat seinen Gast als vollkommenen Kavalier beschrieben. Sicher wird er gleich die Ruder in die Hand nehmen. Sorgfältig bindet sie das Boot am Steg fest und klettert auf die Planken. Die Stelle an ihrem Handgelenk juckt immer noch so furchtbar, dass sie den Zeigefinger zwischen die Lippen steckt, um etwas Spucke auf dem Stich zu verteilen. Als ihr einfällt, dass sie diese Hand gleich dem Gast reichen muss, trocknet sie die Stelle schnell an ihrem weißen Sommerkleid.

Andererseits hätte es ihm vielleicht nichts ausgemacht. Es ist sogar sehr wahrscheinlich, dass es sich bei dem Ankömmling um einen Speichellecker handelt. Lotte hat so ihre Erfahrungen mit aufstrebenden Musikern gemacht, die sich dem Herrn Kaiser andienen wollen. Ihr kann es egal sein, die Abwechslung kommt ihr gelegen.

Munter blickt sie der Sonne entgegen, mit der Hand an der Stirn, um die Augen vor dem gleißenden Licht zu schützen. Nie hat sie weniger Sorgen gehabt als in diesen Tagen. Im Hause der Kaisers inmitten von all dem Grün und Wasser kommt es ihr vor, als könne nichts Schlimmeres geschehen, als dass eine dunkle Wolke sie vom Baden abhält. Viel zu tun hat sie nicht, außer dem Nachwuchs eine Art große Schwester zu sein. Da sie mit mehreren Geschwistern aufgewachsen ist, fiel es ihr leicht, in die gewünschte Rolle zu schlüpfen. Sie genießt es, in dieser Familie das große Kind sein zu dürfen, das sie zuvor nie gewesen ist. Gut, dass sie nicht geahnt hatte, wie blond, sonnig und behütet man aufwachsen kann, sonst wäre sie jetzt vielleicht ganz gelb vor

Neid. Manchmal geht sie auch im Haushalt ein wenig zur Hand, wobei alle anspruchsvolleren Arbeiten der Hauslehrer, der Gärtner oder die Köchin erledigen.

Das Einzige, was sie vermisst, ist die Bühne. Aber bislang ist sie darauf nicht so weit gekommen, wie sie es sich erhofft hat. Und bis sie endlich ein neues Engagement ergattert, ist sie hier viel besser aufgehoben – ohne finanzielle Sorgen, fordernde Liebhaber und all die Verlockungen, Geld aus dem Fenster zu werfen. Nein, viel klüger ist es da doch wohl, sich vom beliebtesten Dramatiker des Landes Unterschlupf gewähren zu lassen. Schon allein das Essen ist hier so viel besser als in ihrer letzten Butze, wo sie sich immer einreden musste, Fischfrikadellen zu essen, wenn die Wirtin wieder einmal Speisen in unnatürlichen Farben auftischte. Zur Beruhigung hatte die gute Frau wenig mehr zu sagen als: »'ne Katze is et nich.« Vermutlich hätte es sich gelohnt, einmal die Ratten im Haus vor und nach der Mahlzeit zu zählen, aber krummnehmen konnte Lotte der Kriegswitwe ihre Ruppigkeit nie. So war das eben, wenn man drei Kinder am Leben halten musste, von denen eines Tuberkulose hatte. Die Miete hat sie jeden Tag kassiert, schließlich war nicht vorherzusehen, wer sich sein Zimmer am folgenden Sonnenaufgang noch leisten konnte, so schnell wie das Geld wertlos wurde. Lotte gefielen das ständige Kommen und Gehen, die Wirtin und ihre Nachbarn – bis ausgerechnet der schöne, russische Klavierstudent aus dem Zimmer nebenan sich umbrachte. Vielleicht hatte er es über, zu kommen und zu gehen. Vielleicht konnte er es sich auch schlicht nicht mehr leisten, irgendwo hinzugehen. Aber auch danach erschien Lotte ihre Wohnung immer noch besser als ihre erste Bleibe in Berlin, wo kaum jemand sein Geld auf ehrliche Weise verdiente und sich dennoch fünf Menschen eine Matratze teilen mussten.

Sie hat den Kaisers von dem Leben in solchen Pensionen erzählt, als handele es sich dabei um einen herrlichen Spaß. Die Gastgeber lachten voll faszinierter Ungläubigkeit, und um ihnen die Freude nicht zu verderben, verschwieg sie den Studenten.

Auf dem Weg zu den Gleisen fragt sie sich, wie sie den Herrn Weill überhaupt erkennen soll. Sie hat Kaiser gebeten, ihn zu beschreiben, woraufhin er lachend erwiderte: »Na, wie soll er schon aussehen? Wie alle anderen Musiker auch.«

Der Zug fährt gerade ein, verpasst hat sie ihn also nicht. Während sich die Türen öffnen, hofft sie, dass es nicht allzu viele Passagiere in diesen entlegenen Winkel am Rande Berlins verschlägt. Doch ihre Sorge, ihn zu übersehen, stellt sich als unnötig heraus. Als Herr Weill mitsamt seinem Koffer auf dem Bahnsteig steht, erkennt sie ihn sofort. Sie kann schon deshalb nicht daran zweifeln, den Richtigen ausfindig gemacht zu haben, weil niemand sonst den Zug verlassen hat. Da steht einzig und allein dieses drollige Kerlchen, das kaum größer als sie selbst zu sein scheint. Sie geht auf ihn zu und mustert währenddessen den dunkelblauen Anzug, den kleinen Schlips und den schwarzen Borsalino auf seinem Kopf. Jeder Musiker, der etwas auf sich hält, trägt gerade einen solchen Hut. Somit hat Kaiser mit seiner Beschreibung recht behalten. Über seine Kopfbedeckung hinaus hat dieser Mann aber nichts an sich, das sein Metier verraten könnte. Im Gegenteil. Je näher Lotte ihm kommt – er selbst bequemt sich ja nicht loszumarschieren –, erinnert er sie immer mehr an einen Mathematikprofessor. Auf jeden Fall aber an jemanden sehr Gelehrtes, der sich mit lauter unglaublich wichtigem Zeug befasst, das außer ihm kein Mensch versteht. Wenn er eine so dicke Brille benötigt, muss der Arme blind wie ein Katzenjunges sein. Vielleicht hat er sich deshalb nicht fortbewegt. Jemand wie er muss wohl bei Verabredungen in der Hoffnung verharren, gefunden zu werden.

Doch als sie direkt vor ihm steht, vertreibt der Schalk in seinem schiefen Lächeln den Gelehrten. Aus der Nähe betrachtet, scheint er sogar noch jünger als sie selbst mit ihren sechsundzwanzig Jahren zu sein. »Sind Sie vielleicht der Herr Weill?«

»Das bin ich.«

Seine Stimme gefällt ihr. Sie ist sanft wie ein Windhauch und damit das willkommenste Geschenk an einem warmen Tag wie diesem.

»Fein. Ich komme, um Sie abzuholen, und soll Sie zu den Kaisers bringen. Ich bin die Lotte Lenja«, sagt sie und reicht ihm die Hand, die er mit unerwartet festem Druck ergreift. »Guten Tag, Fräulein Lenja.«

Je häufiger sie diesen Namen ausgesprochen hört, desto weniger befremdlich klingt er in ihren Ohren. So weit, dass sie ihn ganz selbstverständlich über die Lippen bringen würde, ist es allerdings noch nicht. Dafür ist sie zu lange eine Karoline Blaumauer gewesen. Ihr Gegenüber wirkt ein wenig angespannt, was daran liegen mag, dass er einen Oberarm ganz eng an den Körper presst. Darunter hält er eine Mappe eingeklemmt.

»Bewachen Sie ein wertvolles Gut?«, fragt Lotte lächelnd.

»Mein Wertvollstes«, erklärt er. »Das ist meine Notenmappe.«

»Und das da?« Sie tippt auf eines der knitterigen Papiere, die aus seiner Jackentasche hervorlugen. »Wenn diese Bündel das Trinkfeld für Ihren Chauffeur sein sollen, sollten Sie es aber vorher noch bügeln, damit er es überhaupt annimmt.«

Sein Blick folgt ihrem mit einem verlegenen Lächeln. »Das sind nur ein paar Notizen. Ich kann nicht anders. Sobald mir ein Klang durch den Kopf geht, muss ich ihn auf Papier festhalten.«

Später wird Lotte denken, dass sie diese Äußerung als Warnung hätte nehmen sollen. Zu diesem Zeitpunkt ahnt sie jedoch weder, dass wirklich jede Faser dieses Mannes von Tönen durchdrungen ist, noch, dass auch nur eine einzige Eigenheit dieses Fremden jemals eine Bedeutung für sie haben könnte.

»Na, dann folgen Sie mir mal«, sagt sie.

Am Steg angekommen, betrachtet er zweifelnd den See. »Sehr idyllisch. Aber ich sehe gar kein Haus.«

Lachend klettert sie in das Boot. »Würde es Ihnen wohl etwas ausmachen, ebenfalls in dieses Vehikel zu steigen? Der Kahn ist nämlich unser Transportmittel.«

Als sie seinen erschrockenen Blick sieht, lässt sie das Boot absichtlich ein wenig wackeln, um ihn zu ärgern.

»Ist das Ihr Ernst?«, fragt er.

Amüsiert nimmt Lotte das beunruhigte Zucken seiner Oberlippe zur Kenntnis. Neben seiner Stimme ist dieser Mund das Schönste an ihm. Ein markantes Kinn rettet die vollen Lippen davor, zu feminin zu wirken.

Sie nickt. »Es sei denn, Sie möchten lieber versuchen, sich Ihren Weg durch den Wald zu bahnen?«

»Ich weiß nicht recht«, murmelt er. Vorsichtig setzt er einen Fuß in das Boot. Mit seinen unentschlossenen Bewegungen bringt er den ganzen Kahn zum Schaukeln.

»Angst?«, fragt Lotte. Sie lässt ihre Wimpern flattern, die ganz schwer von schwarzer Wimperntusche sind.

Ohne ihre Frage einer Antwort zu würdigen, reicht er ihr die

Notenmappe, um beim Einsteigen die Balance halten zu können. Schließlich gelingt es ihm, ihr gegenüber Platz zu nehmen. Sein erwartungsvoller Blick verrät Lotte, dass dieser brave Kavalier gar nicht daran denkt, das Ruder zu übernehmen.Glaubt er denn, sie sei der Laufbursche? Bislang konnten weder ihr kräftiges Kinn noch die kurzen Haare Männer davon abhalten, die Frau in ihr zu sehen. Sie hat sich nie der Illusion hingegeben, schön zu sein. Aber bereits ihre Mutter hatte in ihr ein Licht erkannt, das Männer in Motten verwandeln konnte. »Sie werden dich immer lieben«, hatte sie geraunt. Lotte gefällt dieser Gedanke. Aus dem wenigen, das man hat, sollte man ordentlich Kapital schlagen.

Ihre Arme fühlen sich bleiern an, als sie nach den Rudern greift, doch sie denkt gar nicht daran, sich auch nur die geringste Anstrengung anmerken zu lassen. Nur wer sie gut kennt, würde bemerken, dass sie weniger als sonst redet, um ihre Puste zu sparen. Doch wenn sie schon ackert, könnte er wenigstens etwas zur Unterhaltung beitragen. Es ärgert Lotte, wie zufrieden er die Stille erträgt, während sie selbst immer nervöser wird. Die einzigen Laute kommen von den Rudern im Wasser und den Enten, die sich mit lautem Quaken und viel Geflatter darüber beschweren, dass sie Lottes Hölzern ausweichen müssen. Es dauert nicht lange, bis Lotte das Schweigen zu viel wird und sie ein wenig atemlos daherplappert. Sie berichtet dem Gast, wie freundlich die Kaisers seien, wie zauberhaft ihre drei Kinder und wie schön das Zuhause.

Weill nickt höflich und zündet sich eine Pfeife an. Die wertvolle Notenmappe ruht mittlerweile auf seinen Knien. Vielleicht würde es ihn aus der Reserve locken, wenn sie etwas sänge, wo er doch Musiker ist. Doch bevor sie ihren Mund öffnen kann, dringt ein Pfeifen durch seine gespitzten Lippen. Lotte erkennt den Donauwalzer sofort. Macht er sich über ihren Wiener Akzent lustig? Zum Glück ist sie keine Mimose. Sie kann einen Scherz auf ihre Kosten vertragen. Laut lacht sie auf. »Da haben Sie ja wirklich direkt ins Blaue getroffen. Ich stamme tatsächlich aus Wien, genau wie der Walzerkönig. Ich habe ihn aber nie getroffen, falls Sie sich das fragen. Zumindest nicht, soweit ich mich erinnern kann. Ich war gerade ein Jahr alt, als er starb. Außerdem hat er sich wohl nicht viel in den Gassen der Vorstadt rumgetrieben. Da bin ich nämlich aufgewachsen.«

Er neigt seinen Kopf leicht zur Seite und schaut sie aus seinen dunklen Teddybären-Augen an. »Tatsächlich? Ich kenne mich nicht gut aus in Wien. Das Lied ist mir aus einem ganz anderen Grund eingefallen. Sie erinnern sich wohl nicht daran, dass wir uns schon einmal begegnet sind?«

Lotte schüttelt den Kopf. Nichts an ihm kommt ihr vertraut vor. Dabei hat er gar nicht den Eindruck eines Schönschwätzers gemacht, der einen Flirt mit der unsinnigen Frage beginnt, ob man sich schon einmal begegnet sei. Sie lässt den perfekt gezupften Bogen ihrer rechten Augenbraue nach oben schnellen. »Ach ja? Dann ist Ihr Gedächtnis dem meinen aber weit überlegen.«

Sosehr sie die Röte rührt, die sein Gesicht überzieht, so wenig kann sie verhindern, dass der Kobold in ihr sich von seiner Verunsicherung anstacheln lässt, ihn noch ein wenig mehr zu provozieren. »Lassen Sie mich raten – ich bin Ihnen sicher in Ihren Träumen begegnet.« Sie hält sich ihre Hand vor den Mund, um dahinter demonstrativ zu gähnen.

Fasziniert betrachtet sie sein Gesicht, das mittlerweile die

Farbe eines gekochten Hummers angenommen hat. Ebenso der Hals. Gerne würde Lotte erfahren, wie tief unterhalb des Hemdkragens seine Verlegenheit noch gekrochen sein mag.

Sanft berührt sie sein Knie mit den Fingerspitzen ihrer rechten Hand. »Na, machen Sie sich nichts draus. Sie wären nicht der Erste, dem es so geht. Herr Weill.« Das ist ihre verruchte Stimme. Ach, ihr letzter Auftritt ist einfach schon zu lange her.

Wieder überrascht er sie, indem er weder vor ihrer Berührung zurückzuckt, noch den Eindruck vermittelt, ihre kleine Aufdringlichkeit zu genießen. »Nein, Fräulein Lenja, da muss ich Sie enttäuschen. Wir sind uns tatsächlich schon einmal begegnet«, versichert er ruhig, ohne den Blick noch einmal zu senken. »Und zwar nicht in irgendwelchen elysischen Gefilden, sondern auf dieser profanen Erde, auf der wir uns gerade befinden.«

Ein Poet also. Sie hat ihn wohl falsch eingeschätzt. Angesichts seiner ruhigen Beharrlichkeit könnte sie sich beinahe für ihre Albernheit schämen. *Was für ein seltsamer Mensch!* Sie zieht zwar ihre Hand zurück, ist aber noch nicht bereit, das Theaterspiel gleich wieder aufzugeben.

»Es ist ganz schön warm heute, oder?«, sagt sie mit ihrer unschuldigen Stimme, die eher nach blonden Zöpfen als nach dunklem Bubikopf klingt.

»Nicht viel wärmer als gestern, meine ich«, entgegnet er.

Sie wirft das Handtuch. Gegen so viel Sachlichkeit kann niemand etwas ausrichten.

»Also schön. Wo soll das denn gewesen sein?«, fragt sie. »Dass wir uns begegnet sind, meine ich.«

Er lächelt. »Wenn ich so darüber nachdenke, war es vielleicht doch nicht ganz in dieser Welt. Sie standen auf der Bühne, und ich hockte unter Ihnen im Orchestergraben in einer Zaubernacht. Sie konnten mich vermutlich gar nicht sehen.«

Verschwommene Bruchstücke fügen sich zu einem Bild zusammen. *Die Zaubernacht.* Die Pantomime für Kinder.

»Das war Ihr Stück, richtig?«, entfährt es ihr. »Sie waren der Komponist am Klavier, als ich zum Vortanzen ins Theater gekommen bin.«

Er nickt. »Ich habe mich gewundert, dass Sie danach nicht wieder aufgetaucht sind. Ich habe befürchtet, dass etwas passiert ist. Oder wollten Sie die Rolle gar nicht?«

Dass er sich derart den Kopf über sie zerbrochen hat, nimmt sie sogleich für ihn ein. Es ist schön, wenn jemand sich um einen sorgt. Sie hätte die Rolle in Wahrheit sehr gerne gespielt. Sie abzulehnen war eine Dummheit. Und würde sie lange genug in sich hineinhorchen, würde sie dort sicher mehr als einen Funken Reue aufspüren. Aber wozu wäre es gut, ihn zu entfachen, solange die Zeit stets vorwärtseilt? Man kann ihr nun einmal nicht in die andere Richtung folgen, um dort ein Rädchen neu zu justieren.

»War es denn ein großer Verlust?«, fragt sie leichthin.

»Für uns schon. Ich glaube nicht, dass ich vor Ihnen schon vielen Frauen begegnet bin, die nichts dabei finden, einen Clown abzugeben. Aber Sie haben Ihre Schuhe einfach in die Ecke geworfen und sich nicht darum geschert, ob wir das seltsam finden. Ihre Konkurrenz war dagegen viel zu sehr damit beschäftigt, brav zu gefallen. Nirgends gab es Ecken oder Kanten. Alles war so weich und wabbelig.«

»So lassen sie sich besser formen«, sagt Lotte lachend. Wenn er nur wüsste! Bei seinem Kompliment hat sie sich wie eine Hochstaplerin gefühlt, denn insgeheim will sie so sehr gefallen wie die anderen, vielleicht sogar noch mehr. Bestenfalls hat sie den süßlichen, umhegten Mädchen die aufregende Entdeckung voraus, dass sie in diesem Streben umso mehr Erfolg hat, je schamloser Lotte sie selbst ist. Das gilt natürlich nur, solange sie den ausgelassenen Übermut zeigt, den alle an ihr schätzen. Und der ist ja keine Lüge, sondern nur eine sorgfältig ausgesuchte Wahrheit. Sie weiß mittlerweile, aus welchen Ritzen die Schwermut zu kriechen pflegt, und ist auf der Hut, ihr keinen Durchlass zu gewähren.

»Ich fand Ihre Form großartig«, sagt Weill.

»Nun erinnere ich mich wirklich an Sie.« Sie lacht gegen das Beunruhigende in seiner schlichten Ernsthaftigkeit an. »Besser gesagt, fällt mir die nette Stimme aus dem Graben wieder ein. Sie haben mich sehr ermutigt. Wie lange ist das nun her? Drei Jahre?«

»Es sind nur zwei gewesen«, korrigiert er sie.

»Dann war es ja beinahe gestern. Wie konnte ich das nur vergessen?« Sie zwinkert ihm zu.

»Und? Warum sind Sie nicht mehr gekommen?«, will er wissen.

»So genau kann ich Ihnen das gar nicht erklären, fürchte ich. Es muss eine Laune gewesen sein.«

Sie will ihm nicht erklären, dass sie wegen Richard Révy absagen musste. Er ist schon in Zürich ihr treuer Mentor gewesen und wollte so gerne der Regisseur der *Zaubernacht* werden. Nachdem sie ihn abgelehnt hatten, wäre es Lotte wie ein Verrat vorgekommen, das Angebot anzunehmen. Kaum jemand hat sich jemals so freundlich um sie gekümmert wie Révy. Er war es, der sie mit den Kaisers verkuppelt hatte, als sie kaum noch ihre Miete zahlen konnte. Und er hat auch erst die Anzeige entdeckt, in der nach jungen Tänzern für *Die Zaubernacht* gesucht wurde. Ein Liebhaber sollte auf Lottes Treue besser nicht allzu viel geben, aber ein Kamerad kann sich jederzeit auf sie verlassen, selbst wenn es bedeutet, drei Milliarden Mark Gage in den Wind zu schlagen. Nicht, dass sie viel mit dem Geld hätte anfangen können. Vor zwei Jahren befand man sich auf dem Höhepunkt der Inflation. Gott sei Dank ist sie überstanden. Bis dahin gab es kaum etwas Gescheites zu kaufen, nicht einmal zu essen. Als sie entdeckte, dass ausgerechnet Kakteen vorhanden und erschwinglich waren – es verlangte keiner nach ihnen, solange es an Butter mangelte –, kaufte sie aus Trotz gleich drei. Erst weckten sie auf der Fensterbank ihrer winzigen Berliner Kammer Träume von endlosen Wüstenlandschaften, nun erinnern sie Lotte in ihrem Zimmer bei den Kaisers daran, dass sich allem etwas Gutes abringen lässt.

»Vielleicht war es damals nicht der richtige Moment für uns, einander besser kennenzulernen.« Sie lächelt ihm kess zu.

Weill nickt. »Damals habe ich mich gefragt, ob Ihnen etwas zugestoßen ist. Ich hatte bei den Proben das Gefühl, Sie seien voller Begeisterung dabei. Deswegen habe ich mich gewundert, dass Sie nicht mehr gekommen sind.« Er lächelt. »Dann habe ich gedacht, dass Sie so interessiert vielleicht doch nicht waren. Niemanden sonst mussten wir mehrmals aufrufen. Und als Sie auf der Bühne erschienen sind, wirkten Sie anfangs, als hätten Sie sich dorthin verlaufen. Die anderen Mädchen waren sehr viel eifriger.«

»Wohl eher ihre Mütter«, korrigiert Lotte ihn mit finsterer Miene. »Die Kleinen können einem ja beinahe leidtun.«

Schaudernd denkt sie an die ehrgeizigen Weiber, nie nichts anderes zu tun haben, als an ihren Töchtern herumzukritteln. Sie zupfen an ihnen herum und begegnen jeder widerspenstigen Haarsträhne wie einem Todfeind, der ihrer aller Leben verpfuschen könnte.

»Da haben Sie wohl recht mit den Müttern«, sagt Weill. »Es sind gefährliche Drachen darunter.«

»Meine ist zum Glück nicht so.« Ihre eigene Mama hat ihr Kind ziehen lassen. Dafür wird Lotte ihr immer dankbar sein. Johanna Blaumauer hatte früh gesehen, dass man aus Lotte kein ehrbares Kind der Arbeiterklasse machen konnte. Vorübergehend war es ihr gelungen, das Mädchen in einer Hutfabrik unterzubringen. Beinahe wäre die Sache gut ausgegangen. Lotte war nicht faul. Als Lehrling schuftete sie jeden Tag ohne eine einzige Pause für wenig Geld. Zum Glück hatte sie sich schon als Kind darauf verstanden, von den richtigen Leuten gesehen zu werden. So verdiente sie sich manch eine Krone dazu, in dem sie in noblen Behausungen verreister Kunden die Papageien fütterte oder die Blumen pflegte. Natürlich ahnten die Besitzer nicht, dass Lotte sich in ihren Kleidern vor dem Spiegel wiegte und auf den erlesenen Polstern räkelte, als wären es ihre eigenen. Doch der Reiz war schnell verflogen, und ihr Körper verriet ihre Unzufriedenheit mit der Arbeit in einer dunklen Fabrik. Sie litt plötzlich unter Allergien, auf die sich die Ärzte keinen Reim machen konnten. Ihre Lippen, die Augen und der Hals waren geschwollen. Ihr Körper hatte sich schon auf diese Weise gegen Unbill jeder Art gewehrt, als sie noch ein kleines Kind gewesen war. Ihre Mutter wirkte nicht allzu überrascht. Sie packte dem Kind ein Bündel mit dessen wenigen Habseligkeiten und setzte es in den Zug. Gemeinsam ignorierten sie Lottes Vater, der ihr hämisch eine Zukunft als Vollzeitprostituierte vorhersagte. Johanna drückte Lotte noch einen festen Kuss auf die Stirn. »Linnerl, sei gescheit und komm nimmer z'ruck, wenn's irgend geht.«

Gut zehn Jahre sind nun vergangen, seit Lotte sich als Fünfzehnjährige allein auf dem Weg nach Zürich machte, um sich als Balletttänzerin und Schauspielerin auszuprobieren. Dann begann der Krieg, und drei Jahre nachdem er beendet war, beschloss sie, nach Berlin zu gehen, weil sie von dem aufregenden Theaterleben dort gehört hatte.

Nach ihren Bemerkungen über die Mütter haben Lotte und Kurt wieder geschwiegen, doch diesmal stört es Lotte nicht. Nun, da sie in ihm den Mann aus dem Orchestergraben erkannt hat, kommt er ihr beinahe wie ein Vertrauter vor.

Sein Wohlwollen linderte die schreckliche Befangenheit, die sie vor Auftritten immer noch plagt. Schüchtern ist sie nie gewesen, aber immer gibt es diesen Moment, kurz bevor sie eine Bühne betritt, in dem sie sich nicht darauf verlassen kann, dass ihre Beine nicht gleich in die andere Richtung rennen.

Sie lässt ein Ruder los, um sich mit der Hand den Schweiß aus der Stirn zu wischen. »Sie dachten, ich hätte kein Interesse? Ich verrate Ihnen, warum ich nicht gleich auf die Bühne gekommen bin.« Sie senkt ihre Stimme zu einem Wispern. »Ich habe meinen Namen nicht erkannt, können Sie sich das vorstellen.« Sie lacht, als sie seinen Blick auffängt. »Nein, wirklich. Da brauchen Sie gar nicht so zweifelnd zu schauen. Lotte Lenja war gerade frisch geschlüpft.«

Sein ungläubiger Blick weicht einem lauten Lachen. »Wie hießen Sie denn davor, Fräulein Lenja?«

»Karoline Wilhelmine Charlotte Blaumauer. Der Révy fand, dies sei überhaupt kein guter Name für eine Künstlerin. Da haben wir schnell die Lotte Lenja erfunden.«

»Eine Karoline sind Sie also.«

Sie nickt, während sie sich fragt, was in seinen Augen eine Karoline ausmacht und was diese von einer Lotte unterscheidet. Es sind doch bloß Namen.

===== *Was uns Rose heißt,*
Wie es auch hieße, würde lieblich duften;
So Romeo, wenn er auch anders hieße,
Er würde doch den köstlichen Gehalt
Bewahren, welcher sein ist ohne Titel =====

Wie gerne würde sie einmal die Julia spielen.

Ihr hat es nichts ausgemacht, ihren verfluchten Namen wie ein Kostüm am Ende des Auftritts abzulegen. Der neue klingt viel flotter. Außerdem ist es befreiend, als Lotte, die Erste, zu leben, statt als Karoline, die Zweite, durch die Gegend zu hetzen. Immer auf der Flucht vor ihrem Vater, der sie schon allein wegen ihres vermaledeiten Namens so gerne prügelte. Karoline, die Große, ist den Eltern bereits vor Lottes Geburt weggestorben. Von klein auf hat Lotte es in seinen Augen gesehen und in seiner Alkoholfahne gewittert, wie sehr er sie dafür hasste, dass sie zwar den Namen ihrer älteren Schwester trug, aber niemals sie sein konnte. Die andere Karoline hatte auf seinen Knien gesessen und gesungen wie keine zweite. Er hatte sie stolz der ganzen Kaiserstadt vorgeführt, und dann war sie tot.

Lotte fragt sich heute noch, wer auf die dumme Idee gekommen war, das nächste Kind nach der Verstorbenen zu benennen. Es ist nicht auszuschließen, dass der Gedanke ihrem Vater selbst gekommen war, um sich zu quälen und eine Ausrede zum Saufen zu haben. Sehr rasch ging diese Quälerei zuungunsten Lottes aus. Die anderen Geschwister verschonte er, nicht aber Karoline. Er schickte sie in die Kneipe auf der anderen Straßenseite, um Krüge voll Bier zu holen. Sah er, dass etwas übergelaufen war, verdrosch er sie und schrie in ihr Ohr: »Niemand wird dich jemals wollen, du unnützes Ding.« Bisweilen trat er beinahe kameradschaftlich auf, dann ließ er sie all die Liedchen trällern, die er ihrer Schwester beigebracht hatte. An solchen Tagen bewies er Durchhaltevermögen und ließ sie vor seinem Sessel stehen und singen, bis ihr die Augen zufielen. Einmal war es ihr so gut gelungen, den Tonfall der ihr unbekannten Toten zu treffen, dass ihre Mutter entsetzt die Hand vor den Mund schlug. Der Vater lauschte mit geschlossenen Augen. Als er sie öffnete, schimmerten sie feucht, bis er den Betrug erkannte und er die falsche Karoline darum umso härter schlug. Manchmal fährt Lotte nachts immer noch aus dem Schlaf hoch, wenn sie träumt, dass er sie wieder einmal aus dem Bett gerissen hat, beide Hände um ihren Hals geschlungen, als wolle er sie erwürgen. Selbst wenn sie mehr Gewicht auf die Waage gebracht hätte, wäre es unmöglich gewesen, sich im Halbschlaf gegen den kräftigen Kutscher zu wehren.

Wenn ihre Mutter etwas mitbekam, eilte sie herbei, um sich zwischen den Mann und die Tochter zu drängen, so dass Lotte wieder in ihr Bett schlüpfen konnte. Dabei handelte es sich um eine Kiste in der Küche, die ihre Mutter noch schützend mit einem Brett abdeckte, wenn der Vater sich einfach nicht beruhigen wollte. Es war ein wirklich nützlicher kleiner Sarg, auf dem man tagsüber bügelte und Teig knetete. Aber ihre Mutter war nicht immer rechtzeitig zugegen. Dann gab es keine Rettung. Die Hände um ihren Hals drückten umso fester zu, je stärker sich

Lotte darunter wand, um seinen Fusel-Atem nicht mehr zu riechen. Manchmal warf er etwas nach ihr. Dann duckte sie sich an die Wand gepresst vor seinem ungerechten Zorn. Einmal sauste ein Messer knapp an ihrem Ohr vorbei. Lotte sagte sich, dass sie keine Angst haben müsse, schließlich würde er sie nicht wirklich umbringen. Trotzdem fieberte sie nach einer Attacke mit der Petroleumlampe zehn Tage lang. Die Lampe war auf ihrem Weg zu Lottes Kopf erloschen, aber es blieb eine so starke Panik, dass sie sogar Schüttelfrost bekam.

Es war schön, mit einem neuen Namen aus Karolines Schatten herauszutreten. Bloß fühlte man sich nicht gleich angesprochen, wenn plötzlich eine Lotte ins Rampenlicht beordert wurde. Sobald ihr klar wurde, dass man nach ihr rief, flitzte sie mit flatterndem Herzen auf die Bühne. Dort versetzte ihr das Lampenfieber einen Schlag vor den Kopf. Wie immer war sie sich sicher, dass es ihr an diesem Abend endgültig den Garaus machen würde. Sie würde keinen Ton hervorbringen. Bislang mochte es immer gut ausgegangen sein, aber wie sollte sie sich darauf verlassen, nicht doch eines Tages stumm zu bleiben? Es ist ihr unmöglich, willentlich zu beeinflussen, was mit ihr im Scheinwerferlicht geschieht.

Erst eine warme Stimme löste sie aus ihrer Erstarrung. Sie drang aus dem Orchestergraben zu ihr empor und fragte sanft nach ihrem Musikwunsch. Indem der Mann ihr eine Wahl ließ, gab er ihr einen Zügel in die Hand, mit dem sich ihre Unsicherheit bremsen ließ. Sie wusste, dass es sich bei dem Unbekannten um den Komponisten des Stückes handeln musste, konnte ihn aber nicht sehen.

»Spielen Sie das von der schönen blauen Donau. Können Sie

das?« Sie biss sich auf die Lippen. Ihre Frage war höflich gemeint, aber nun fürchtete sie, den Künstler beleidigt zu haben, oder dass er sie wegen ihrer Wahl auslachen würde. Sicher konnte jeder Hanswurst dieses Lied spielen. In ihrer Heimat war es ein echter Gassenhauer.

»Ich werde mein Bestes geben«, entgegnete die Stimme in einem undeutbaren Tonfall. Und schon setzten die ersten Töne ein, als ahne der Mann, dass sich Lottes Nervosität so am schnellsten vertreiben ließe. Die Klänge fingen sie weich auf. Das Licht erschien ihr nicht mehr grell, sondern wärmend. In diese Musik konnte sie hineingleiten wie in eine Badewanne voll duftendem, warmem Wasser. Sie waren ihr so vertraut, dass sie die Tremoli der Streicher hörte, obwohl hier nur das Klavier spielte. Solange sie an der schwierigen Stelle den Rhythmus nicht verlor, würde alles gut gehen. Ausgerechnet der berühmteste aller Walzer begann mit einem Zweiertakt, bevor er in den beschwingten Dreivierteltakt überging. Als es so weit war, hielt Lotte nichts mehr zurück. Die Schuhe flogen in eine Ecke, und sie wiegte sich barfuß, mit emporgereckten Armen im Takt.

»Halt.« Das war die Stimme des Produzenten. Die Musik setzte aus. Lotte schrie innerlich vor Enttäuschung, dass sie nicht einmal bis zum dritten Stück der Walzerkette gekommen war, aus der sich die »blaue Donau« zusammensetzt.

Während ihres Tanzes war sie sich ihrer selbst so sicher gewesen. Nun hielt sie niedergeschlagen nach ihren Schuhen Ausschau.

»Können Sie uns noch etwas anderes zeigen?«, rief der Produzent.

Grinsend ließ Lotte die Schuhe wieder fallen und gab ohne zu zögern die Pantomime eines seiltanzenden Clowns und ein freches Hurenlied zum Besten. Sie bekam die Rolle. Dass es sich nur um einen kleinen Part handelte, minderte ihre Freude nicht. Sicher würde sie gerne einmal die Julia spielen, aber mehr als alles andere drängte es sie, einfach ein Teil der Magie zu sein, die sich während einer Aufführung im Raum entfaltet. Es war ein gnädiger Zauber, der sich über alle Anwesenden entspann und der nicht nur Titania unsichtbare Schwingen verlieh, sondern auch der namenlosen Elfe.

Ein Räuspern reißt Lotte aus ihren Gedanken. Sie blickt ihr Gegenüber erwartungsvoll an, weil sie denkt, er wolle etwas sagen, doch er blickt schon wieder aufs Wasser. Sie betrachtet sein Profil und entdeckt einen weiteren seiner Vorzüge – seine Ohren. Er ist Musiker, also weiß er sie wohl als unentbehrliche Werkzeuge zu schätzen, aber sicher hat ihm noch niemand gesagt, dass sie für etwas Nützliches ausgesprochen hübsch sind. Die schneckenhausähnliche Geometrie seiner Ohrmuscheln ist perfekt. Er nimmt die Brille ab, um mit dem Jackenärmel ein paar Tropfen zu entfernen, die Lotte mit ihren kräftigen Ruderschlägen aufgewirbelt hat. Über seine Züge, die nun nackt und offen daliegen, huscht ein Schatten. Auch wenn sie sich nicht vorstellen kann, dass er wegen der nassen Brille so betrübt ist, bemüht sich Lotte, die Ruder ein wenig vorsichtiger durchs Wasser zu bewegen.

»Sie sehen auf einmal ganz bedrückt aus. Ich hoffe doch sehr, es hat nichts damit zu tun, dass ich damals die Rolle abgelehnt habe?«, neckt sie ihn. »Vielleicht erhalten wir ja noch mal die Gelegenheit zusammenzuarbeiten.«

Weill schüttelt mit dem Kopf. »Ich musste nur gerade daran

denken, dass ich für einen Moment vergessen habe, dass Busoni gerade erst gestorben ist. Er mochte das Wasser.«

Lotte hat vom Tod des Komponisten in der vorigen Woche in der Zeitung gelesen. »Und nun sind Sie traurig, weil Sie für eine Weile nicht traurig waren?«

»So gesagt, klingt es sehr albern. Aber es trifft zu.«

Es ist unmöglich, sich von diesem melancholischen Blick nicht rühren zu lassen.

»War er Ihr Freund?«, fragt Lotte mit sanfter Stimme.

Weill nickt. »Und mein Lehrer. Einer der besten Komponisten überhaupt, wenn Sie mich fragen.«

Sie kann nicht zulassen, dass dieser freundliche Mensch an einem so schönen Tag Trübsal bläst. »Dafür haben Sie nun den Kaiser kennengelernt, nicht wahr? Man sagt, dass er großartige Stücke verfasst. Komponieren wie Busoni kann er natürlich nicht. Aber vielleicht ist das ja ein Glück für Sie. Sicher werden Sie zusammen etwas Feines verfassen.«

»Vielleicht haben Sie recht. So muss man es wohl sehen. Am Ende ist dies nur ein neuer Anfang.« Mit dem suchenden Blick des Kurzsichtigen blickt er zu ihr. Er scheint noch etwas sagen zu wollen, doch bevor er dazu kommt, lässt ihn ein heftiges Ruckeln zusammenfahren. Bei der abrupten Bewegung seiner Arme fliegt Weills Brille über Bord.

»Wir sind auf etwas aufgelaufen.« Erschrocken hält Lotte nach der Ursache für ihr Missgeschick Ausschau und entdeckt einen Baumstamm, der aus dem Wasser ragt. Neben dem Übeltäter schwimmt die Brille.

»Ist sie untergegangen?«, fragt er erschrocken. »Ich bin beinahe blind ohne sie.«

»Keine Panik«, murmelt Lotte. Sie versucht, das Boot mit dem Ruder so zu drehen, dass sie mit ihren Finger die Brille erreichen kann. Doch sie entgleitet ihr immer wieder. Das Boot droht zu kippen, so weit neigt sie sich vornüber. Schließlich zieht sie fluchend ihr Kleid aus, was Weill – falls möglich – noch panischer dreinblicken lässt. Ob es ihm passt oder nicht, gewährt sie ihm noch einen verschwommenen Blick auf ihren Körper in einer kleinen, luftigen Hemdhose, bevor sie mit einem lauten Platschen kopfüber ins Wasser springt.

»Nein!«

Sie hört seinen entsetzten Ruf, kurz bevor sie eintaucht, und muss lachen, wobei ihr Seewasser und Entengrütze in Mund und Nase dringen. Prustend taucht sie wieder auf und sieht sich um. Als sie seine Brille sieht, greift sie danach und schwimmt in zwei Zügen zurück zum Boot.

»Helfen Sie mir mal bitte hinauf?«, ächzt sie.

Mit festem Griff hievt er sie über die Bootswand.

»Sie haben ja richtig Kraft«, stellt sie fest.

»Das kommt sicher vom Schwimmen. Wann immer ich kann, ziehe ich ein paar Bahnen.«

»Dann wird es Ihnen hier sehr gefallen, mein Retter.« Mit der rechten Hand fasst sie sich ans Herz.

»Den wahren Heldenmut haben wohl Sie gezeigt«, entgegnet er nüchtern.

Sie lacht und greift wieder nach den Rudern.

»Das war nicht vernünftig von Ihnen, einfach ins Wasser zu springen. In der Brühe konnten Sie doch gar nicht sehen, was unter der Oberfläche ist. Ihr Kopf hätte gegen einen Stamm wie diesen prallen können. Außerdem sind Sie jetzt ganz nass.«

Sie zuckt mit den Achseln. »Gut, dass ich mein Kleid ausgezogen habe. Da sehen Sie, dass ich viel vernünftiger bin, als Sie denken. Ich kann mir einfach etwas Trockenes überstreifen. Würden Sie kurz wegschauen, damit ich mich meiner Unterwäsche entledigen kann? Es reicht auch, wenn Sie ihre Brille noch einmal absetzen.«

Er fasst sich an die Bügel, lässt sie aber gleich darauf wieder los. Das gute Stück wird er so bald nicht noch einmal ablegen. Stattdessen dreht er sich so weit zur Seite, wie es seine Beweglichkeit zulässt. Seine Augen schließt er außerdem.

»Fertig! Sie können wieder hinschauen.« Zu Lottes Füßen liegt zerknüllt ein nasser Stofffetzen. »Na bitte, nun ist es doch ganz so, als sei nie etwas passiert. Oder was meinen Sie, Herr Weill?«

»Wer das glaubt, ist nicht dabei gewesen«, erwidert er.

Sie sehen einander an und brechen in ihr erstes gemeinsames Gelächter aus. Sein Vibrieren bewirkt eine Veränderung in der Atmosphäre, die noch nachhallt, als sie schon wieder schweigen.

Dass etwas passiert ist, spüren sie beide. Da erscheint es Lotte fast nicht mehr verwunderlich, dass er die Brille doch noch einmal von der Nase nimmt. Stille Wasser sind tief, denkt sie, als sein Gesicht sich ihrem nähert. Ohne jedes Zögern öffnet sich ihr Mund dem Druck seiner vollen, weichen Lippen. Etwas ist an diesem Mann – und an diesem Tag –, das ihr solche Dinge nicht nur als möglich, sondern als höchst wahrscheinlich vorkommen lässt.

Nachdem sie sich voneinander gelöst haben, setzt Weill seine Brille wieder auf und streicht die Falten seiner Hose glatt. Er sieht sie mit zur Seite geneigtem Kopf an. »Sie hatten recht, Fräulein Lenja. Es ist ja wirklich nichts passiert.«

Lachend spritzt Lotte ihm Wasser ins Gesicht. Den Rest ihres Weges legen sie in einvernehmlicher Stille zurück. Als sie bereits am Steg angelegt haben und Lotte die Ruder ablegt, hält Weill ihren Arm fest. »Sie könnten sich wohl nicht vorstellen, mich zu heiraten?«

Lotte kneift ihre Augen zusammen. »Seltsam, dass Sie mich das jetzt fragen. Dabei haben Sie Ihre Brille doch bereits wieder aufgesetzt.« Kurz legt sie die Hand auf seine Wange und steht dann auf. In dem Lächeln, mit dem er nach ihr das Boot verlässt, ist keine Spur seiner anfänglichen Unsicherheit mehr zu erkennen.

2. SZENE

---◇---

Im Kaiserreich — Grünheide, 1924

E s sind bereits einige Tage vergangen, und Lotte ist sich immer noch nicht sicher, was sie von dem neuen Mitbewohner halten soll. Wer ihn flüchtig in seinem Anzug sieht, könnte ihn für einen braven Jungen auf dem Weg zu seiner Bar Mitzwa halten.

Doch sie hatte ausreichend Gelegenheit zu erkennen, dass seine rührende Schüchternheit ganz ungezwungen neben einer faszinierenden Freizügigkeit existiert. Frühmorgens legt er alle Kleider am Ufer ab und läuft mit ausgestreckten Armen ins Wasser. Wenn er schwimmt, überwindet er Entfernungen, die Lotte besorgt nach ihm Ausschau halten lassen, obwohl er ein noch besserer Schwimmer als sie selbst zu sein scheint. Einmal hat sie sich einen Spaß daraus gemacht, am Ufer auf ihn zu warten. Sie konnte nicht widerstehen, ihn ein wenig wegen seines Adamskostüms zu necken. Als er arglos aus dem Wasser stieg, trat sie hinter einem Baum hervor und reichte ihm seine Brille. »Nicht, dass Sie sich im Nachteil fühlen, weil ich Sie sehen kann und Sie mich nicht. Lassen Sie sich auch davon nicht stören, dass ich bekleidet bin und Sie nicht.«

Er errötete nicht, wie sie es von ihm erwartet hätte, sondern erklärte ganz gelassen, dass seine Eltern der Nudistenbewegung nahestünden und es nichts Angenehmeres gäbe, als unbekleidet zu baden. Und statt sich erschrocken das Handtuch um die Hüfte zu wickeln, rubbelte er damit erst mal das Haar auf seinem Kopf trocken.

Er ist sicher kein schöner Mann, aber das Selbstbewusstsein, mit dem er seinen Körper präsentiert, zieht Lotte an – ebenso seine Fähigkeit zum Genuss. Sie zeigt sich bei seiner Freude am Essen und darin, wie er mit geschlossenen Augen auf dem Rücken im Wasser treibt. Beinahe wäre es ihm sogar gelungen, seinerseits Lotte zu schockieren. Nicht mit seiner Nacktheit. Sie hat schon zu viel gesehen, als dass ein Mann ohne Unterhosen sie noch verwirren könnte. Aber wie können die konservativen Juden, als die Kaiser die Eltern Weills beschrieben hat, zugleich Nudisten sein?

Offenbar ist seine ganze Familie so widersprüchlich wie dieser Mann. Wenn er mit Lotte plaudert, klingen sie wie alte Bekannte, ohne jemals ins Du zu verfallen oder den Versuch zu unternehmen, an ihr Kennenlernen auf dem Boot anzuknüpfen. Mittlerweile kommt es Lotte deshalb wie ein unwirklicher Tagtraum vor. Nur manchmal erhascht sie einen eigentümlichen Blick von Herrn Weill. Dann stellt sie sich vor, dass er sich das Gleiche fragt wie sie: Haben wir die Gelegenheit verpasst herauszufinden, was es bedeutet haben könnte? Sicher ist es gar nichts, sagt sie sich. Und wenn doch, dann ist noch viel Zeit, um es zu ergründen. Wie immer zu seinem Beginn scheint der Sommer endlos zu sein.

Es ist nicht so, dass sie pausenlos an ihn denken müsste.

Wenn sie es tut, dann vor allem in diesem kurzen Augenblick zwischen Sonnenuntergang und nächtlicher Dunkelheit, wenn sich die ganze Welt in einem Schwebezustand zu befinden scheint. Darüber hinaus füllen Kinderspiele, Spaziergänge, Gespräche mit Kaisers Frau Margarethe und Badeausflüge Lottes Tage hinreichend aus. Und auch Weill scheint mit anderen Dingen beschäftigt zu sein. Bei ihren Spaziergängen gehen die Männer ins Gespräch vertieft voran. Die Frauen folgen ihnen und besprechen ihre eigenen Themen – die Kinder und die Bekannten. »Hast du es schon gehört?« Nachrichten von Freunden aus der Innenstadt dringen wie Geschichten aus einer weit entfernten Welt zu ihnen durch. Eigentlich haben sie keine Bedeutung, aber man verfolgt sie gerne, um sich die Zeit zu vertreiben.

Die Mahlzeiten nehmen sie gemeinsam ein, und dann verschwinden Kaiser und Weill wieder – oft auf eines der Boote. Kaiser ist verrückt nach Booten. Alles, worauf man paddeln, rudern, segeln oder einen Motor anwerfen kann, muss er besitzen. Auf den Booten besprechen die Männer ihre Ideen. Lotte weiß, dass sie sich daranmachen, eine ganz neue Form der Oper zu erschaffen. Von einer dreiaktigen Pantomime ist die Rede. Sie arbeiten überall, nur nicht im Haus. Es gibt kein Arbeitszimmer, und auch in den vorhandenen Räumen hat Lotte den Hausherrn noch nie arbeiten gesehen. Es ist, als würde Kaiser zwei Leben führen. Hier am Rande Berlins erlebt man ihn als jovialen, gutbürgerlichen Familienvater, der seine dunklen Wände so üppig mit biederen Ölschinken und Geweihen bestückt hat, dass man sich beinahe in einem Gruselkabinett wähnt. In der Stadt hingegen muss es ein erlesenes Hotel sein. Dort erwarten seine Arbeitswerkzeuge und die neueste Geliebte sehnsüchtig einen weltgewandten Künstler.

Kaisers Frau ist bereits ergraut. Wenn ihr Mann aus der Stadt zurückkehrt, liegt um ihre Lippen ein bitterer Zug. Sie tut Lotte leid. Die Frauen mögen ihn, aber Lotte hat sich nie auf eine Art zu Kaiser hingezogen gefühlt, die ihre mütterliche Freundin kränken könnte. Sie ist ihm dankbar, weil er sie aufgenommen hat, als der ganze Schmuck des letzten Gönners verscherbelt war.

Es ist schwer zu sagen, ob er eigentlich ansehnlich ist oder seine Züge nur von seiner Eleganz und der Aura des Erfolgs verschönert werden. Aber die Augen sind schon für sich genommen bemerkenswert. Sie blicken mit einem unergründlichen Blaugrau auf die Mitmenschen herab – ihre Farbe ist nicht warm, nicht kalt, sondern eigenartig neutral. Lotte mag ihn, würde sich aber wünschen, dass er seiner liebenswerten Frau weniger Kummer bereitete.

»Er ist wieder in die Stadt gefahren.« Margarethes Seufzen in solchen Momenten ist herzzerreißend. Dabei ist sie älter als Lotte und sollte es besser wissen, als alles auf einen Kerl zu setzen. Er hat ihr über die Jahre nicht nur ihr Vermögen, sondern auch ihre Unbeschwertheit ausgesaugt. Margarethe wird ihm niemals ganz vergeben, dass man sie seinetwegen einmal in Sippenhaft nahm und ins Gefängnis steckte. Er hatte nicht nur das Geld seiner Frau, der Tochter eines reichen Kaufmanns, verprasst, sondern zusätzlich welches, das sie gar nicht besaßen. Dafür sperrten sie ihn ein. Seine Frau hielt man nur für eine kurze Zeit fest, die aber reichte, um ein tief sitzendes Gefühl der Schmach zu hinterlassen. Lotte glaubt nicht, dass er sich jemals einen Kopf um Margarethes Gefühle zerbrochen oder sich bei ihr entschuldigt hat.

Er ist auch heute noch zu beschäftigt damit, die eigenen Wunden zu lecken: Wie missgünstig muss eine Welt sein, dass sie ihn für Betrug und Unterschlagung bestraft. Dass seine Frau es ihm auch noch vorhält, ist wirklich zu viel des Erträglichen!

Zum Glück für alle hat er es seither zum erfolgreichsten Dramatiker des Landes gebracht. So scheffelt er ausreichend Geld, um weiterem Ungemach vorerst zu entgehen.

Am Abend sitzen sie wie eine große Familie zusammen. »Mein neuer Freund und ich werden Sie alle begeistern«, ruft Kaiser. Die Königsberger Klopse werden mit Kartoffelstampf und einer Flasche Champagner serviert. *Champagner zu Klopsen!* Lotte hat weder etwas gegen Champagner noch gegen Klopse, bloß wünschte sie, er würde die gute Laune nach seinem Stadtausflug nicht ganz so deutlich zur Schau tragen. Sein Sohn, der schöne Anselm, trägt immer noch den schmucken Matrosenanzug, den sein Vater ihm am Morgen aufgezwungen hat. Lotte stellt sich vor, dass er seinen feschen Jungen mit dem gleichen Besitzerstolz wie seine Boote vorgeführt hat. Dabei hätte Kaiser wissen müssen, dass Kinder nie schweigen, wenn sie es sollten. Vor allem wenn sie wie der zehnjährige Anselm keinen Anlass dafür erkennen. Er hat Lotte vor dem Essen ganz unbefangen erzählt, wie sein Vater und er mit einer Frau im Adlon gespeist hätten. Anselm konnte sein Glück kaum fassen, sogar noch ein zweites Stück Torte ergattert zu haben. Damit habe sein Vater ihn darüber hinwegtrösten wollen, dass er und die junge Frau sich für eine Weile zurückziehen mussten, um ungestört ein Geschäft zu besprechen.

»Es ist doch schön, wenn Vater und Sohn kleine Geheimnisse miteinander teilen«, hat sie schmunzelnd erwidert. Sie hoffte, dass ihn ihre Bemerkung davon abhalten würde, seiner Mutter das Gleiche zu berichten. Tatsächlich verschwieg er seiner Mama den verwegenen Nachschlag am Kuchenbüfett, nicht aber das attraktive Fräulein.

»Was habt ihr denn Schönes in der Stadt gemacht?«, will Margarethe nun erfahren. Bislang hat sie keinen Bissen angerührt. Dass Georg mit einer Flasche Champagner allem noch die Krone aufgesetzt hat, scheint ihr den Appetit verdorben zu haben. Lotte, der es nicht so geht, hofft, dass es zu keiner allzu peinlichen Szene kommen wird.

Kaiser kneift die Augen zusammen. Seine Stücke mögen moralisch daherkommen, seinem eigenen Genie hat er andere Maßstäbe gesetzt. Die Welt schuldet ihm einiges, er ihr nichts. Schon gar keine Rechenschaft. Er ist so klug, dass Lotte seine Überheblichkeit vielleicht sogar akzeptieren könnte, wenn er Margarethe nicht verletzen würde.

»Ich will euch nicht mit Geschäftsangelegenheiten langweilen. War es nicht furchtbar öde, Anselm?« Kaiser piekst mit seiner Gabel einen Klops auf. Dabei lächelt nur sein Mund. »Ach nein, für dich ja nicht, du warst ja ganz verrückt nach dem Kuchen.«

»Stimmt das, Anselm?«, fragt Margarethe.

Der Junge betrachtet mit heißen Wangen seinen Teller. Mittlerweile dürfte ihm aufgegangen sein, dass er einen Fehler gemacht hat.

Wenn Georg sich ärgert, zeigt sich sein Tick. Er macht ruckartige Kopfbewegungen wie eine Taube. Als er sich seiner Tochter zuwendet, verspricht seine Grimasse keine Nettigkeiten. »Wie wäre es mit ein wenig Musik für unseren Gast? Wir müssen ihm doch etwas bieten. Sibylle, sing etwas für uns!«

Margarethe sieht ihren Mann missbilligend an, als wäre er ihr ungezogener Sohn.

»Das würde mich sehr freuen«, sagt Weill.

Lotte tritt den etwas zu höflichen Musikus gegen das Schienbein, um zu verhindern, dass er Sibylle weiter ermutigt. Warum sollte das arme Mädchen die Probleme der Eltern ausbaden? Doch es ist zu spät. Sybille ist bereits aufgesprungen und hat dabei in ihrer Begeisterung beinahe das Tischtuch hinuntergerissen. Kornblumenblaue Augen funkeln unter einem weizenblonden Bubikopf – diese Kinder sind wirklich für den Sommer gemacht, denkt Lotte seufzend. Von dem robusten, fröhlichen Naturell der Kinder scheinen schlechte Erfahrungen einfach abzuprallen, während sie anderen das Gift des Misstrauens gegen die Menschen einflößen. Anders ist es nicht zu erklären, wie bereitwillig sich Sybille immer wieder von ihrem Vater vorführen lässt. Die Kleine reibt sich mehrmals verlegen mit dem Zeigefinger über die Nase, so erfreut ist sie über die Aufmerksamkeit, die ihr zuteilwird.

»Was wollt ihr denn hören?«, fragt sie keck.

»Wie wäre es mit ›Komm mit nach Varasdin‹?«, schlägt Kaiser vor. Lotte presst die Zähne zusammen. Ausgerechnet Operette, und dann noch ein Stück mit kompliziertem Rhythmus!

Während Margarete einen Punkt an der Wand fixiert und die Brüder Anselm und Laurent einander zufeixen, lässt Georg seine Tochter alle Strophen singen. Als es vorbei ist, klatscht er laut in seine Hände. »Gut gemacht, Kind. Selten habe ich gehört, dass ein Stück so verhunzt wurde. Er hat es verdient. Ich sag's doch, der Kálmán wird sehr überschätzt.«

Die Veränderung in Sibylles Gesicht bereitet Lotte Magengrimmen. Sie muss nun doch die Ironie in den Worten ihres Vaters verstanden haben und sinkt kleinlaut auf ihren Stuhl zurück.

»Ich habe dir sehr gerne dabei zugesehen«, sagt Weill freundlich. Lotte lächelt. Ihr ist nicht entgangen, dass er nicht vom Hören gesprochen hat. Noch nie ist sie jemandem wie ihm begegnet, der so durch und durch nett ist und sich dennoch von gefälligen Lügen fernhält. »Ich kenne einen Maler, der alles daransetzen würde, dich zu zeichnen«, fährt er fort.

Sibylle hellt sich wieder auf. »Hörst du, Papa?«

Kaiser verdreht die Augen. »Aber sicher höre ich dich, auch wenn ich gerade einen Moment dachte, ich würde taub.«

Während die einen schweigend weiteressen und die anderen die Bissen auf ihren Tellern hin- und herschieben, sieht Lotte neugierig Weill an. Er soll ihr helfen, das Gespräch wieder in harmlosere Bahnen zu lenken. »Wie kommt es, dass Sie das Musiktheater lieber mögen als instrumentale Stücke?«

»Ich brauche wohl Verse, die mich inspirieren, dann fliegen mir die Töne nur so zu.«

»Dann lieben Sie wohl auch die Oper?« ruft Lotte. »Ich bin ganz verrückt danach.«

Er denkt nach, bevor er antwortet: »Natürlich tue ich das. Aber ich glaube, in ihrem traditionellen Sinne ist sie mit Wagner und Strauss abgeschlossen. Für die heutige Zeit brauchen wir etwas anderes.«

»Haben Sie schon eine Vorstellung davon, was das sein könnte?«, will Lotte wissen.

»Ja, die habe ich tatsächlich. Ich wünsche mir ein Musiktheater, in dem die Musik und der Text gleichberechtigt nebeneinanderstehen. Es muss für alle da sein, nicht nur für eine Handvoll

Frackträger. Welche Existenzberechtigung hätten wir, wenn wir einen Großteil der Menschen ausschlössen? Ich will ein Musiktheater ohne verklärtes Gedöns – es sollte im wahren Leben und den aktuellen Ereignissen verankert sein.« Seine Wangen glühen vor Eifer.

»Das macht ihn zu genau dem Mann, den ich für meine Stücke brauche«, erklärt Kaiser und klopft seinem neuen Freund auf die Schulter. »Dieser Mensch scheut vor nichts zurück, weder vor Jazz noch vor Bänkelliedern. Er wird vielen Kritikern einen gehörigen Schrecken einjagen.«

Lotte boxt schwungvoll in die Luft. »Gut so, Herr Weill. Dann haben Sie meine Bewunderung. Wenn Sie ein großes Publikum ansprechen und Ihren Durchbruch erleben wollen, halten Sie sich ruhig an den Kaiser. Wussten Sie, dass seine ›Bürger von Calais‹ es bis nach Japan geschafft haben?«

Kaiser schaut abfällig, aber sein gelöstes Lächeln danach verrät, dass Lottes Kompliment seine gute Stimmung wiederhergestellt hat. Der gehörnten Gattin scheint es weniger zu gefallen, dass dem Übeltäter geschmeichelt wird, doch Lotte ist es lieber so, als wenn die Kinder es abbekommen.

»Habt ihr davon schon gehört?«, ruft Kaiser aufgeräumt. »Sie haben eine Fernkopie über den Ozean geschickt – ganz ohne Kabel oder Draht. Einfach so über den Atlantik ist sie von Amerika nach Schweden gesaust – unsichtbar. Bin ich denn der Einzige, dem das abstoßend vorkommt?«

»Abstoßend?«, fragt Weill. »Ist es nicht bloß folgerichtig, über eine längere Strecke fortzusetzen, was innerhalb von Europa schon funktioniert hat?«

»Vielleicht«, gibt Kaiser widerwillig zu. »Dennoch, all diese

Erfindungen werden uns noch über den Kopf wachsen. Oder wollt ihr mir erzählen, dass einer von euch versteht, wie es funktioniert?«

»Das nicht«, sagt Lotte, ohne zu zögern. »Aber mir kommt es auch kein bisschen abstoßend vor. Ich finde es aufregend, *besonders* weil ich es nicht verstehe. Da landet die identische Kopie eines Schriftstücks an einem weit entfernten Ort? Es kommt mir fast wie Magie vor, so mit der Welt dort draußen verbunden zu sein.«

Erst im vergangenen Jahr hat Lotte eine neue Erfindung bewundert, mit der man die Stimme eines Menschen in eine andere Stadt und noch entlegenere Orte schicken kann. Zwar kann Lotte es sich nicht leisten, den Rundfunk zu nutzen. Auch kennt sie niemanden, der sich so ein Gerät zugelegt hätte, dennoch kommt es ihr wie eine großartige Entdeckung vor.

»Die Welt da draußen?«, ruft Kaiser verächtlich. »Das klingt ja, als handele es sich dabei um einen mysteriösen Ort wie Kumbalumba. Aber ich verrate dir etwas: Am anderen Ende sitzen nur Menschen. Und die können scheußlich sein. Mir gefällt es nicht, dass Geräte schneller und schlauer sein sollen als wir. Wer soll sie denn am Ende beherrschen? Es sind Waffen allesamt.«

Bei einem Mann, der immer so getrieben wirkt, als steckte in seinem Rücken ein Aufziehschlüssel, überrascht die Abneigung gegen neue Technik. Das liegt nur an seinem fürchterlichen Pessimismus, denkt Lotte. Vor einiger Zeit hat er ein eigenartiges Stück geschrieben. Es ging darin um Gas, das zunächst all die wunderbare neue Technik nährte und schließlich die Menschen tötete. Ein verrückter Gedanke! Die Welt mag sich ja für Georgs Geschmack viel zu rasant drehen, aber das von ihm verpönte

Automatenzeugs hat viel Gutes mit sich gebracht. Es erleichtert die Arbeit in den Fabriken. Es lässt Menschen Entfernungen zurücklegen, die jedes Pferd in die Knie zwingen würden. Es macht Licht, wo es vorher stockduster war.

In seinen Texten sympathisiert Kaiser mit den Arbeitern, aber von ihrem Alltag weiß er kaum etwas. Wenn er schmutzige Finger bekommt, dann hat sein Füller geleckt.

»Ach, Kaiserchen«, murmelt sie leichthin. »Wenn man schon arm sein muss, dann lieber unter elektrischem Licht als in einer dunklen Ecke, nicht wahr? Ich hätte gedacht, Sie seien weltoffener. Jetzt, wo man Sie sogar in Tokio spielt.« Augenzwinkernd prostet Lotte ihm zu.

Wenn sie an Japan denkt, sieht sie noble Geishas mit weißer Paste und blutroten Lippen im Gesicht. Lotte würde gerne herausfinden, ob die japanischen Bürger von Calais weiß geschminkte Gesichter tragen.

»Ich wünschte, ich könnte einmal nach Japan fliegen. Aber bislang sind alle meine Versuche in diese Richtung kläglich gescheitert.«

Weill hebt eine Augenbraue. »Wussten Sie nicht, dass die Flugzeuge ab Berlin es nicht über Weimar hinaus bringen?«

»Wo denken Sie hin! Flugzeuge? Ich habe versucht, aus eigener Kraft abzuheben.« Sie breitet ihre Arme aus und imitiert Motorengeräusche.

Die Kaiser-Kinder kichern.

»Was gibt es da zu lachen? Wenn ihr wollt, erzähle ich euch die Geschichte. Wollt ihr?«

Alle drei nicken.

»Als kleines Kind habe ich im Zirkus einen wunderschönen

Schmetterling gesehen. Eigentlich war es eine Frau, aber sie ist geflogen. Wirklich! Na gut, eigentlich wurde sie von einem dünnen Seil gehalten, aber ich konnte einfach nicht herausfinden, wo es an ihr befestigt war. Zu Hause nahm ich mir die Hosenträger meines Vaters. Ich schwang sie über einen Haken in der Küche, der eigentlich für die Wäscheleine bestimmt war. Dann stieg ich auf einen Stuhl, biss fest auf die Träger und sprang.«

»Und dann?«, fragt Sibylle gespannt.

Mit dem Daumen deckt Lotte ihre Vorderzähne ab und fährt nuschelnd fort: »Als ich wieder zu mir kam, mit dem Gesicht auf dem Boden, lagen zwei Milchzähne neben mir.«

Diesmal fällt sogar Margarethe in das Gelächter am Tisch ein.

3. SZENE

---◇---

Die Schlafwandler – Grünheide, 1924

In dieser Nacht findet Lotte keinen Schlaf. Die Decke liegt bereits zerknittert auf den Boden. Sie hat das Fenster geöffnet und ihr Nachthemd ausgezogen, damit zumindest ein kleiner Lufthauch ihre erhitzte Haut streift. Doch draußen herrscht die gleiche dumpfe, bewegungslose Hitze wie hier drinnen. Das Einzige, was hereinströmt, ist ein Potpourri an Gerüchen. In der sauerstoffarmen Luft erscheint der Duft der Mondviole fast unerträglich süß. Sie überlagert den Geruch der moderigen Erde und vermischt sich mit dem Bouquet aus dem Harz und Holz der Bäume, in das sich plötzlich auch noch etwas anderes mischt. Zigarettenrauch?

Lotte steht auf und geht zum Fenster. Der Mond ist ein riesiger Silberball über hohen Tannenspitzen. Sein helles Licht bescheint einen Mann, der unter einem der Bäume steht und raucht. Seine Zigarette glimmt rot auf, als er daran zieht.

Lotte wirft rasch einen dünnen Morgenmantel über ihren nackten Körper und folgt der Versuchung, sich die schlaflose Zeit mit ein wenig menschlicher Gesellschaft zu vertreiben. Barfuß huscht sie die Treppen hinunter, bevor es ihm einfallen kann, wieder ins Haus zu verschwinden. Bis jetzt ist diese Nacht so schwerfällig dahingekrochen, dass man kaum noch an den Trost eines Morgens glauben konnte. Stattdessen hatte sie das Gefühl, in einer Zwischenwelt verharren zu müssen, in der man unachtsam wurde. Dann konnten einen die Gedanken aufspüren, die man sonst in der schützenden Realität des Tageslichts mit Leichtigkeit abwehrte.

»Können Sie auch nicht schlafen?«, fragt Weill mitfühlend, als Lotte vor ihm steht. Falls er sich über ihren Aufzug wundert, lässt er es sich nicht anmerken.

Lotte nimmt ihm die Zigarette aus der Hand. Erst nach einem gierigen Zug fragt sie um Erlaubnis: »Es stört Sie doch nicht?«

Lächelnd nimmt er ihr die Zigarette wieder ab. Seine Lippen bedecken den roten Abdruck, den ihre hinterlassen haben. Am Abend war sie zu müde, um ihre Schminke zu entfernen.

»Ist Ihnen etwa der Pfeifentabak ausgegangen?«, fragt Lotte.

Er räuspert sich. »Was, wenn ich Ihnen erzähle, dass mir meine Pfeife heute Morgen bei einer Bootstour mit Herrn Kaiser über Bord gegangen ist und wir sie nicht wiedergefunden haben?«

Lotte lacht laut auf. »Wenigstens war es diesmal nicht die Brille. Rauchwerkzeug ist leichter zu ersetzen. Ich fand es übrigens sehr nett von Ihnen, was Sie zu Sibylle gesagt haben.« Sie legt ihre Hand auf seinen Arm und zieht sie gleich wieder zurück. »Herr Kaiser ist manchmal etwas ruppig zu ihr, aber sie ist daran gewöhnt. ›Ich kenne einen Maler, der Sie gerne malen würde.‹ Nicht schlecht.«

Weill lacht über ihre Nachahmung seiner Stimme. »Wenn Sie denken, dass ich den erfunden habe, irren Sie sich.«

»Tatsächlich?«

»Jedes Mal, wenn ich Sibylle ansehe, muss ich an Zille denken.«

Lotte lacht auf. Dabei hält sie sich die Hand vor den Mund, um die anderen nicht zu wecken. Die Fenster zu den Schlafzimmern stehen alle weit offen. »Sie sind ja doch gar nicht so nett. Hätte Sibylle gewusst, dass Sie ausgerechnet diesen Maler meinen, wäre sie weniger geschmeichelt gewesen.«

Er zuckt mit den Achseln. »Dabei gefallen mir seine Bilder wirklich sehr. Auch seine Gedichte.«

»›Weene nicht, es ist verjebens, jede Träne dieses Lebens fließet in ein Kellerloch – deine Keile kriste doch‹. Recht hat er. Und Sie auch. Sibylle hat tatsächlich etwas von einem Zille-Kind. So widerstandsfähig und abgebrüht. Nur wird sie sich niemals die Finger dreckig machen müssen«, erwidert Lotte. In der Schule hat sie Mädchen wie Sybille beneidet. Nur wer aus besserem Hause stammte, durfte ganz vorne sitzen, wo es auch die kleine Karoline hinzog. Was ihr an Abstammung fehlte, glich sie mit Einfallsreichtum wieder aus. Sie behauptete, sehr schlechte Augen zu haben, und so konnte auch eine Blaumauer einen Platz in der ersten Reihe ergattern, in der man nicht mehr übersehen wurde.

In Wiens Gassen hat Lotte viele Zille-Kinder getroffen. Sibylle gleicht diesen schmutzigen, rotzfrechen und bettelarmen Gestalten natürlich nur auf den ersten Blick.

Jeder amüsiert sich über Zilles Zeichnungen. Wer aber genau hinsieht, dem muss das Lachen im Hals verrecken. Zille verbirgt seine Liebe hinter Spott, aber er macht nie einen Hehl daraus, dass diese Kinder oft nicht mehr zum Angeben haben als das

Blut, das sie in den Schnee spucken können. Und vom Phosphor und Schwefel in den Streichholzfabriken sind ihnen die Fingernägel ausgefallen.

Als Lotte das nächste Mal nach seiner Zigarette greift, lässt Weill sie hinter seinem Rücken verschwinden, so dass sie ihre Hand ins Leere streckt. Er umfasst ihre Hand mit seiner freien und küsst flüchtig ihre Finger.

»Gnädiges Fräulein«, sagt er mit freundlichem Spott. »Wie schön, dass Sie mir Gesellschaft leisten. Übrigens haben auch Sie etwas von einem Zille-Kind.«

»Wenn Sie als Kenner das sagen«, entgegnet sie spöttisch. *Ach, was soll das alles.* Sie macht einen kleinen Schritt auf ihn zu und küsst ihn auf den Mund. Erst berühren sich nur ihre Lippen, bis Weill sie mit beiden Armen fest an sich zieht, wobei die Zigarette zu Boden fällt. Kurz geht Lotte die Sorge durch den Kopf, der glühende Stummel könne auf der trockenen Erde einen Waldbrand auslösen. Dann ist alles vergessen. Diesen Fremden zu küssen kommt ihr unter dem Vollmond noch unwirklicher vor als auf dem Ruderboot – und zugleich wieder ganz selbstverständlich.

Ein gequältes Grunzen lässt sie auseinanderfahren.

»Was war das?«, fragt Weill erschrocken.

»Der Kaiser träumt oft schlecht«, erklärt Lotte. »Er denkt, er sei in einem großen, dunklen Raum gefangen, der immer kleiner wird, bis die Wände ihn fast erdrücken. Vielleicht wirkt er deshalb immer so, als sei er auf dem Sprung. Damit die Wände ihn nicht erwischen können.«

»Das ist schlimm«, sagt Weill bedrückt.

»Das kommt vom Krieg, denke ich.« Lotte beißt sich auf die

Lippen. Sie will nicht, dass Weill sie für ein Tratschweib hält. Wenn man bereits Zigaretten und Küsse teilt, kann man sich wohl ein paar Geheimnisse anvertrauen, aber nicht unbedingt die anderer Menschen. »Würden Sie es bitte für sich behalten? Margarethe hat es mir einmal anvertraut, aber eigentlich soll wohl nicht einmal ich davon wissen.«

Weill nickt. »Dann glänzt also auch im Kaiserreich nicht alles.«

»Sicher nicht. Aber es ist doch schön genug. Manchmal weiß ich nicht, ob ich es jemals verlassen werde. Ich bin schon seit fast einem Jahr hier.«

»Haben Sie kein Zuhause?«, fragt Weill überrascht.

Sie denkt einen Moment darüber nach, dann schüttelt sie den Kopf. Es gab nichts, das sie hätte zurückhalten können, als Kaiser ihr anbot, zu ihnen zu ziehen. Die Idee hatte sich erlösend angefühlt, so dass sie erschrak, als kurz darauf Margarethe an ihre Wohnungstür klopfte. Lotte war sich sicher, dass Kaisers Frau die leichtfertige Einladung ihres Mannes zurückziehen wollte. Stattdessen trug sie Lotte schmunzelnd auf, den Badeanzug nicht zu vergessen. So war Margarethe, wenn sie sich nicht von ihrem Mann ärgern ließ – gutmütig und großzügig. Lotte ist froh, den Ratschlag befolgt zu haben. Das Material ihrer Badekluft ist bereits an mehreren Stellen durchgescheuert, so stark wird es hier beansprucht.

»Ich weiß aber nicht, ob ich es deshalb gleich als mein Zuhause betrachte«, erklärt Lotte. »Hier ist es paradiesisch, aber ich denke, mein echtes Leben findet in Berlin statt, vielleicht auch an keinem bestimmten Ort, sondern auf der Bühne.«

»Spielen Sie gerade irgendwo?«, fragt er neugierig.

Sie schüttelt den Kopf. »Ich gönne mir eine Pause.«

Seit ihrem Einzug in Grünheide hat Lotte sich nicht um neue Engagements bemüht. Ein paar Mal hat sie Rèvy eine nichtssagende Postkarte geschrieben, wie sie ein Kind auf einer Schülerfreizeit verfassen würde: *Die Familie ist sehr nett, das Haus sehr schön, das Essen sehr gut.* Gelegentlich fährt sie in die Stadt, um mit Freunden auszugehen oder sich Aufführungen anzusehen. Ein Theater ist das Einzige, was ihr an diesem Ort wirklich fehlt.

»Man müsste sich eine Wohnung in der Stadt und ein Haus auf dem Land leisten können«, sagt sie. »Kaiser hat es geschafft. Und Sie? Haben Sie einen Ort, den Sie Zuhause nennen?«

Er zögert. »Ich habe eine Wohnung in Berlin gemietet, die alles hat, was ich brauche. Aber wenn Sie meinen, ob es dort Menschen gibt, die ich als Heimat bezeichnen könnte, lautet die Antwort leider Nein.«

»Ach herrje, das klingt, als habe man Ihnen das Herz gebrochen«, stellt sie fest.

»Tatsächlich?« Er sieht sie an. »Bis vor kurzem hat es jemanden gegeben, der so etwas für mich hätte sein können. Nun gibt es sie nicht mehr.«

Lotte dringt nicht weiter in ihn, sonst muss sie ihn vielleicht trösten, und sie hat keine Ahnung, wie man einem Menschen über einen Verlust hinweghilft.

»Sie hatte schon einen Mann, und der dachte gar nicht daran, sich scheiden zu lassen«, fügt Weill hinzu.

Lotte lacht auf. »Schauen Sie mich nicht so entsetzt an, Weill. Ich muss lachen, weil ich viel Schlimmeres befürchtet habe. Als Sie sagten, dass es sie nicht mehr gäbe, klang das nach Schwindsucht und *Romeo und Julia.* Diese Rolle würde ich übrigens gerne einmal spielen.«

»Die Julia?«, fragt er. »Sie wirken gar nicht wie eine Julia.«

Nun weiß sie, dass sie in seinen Augen weder eine Karoline ist, noch wie eine Julia wirkt. Langsam würde sie gerne einmal erfahren, was sie stattdessen seiner Meinung nach ausmacht.

»Wenn Sie das sagen. In jedem Fall bin ich froh, dass Sie kein Romeo und nicht aus Liebeskummer gestorben sind. Besser, Sie konzentrieren sich auf Ihr Werk. Papi hat große Pläne mit Ihnen. Er behauptet, Sie seien genial.«

»Papi?«

»Haben Sie nicht manchmal das Gefühl, dass wir hier so etwas wie die Pflegekinder der beiden sind?«

Er verzieht das Gesicht. »Vielen Dank. Ich habe bereits Eltern, die diese Aufgabe hinreichend ausfüllen.«

Einen Moment schweigt er, dann fährt er langsam fort: »Hat man Ihnen schon gesagt, dass ich übermorgen wieder nach Berlin fahre?«

»Wann kommen Sie denn wieder?«

»Ich weiß es nicht. Nicht sehr bald, befürchte ich.«

»Wie schade, wir werden Sie vermissen.«

»Das klingt ermutigend.« Weill hält ihr seine Armbeuge entgegen. »Darf ich fragen, ob wir noch ein kleines Stück spazieren gehen?«

»Sicher«, sagt sie.

Untergehakt folgen sie dem Weg zum Ufer. Auf einem umgekippten Baumstamm lassen sie sich nieder.

»Singen Sie noch einmal das Lied für mich?«, bittet Weill.

»Welches Lied?«

»Das Sie damals bei der Probe gesungen haben.«

»Etwa jetzt und hier? Ist das Ihr Ernst?«

Weill nickt. »Mein vollkommener. Ich möchte gerne den Klang Ihrer Stimme mit nach Berlin nehmen.«

»Erwarten Sie jetzt aber keine großen Koloraturen, zur Opernsängerin bin ich nicht geschaffen.«

»Sie wissen doch, wie ich über die Oper und das Kunstlied denke. Beides ist schön, aber hat seine Zeit hinter sich. Die Welt ist reif für eine Stimme wie Ihre. Sie klingt echt, so als sei sie für meine Ideen geschaffen.«

Zweifelnd betrachtet sie ihn. »Haben Sie etwas getrunken?«

Er schüttelt den Kopf.

»Also gut«, gibt sie nach.

Während sie singt, wendet er nicht einmal den Blick von ihr ab.

»Vielleicht besuchen Sie mich einmal in der Winterfeldtstraße?«, fragt er danach.

»Vielleicht.«

»Vielleicht besuchen Sie mich recht bald?«

»Vielleicht. Wer weiß, was morgen ist. Wir sollten die Zeit nutzen, die uns bleibt.« Sie dreht ihm den Rücken zu und schaut ihn über ihre Schulter hinweg an. »Ist das nicht seltsam? Für Sie zu singen kam mir gerade viel vertraulicher vor, als mich vor Ihnen auszuziehen.«

Sie streift den Morgenmantel über die Schultern, so dass er auf ihre nackte Kehrseite schaut. Ein hektisches Räuspern begleitet sie auf ihrem Weg ins Wasser. Sie dreht sich nicht um – nicht, weil sie ein Schamgefühl abhalten würde, sondern in dem Wissen um die größtmögliche Wirkung. Im Wasser lässt sie sich seelenruhig auf der Oberfläche treiben. Bis es ihm gelungen ist, sich seiner Kleidung zu entledigen, schaut sie nach oben zu dem silbernen Ball am Himmel. Sie erinnert sich nicht daran, sich schon einmal so erfüllt gefühlt zu haben wie in dem Moment, als er noch nicht bei ihr ist. Dieses Gefühl entstammt der Gewissheit, dass er gleich zu ihr kommen wird, und der Ahnung, dass die tatsächliche Vereinigung niemals so berauschend sein kann wie ihre Erwartung. Und so blickt sie noch für einen weiteren Moment glücklich in einen Sternenhimmel, den man in der Stadt nie zu sehen bekommt, da die Menschen dort ihr eigenes Firmament aus Leuchtreklamen und Illuminationen erschaffen haben.

4. Szene

Zwei in einer Kammer – Berlin,
1925

Es bleibt nicht bei einem Vielleicht, auch nicht bei nur einem Besuch. Immer wieder ist Lotte seit seiner Abreise von Grünheide aus in die Winterfeldtstraße aufgebrochen, wo Weill in einer Pension lebt. Mittlerweile fällt es ihr kaum noch auf, dass jeder Winkel seiner Wohnung mit Noten vollgestopft ist. Sie wurden nicht nur auf dem dafür vorgesehenen Papier festgehalten, sondern auch auf Tüten oder den Servietten notiert, die aus seiner Manteltasche ragen. Wenn Lotte diese Welt der allgegenwärtigen, stummen Klänge betritt, stellt sie sich bisweilen vor, welch ein erschreckendes Lärmen entstehen müsste, würden alle zugleich ertönen.

An diesem kalten Januartag ist Weill eine Passage geglückt, die ihn sehr herausgefordert hat. »Möchten Sie hören, woran ich gerade arbeite, Fräulein Lenja?«, fragt er ausgelassen.

Sie nickt. »Sehr gerne.«

Hastig sortiert er die Blätter des Kaiser-Stücks. Mittlerweile weiß Lotte, wovon es handelt. Im Mittelpunkt steht ein Schauspieler der elisabethanischen Zeit, der verlernt hat, zwischen Wahn und Wirklichkeit zu unterscheiden. Der Zuschauer wird sowohl die Pantomimen sehen, an denen er probt – die eine komisch, die andere tragisch – als auch sein tatsächliches Leben. Darin ersticht er am Ende seine geliebte Schwester, weil er sie mit der untreuen Geliebten in seinem Stück verwechselt. Der Zuschauer soll jederzeit wissen, dass er ein Theater im Theater zu sehen bekommt. Deshalb wird die Handlung auch von zwei Orchestern begleitet. Dem im Graben sowie den Blasmusikern des Herzogs auf der Bühne. Es ist eine ziemlich verrückte, möglicherweise sogar geniale Sache.

»Ich bin gespannt, wie du es empfindest«, sagt Weill. »Nathan und Hans fanden die Musik schrecklich und haben mich als elenden Dachstubenkomponisten beschimpft.«

»Fang an, dann kann ich dir sagen, ob deine Brüder recht haben.«

Schon nach wenigen Takten ahnt Lotte, wie fremd diese Passage für die Liebhaber klassischer Lieder geklungen haben muss. Dabei ist Weill eigentlich kein Radikaler. Es geht ihm mehr um die Musik als um irgendein Prinzip. »Ich überlasse es einem Schönberg, sich zwölf Töne zu schnappen und mit allem zu brechen. Was mir vorschwebt, ist eine Erneuerung, die das Alte nicht vollständig verachtet«, hat er ihr einmal erklärt.

In seiner Musik erkennt man sein Streben. Sie ist neu genug, um den ein oder anderen zu verwirren, und knüpft zugleich an Bekanntes an, so dass man sie eher als Bereicherung denn als bloße Irritation empfinden sollte. Zumindest geht es Lotte so.

Für Hans und Nathan hingegen scheint der Anteil des Unbekannten genügt zu haben, um die Musik als fremd und atonal wahrzunehmen.

Es erregt Lotte, einer Musik zu lauschen, die aus Weills Kopf und seinen Fingern kommt. Sie könnte dabei nicht sagen, wie viel ihrer Begeisterung im Grunde seiner eigenen entstammt. Seine Saiten rühren stets an ihren, so dass sie einander wechselseitig in Schwingungen versetzen.

»Tja, Herr Weill, ich bin vielleicht nicht gebildet genug, um dir das Wieso darzulegen, aber ich kann dir gesichert mitteilen, dass ich diese Musik herrlich finde. Deine Brüder sind Banausen«, erklärt sie.

Es macht ihr nichts aus, mit ihrer mangelnden Bildung zu kokettieren. Was das Leben angeht, weiß sie dafür viel besser Bescheid als er. In anderen Dingen wiederum kennt er sich besser aus, aber sie weiß, wie sehr er ihre unbefangenen Ratschläge schätzt. Sogleich gehen sie die Passagen durch, die Lotte besonders schön oder befremdlich gefunden hat. Es schmeichelt ihr, wie aufmerksam er ihren Anmerkungen folgt, und sie jubiliert innerlich, als er am Ende schwungvoll »Für Lotte Lenja« über die erste Notenzeile seiner Partitur kritzelt.

»Das soll für heute genügen«, erklärt er. »Ich werde uns einen Tee kochen. Würdest du schon einmal den Tisch decken?« Er deutet auf die Fensterbank, wo er Brot und Butter aufbewahrt.

Lotte folgt seiner Bitte mit gerümpfter Nase. Sie weiß, was sie erwartet. Steinhartes Brot und Butter, die nicht erst seit gestern ranzig ist. Als sie beisammen am Tisch sitzen, beißt sie dennoch in ihre Stulle. Während sie die neuesten Kaiser-Anekdoten zum Besten gibt, schweift sein Blick in die Ferne. Sie versucht, sich nicht von seiner Unaufmerksamkeit kränken zu lassen. Sein Abdriften hat wenig mit ihr zu tun, so viel hat sie begriffen. In seinem Innern spielt ein Orchester, dem er lauschen muss, sobald der Dirigent den Taktstock hebt. Sie kennt ihn mittlerweile zu lange, um noch in unglaubiges Staunen zu verfallen, als sie sieht, wie er sich eine Zeitung schnappt, um kaum zu entziffernde Zeichen auf das Papier zu kritzeln. Sie sagt sich, dass alles aus ihm raus muss, um Platz für Neues zu schaffen, und dennoch mischt sich Ärger in ihr Amüsement. Als er endlich mit wachem Blick zu ihr zurückkehrt, kommt er ihr wie ein Kerl vor, der nach Tagen der Verstopfung endlich den Klogang erledigt hat. Sie ist nicht nachtragend. Dass er nun gut gelaunt in ihr Geplauder einfällt, versöhnt sie sofort.

»Bravi begleitet uns heute Abend in die Scala«, erklärt er. »Raffaello und Hide sind auch dabei. Sie haben sich schon darüber beklagt, wie lange sie dich nicht mehr zu Gesicht bekommen haben. Bevor es losgeht, sind wir alle bei den Busonis zum Essen eingeladen.«

Lotte nickt. »Prima, je mehr, desto lustiger. Und eine warme Mahlzeit, die uns nichts kostet, gibt es auch noch.«

Ein Essen bei Busonis Sohn Raffaello und dessen japanischer Ehefrau ist immer ein großer Spaß. Was sie allerdings von Kurts treuem Schatten und Schüler Maurice »Bravi« Abravanel halten soll, weiß Lotte immer noch nicht. Gelegentlich glaubt sie, dass seine ernsthaften Blicke ihr gegenüber einen Vorwurf beinhalten. Er ist immer freundlich zu ihr, aber wohl eher um Kurts willen. Doch da er nicht zur lauten Sorte gehört, lässt er sich leicht ignorieren.

»Ich bin gespannt, was Hide heute auftischt.«

»Ich auch«, murrt Weill. »Sicher bekomme ich von all dem Reis wieder Blähungen.«

Lotte lacht über die sorgenvolle Miene eines Mannes, der gerade trockenes Brot mit traniger Butter gegessen hat.

»Kurt, wenn deine Eltern nicht in Leipzig wohnen würden, würdest du immer noch an jedem Sonnabend die Füße unter ihren Tisch stellen, damit man dir Tscholent serviert. Ich für meinen Teil finde es prima, etwas Neues auszuprobieren.«

Er sieht sie eindringlich an. »Ich habe nichts dagegen, etwas Neues auszuprobieren, solange es dabei um dich geht.«

Wenig später liegt sie in seinem Arm, den Kopf in seiner warmen, würzig duftenden Achselhöhle geborgen. Er flüstert ihr wie immer drollige Namen ins Ohr. *Lenja-Benja, Piepserich, Engel.*

»Du bist wunderbar«, raunt er in ihr Haar. »Ich glaube, ich bin nur für dich auf der Welt, Seelchen.«

»Du nun wieder.« Sie schnurrt vor wohliger Zufriedenheit.

Andere Männer haben ihr größere Annehmlichkeiten geboten. Auf Schmuck wartet Lotte bei diesem Musiker vergeblich. Neben vielen Akkorden hat er vorerst kaum mehr als Worte zu bieten. Und selbst von denen scheint er vor allem Gebrauch zu machen, um ein Spiel aus Melodie und Rhythmus zu veranstalten. Oft klingen die Dinge, die er ihr ins Ohr flüstert, so aberwitzig schwärmerisch, dass Lotte ihn auslacht.

Er nennt sie seine Angebetete, seinen Sonnenaufgang, seine Abenddämmerung. Er ist zwei Jahre jünger als sie und hatte auch sonst weniger Gelegenheit, alle Facetten des Lebens kennenzulernen. Blind für dessen Schattenseiten ist er allerdings nicht. Einmal hat er sie furchtbar erschreckt, indem er ihr versprach, alles Hässliche in ihrem Leben wegzumachen. Er erwischte sie mit seinen Worten so unvermittelt, dass sie zu weinen begann. Sie fühlte sich ganz und gar entblößt, zumal sie mit ihm nie über die Geister gesprochen hatte, die sie von Zeit zu Zeit heimsuchen. Längst hat sie ihre eigenen Heilmittel gefunden. Als besonders wirksam haben sich das Theater und das Begehren der Männer erwiesen. Beides gibt ihr das Gefühl, am Leben und genug zu sein. Die Aufmerksamkeit des Publikums wärmt sie, selbst wenn sie nur dem Geschöpf gilt, das sie sich gerade zu sein entschlossen hat. Das reicht, mehr müssen sie nicht wissen.

Umso mehr beunruhigt es sie, dass Weill sie von Anfang an erkannt zu haben scheint. Dabei ist das eigentlich unmöglich, wie könnte er ihr sonst noch all diese Dinge sagen? Es gibt Momente, in denen sie sein sanftes Lächeln unerträglich findet, das durch alle Täuschungen hindurch zu sehen scheint. Dann muss sie einen Streit anzetteln und ihm Beschimpfungen an den Kopf werfen, die er ihr jedes Mal verzeiht. Manchmal muss sie auch die Beine in die Hand nehmen und rennen. Wer still steht, wird von einem Geschoss getroffen.

Ihr Blick schweift zu dem kleinen, grünen Kaktus auf der Fensterbank, den sie Kurt überlassen hat. »Damit du immer an mich denken kannst«, hat sie ihm erklärt »Und ja nicht vergisst, dass ich auch pieksen kann.«

»Nichts trage ich so stolz wie die Spuren deiner Liebe«, hat er mit fester Stimme erwidert.

5. Szene

---◇---

Tanz auf dem Drahtseil – Berlin, 1925

Als sie den Empfangssaal der Scala betreten, ist die Luft schon schwer von orientalischen Düften. »Shalimar« gibt den Ton an. Nur Hide trägt etwas noch Exquisiteres. »Wie wunderbar du duftest. Als hättest du gerade in Rose und Jasmin gebadet«, raunt Lotte, als sie über den roten Teppich schreiten. »Das ist mir beim Essen gar nicht aufgefallen. Es war übrigens köstlich.«

»Danke«, sagt Hide lächelnd. »Ich habe das Parfüm erst aufgetragen, bevor wir gegangen sind. Es heißt Mitsouko und ist von Guerlain, genau wie Shalimar.«

Umringt von Bravi und Raffaello, die beide groß und schlank sind, sieht Hide noch zierlicher als sonst aus. Sie wirkt wie eine exotische Komposition in Schwarz und Weiß. Schwarzblaues Haar rahmt die perlmuttfarbene Haut. Ihre wie liderlos erscheinenden dunklen Augen funkeln. Exotisch und wunderschön, denkt Lotte bewundernd.

»Ich habe den Duft gestern erst von Raffaello bekommen.«
Der Sohn von Kurts verstorbenem Idol legt liebevoll den Arm um seine Frau.

»Kurt, wann schenkst du mir ein Parfüm, du Geizhals?«, fragt Lotte augenzwinkernd.

»Ich weiß nicht, ob ich mir Guerlain leisten kann«, entgegnet er erschrocken.

Sie verdreht die Augen. »Es war nur ein Spaß. Du kommst groß raus, bevor mein letzter Flakon von Parfümeur Schwarzlose geleert ist. Dann kannst du mir ein neues kaufen.«

Sie ignoriert Bravis missbilligenden Blick, der sie daran erinnert, dass sie den Duft gerade erst letzte Woche von einem Verehrer erhalten hat. Wie kann dieser Mann nur so ein Verleugner alles Sinnlichen sein? Sein Mund ist so herrlich voll. Nur die in sich gekehrten Augen hinter den kreisrunden Brillengläsern halten andere auf Abstand.

»Ich wollte diesen Duft unbedingt für Hide haben, sobald ich von ihm gehört hatte«, erzählt Raffaello. »Wusstet ihr, dass Guerlain sich von einem französischen Roman hat inspirieren lassen? Eine japanische Ehefrau liebt heimlich einen englischen Offizier. Alles sehr verboten, sehr sinnlich, und am Ende herrscht zwischen Russland und Japan Krieg. Es ist unglaublich, wie der Duft die Essenz des Romans ohne Worte wiedergibt. Und da denkt unsereins noch, nur die Musik wäre dazu in der Lage.«

Hide sieht seufzend zu Lotte. »Von wegen wortlose Gefühle. Für unsere Männer ist selbst ein Duft noch eine Angelegenheit, die ausgiebig diskutiert werden muss.«

Lotte lacht, während sie alle gemeinsam den Saal betreten. In ihrer Reihe sind fast alle Plätze besetzt, so dass die anderen Zuschauer für sie aufstehen müssen. Zu ihrem Pech haben die Neu-ankömmlinge bereits einen ordentlichen Schwips und gelangen nur unter viel Aufhebens zu ihren Sitzen in der Mitte.

»Oh, Verzeihung«, haucht Lotte, als sie sich auf dem Schoß eines jungen Mannes wiederfindet, der ihr Stolpern abfangen wollte. Einem anderen, den sie vom Sehen kennt, kitzelt sie am Kinn. »Hallöchen, Sie auch hier?«

Bravi braucht gar nicht so die Stirn zu runzeln, sieht er denn Kurts amüsierte Miene nicht? Selbst dieser anständige Junge sollte begriffen haben, dass in diesem Tempel keinem anderen Götzen als dem Spaß gehuldigt wird. Hier lernt der Berliner, was es heißt, ein Großstädter zu sein. Die Moden, auf die an diesem Abend das Scheinwerferlicht fällt, werden in den nächsten Tagen das Straßenbild dominieren.

Mit einem lauten Ausatmen lässt sich Lotte in ihren Sitz plumpsen und genießt das Kribbeln, das sie immer unter den prunkvollen Deckenmalereien und angesichts eines schweren ro-ten Vorhangs fühlt. *Ich will ein Teil davon sein.* Ganz egal, wie oft sie selbst schon auf einer Bühne gestanden hat, begleitet sie dieses Gefühl, seit sie als kleines Kind durch das Fenster die Zirkus-wagen vor dem kaiserlichen Sommerpalais beobachtet hat. Den armen Leuten, die in Sichtweite von all dem Prunk lebten, waren die Vorführungen eine willkommene Ablenkung. Lange gab es nichts, das die kleine Lotte sich heißer ersehnte, als einen Blick hinter die Holzbretter, mit denen die Zirkusleute ihre Zauberwelt umzäunten. Als sie es das erste Mal wagte, sich ganz nah heranzu-schleichen, war sie vielleicht fünf Jahre alt. Sie fand eine Lücke im Zaun, durch die sie zumindest einen Teil des Treibens beobach-ten konnte. Wer hautnah auf einer der harten Holzpritschen vor der Bühne dabei sein wollte, musste einen Dime berappen, wo Lotte doch nicht einmal den Nickel erübrigen konnte, den man den Zaungästen abknöpfte. Als der Geldeintreiber auftauchte, versuchte sie, ihn mit Grimassen und einem kleinen Tanz zum Lachen zu bringen, damit er sie nicht verscheuchte. Sie hatte Erfolg. Der Mann schenkte ihr nicht nur ein Lachen, sondern auch noch eine bestickte Bauerntracht und Unterricht als Seiltänzerin. »Du bist für die Bühne wie geschaffen, Mädchen«, hatte er lachend gesagt.

Dies war der glücklichste Moment in ihrem noch jungen Leben. Atemlos von der Aufregung und dem Dampf in der Waschküche, in der ihre Mutter sich buckelig arbeitete, erzählte sie von ihrem Abenteuer. »Vielleicht steckt mir jemand ja einen Nickel zu, dann lade ich dich zu einem Stück Kuchen ein, Mama.«

Ihre Mutter wischte sich mit roten, rissigen Fingern den Schweiß aus der Stirn. »Mein Theatermädchen«, hat sie lächelnd gesagt. »Warte es ab, dir gelingt noch etwas Großes. Gehst du mir ein wenig zur Hand?«

»Natürlich!«, rief Lotte. Sie half ihrer Mutter, so gut es ihr gelang. Beide genossen diese ungestörten Stunden miteinander. Einmal, als sie wieder von ihren Tanzstunden schwärmte, zischte eine Nachbarin ihnen zu: »Die Kleine hält sich wohl für was Besseres?«

Die Mutter betrachtete die Frau kühl und erwiderte. »Das hat mein Linnerl nicht nötig.« Später flüsterte sie ihrer Tochter zu: »Lass dich von solchen Bemerkungen nicht unterkriegen. Ich weiß, dass du es schaffen wirst, von hier wegzukommen.«

Bei ihren ersten Aufführungen plumpste Lotte ständig vom Seil. Niemand warf es ihr vor. Die Zuschauer hielten die übereifrige Kleine für schrecklich drollig. Ihr war es recht. Sie dachte, es gäbe nichts Schöneres, als die Menschen zum Lachen zu bringen – bis die Schmetterlingsdame im Zirkus auftauchte. Der Direktor hatte sie eingekauft, als gerade etwas Geld übrig war. Sie glitt über ein Drahtseil, als wäre sie aus einem Material gemacht, auf das die Schwerkraft keinen Einfluss hatte. Sie breitete die Arme aus und schwebte in die Luft, wobei ihr Kostüm sich zu Schwingen in unzähligen Farben und Falten öffnete. Plötzlich überkam Lotte das Gefühl, eine unwürdige Raupe zu sein. Tränen liefen über ihr Gesicht, als die Frau in rosafarbenes Licht und einen Trommelwirbel gehüllt wurde und niemand lachte und niemand sie drollig fand. Sie hatte die Herzen der Zuschauer auf eine Art bewegt, die diese in nervöser Anspannung erstarren ließ, als das Seil noch höher gehoben wurde. Später, als Lotte der Künstlerin in deren Alltagskleidung begegnete, war die Frau nicht wiederzuerkennen. Es umgab sie nicht das geringste Funkeln. In dem Moment begriff Lotte, dass es nicht nötig war, eine andere zu werden, um sich in einen Schmetterling zu verwandeln. Mit etwas Theaterschminke, schmeichelhafter Beleuchtung und einer Portion Mut konnte man viel bewirken.

Auch wenn sie längst weiß, mit welchen Kniffen den Zuschauern Feenstaub ins Gesicht geblasen wird, ist sie auch an diesem Abend in der Scala wieder hingerissen. Mädchen in goldfarbenen Pailletten schwingen ihre nackten Beine in die Luft. Dann kommen die Clowns, bis sie ihrerseits von einer Trapezkünstlerin abgelöst werden, die noch gewagtere Kunststücke zeigt als die Schmetterlingsdame von damals. Amüsiert betrachtet Lotte, wie Hide zu ihrer Rechten eine Hand vor den Mund schlägt, als das Mädchen zu einem besonders wagemutigen Sprung ansetzt.

Lotte sorgt sich nicht um das Mädchen. Sie beneidet es und würde selbst gerne als schillernder Vogel durch die Luft wirbeln. Zwei Männer mit schwarz umrandeten Augen buhlen um seine Gunst. Sie tragen auf ihren Köpfen Turbane wie die Orientalen und versuchen vergeblich, das Mädchen festzuhalten. Im Spagat landet es auf den Schultern des einen und schwingt sich dann mit einer Luftrolle in die Arme des anderen. Auch ihm entzieht sie sich bald wieder, um unter der Decke ganz für sich einen atemberaubenden Tanz auf einem kaum sichtbaren Seil aufzuführen.

Irgendetwas an diesem Anblick lässt nun doch auch Lottes Herz klopfen. Sie schaut zu Boden, wo sie ein großes Netz daran erinnert, dass für das luftige Wesen keine Gefahr besteht. Jetzt erkennt sie, dass es nur die Musik ist, die ihr eine Bedrohung vorgegaukelt hat. Erst ein Trommelwirbel und dann eine Melodie in äolischem Moll.

Kurt hat ihr den Trick mit dieser antiken Tonleiter erklärt, von der sie zuvor noch nie gehört hatte. Sie stammt aus einer Zeit, in der man die schwarzen Tasten auf dem Klavier noch nicht kannte. Deshalb gibt es, abgesehen von zwei natürlichen Halbtonschritten, keine Zwischentöne. Dem heute bekannten Moll unterstellt man, traurig zu klingen, wohingegen diese uralten Intervalle die Gefahren einer archaischen Welt wieder zum Leben erwecken, in der an jeder Ecke ein Säbelzahntiger auf Beute lauert.

Zum Abschluss wirbeln noch einmal die goldfarbenen Scala-Girls über die Bühne. Am liebsten würde Lotte über die Stuhlreihen klettern, um sich mit einem ihrer hohen, mit Federn geschmückten Zylinder in der Hand unter sie zu mischen. Sie muss sich wirklich wieder ein neues Engagement suchen, selbst wenn es sich nur um einen winzigen Auftritt handelt. Im schummerigen Licht eines Theaters ist ihr immer schon alles klarer erschienen: Dies hier ist ihr wahres Leben.

6. SZENE

---◇---

Gleich nach der Musik – Berlin, 1925

Weill rollt sich über sie, und Lotte erwidert seinen Kuss, auch wenn ihrer beider Atem noch säuerlich von zu wenig Schlaf und zu viel Alkohol ist.

»Wer war ich nur, bevor ich dich traf?«, murmelt er.

»Wer bist du denn jetzt?«

»Jemand, der nur noch diesen einen Wunsch hegt: in dir zu versinken. Ich will mich selbst in dir sehen, du ideales Wesen, du.«

Sie lacht, bis sie die Veränderung in seinem Blick bemerkt. Er hat einmal auf die Uhr geschaut, und schon verwandelt er sich in einen anderen Mann. Es ist beinahe acht Uhr. Jetzt kann nicht einmal mehr das ideale Wesen Kurt vergessen machen, dass es Arbeit zu tun gibt. In seinem Rhythmus lässt er sich von nichts stören. An diesem Morgen verflucht sie seine Musik, weil der Kater sie anhänglich stimmt und sie sich gerne noch für einen Moment in seinen Armen vor der Welt verstecken würde.

»Nun geh schon, Liebling.« Sie schiebt ihn aus dem Bett, um sein Verschwinden zu ihrer Entscheidung zu machen. Dabei hat sie etwas zu viel Schwung genommen, so dass Kurt nach kurzem Gepolter nackt vor ihr auf dem Boden sitzt und sie vorwurfsvoll ansieht. »Wenn du mich so lieb bittest, das Bett zu verlassen, kann ich wohl kaum nein sagen.«

Er streift die Klamotten über, die er am Abend zuvor fein säuberlich gefaltet auf dem Stuhl abgelegt hat. »Übrigens würde Ruth dich gerne treffen.«

»Was sagen denn deine Eltern dazu? Haben sie keine Angst, dass ich das Töchterlein genauso verderben könnte wie ihren Sohn?«

»Ruth hat ihren eigenen Kopf«, erwidert er.

»Da scheint Ruth ganz auf dich zu kommen.« Lotte sieht ihm dabei zu, wie er sorgfältig sein Hemd zuknöpft. Sie ist bemüht, nichts auf die Meinung seiner Eltern zu geben, solange sie nichts an seinen Gefühlen für sie ändert. Sie kann aber nicht leugnen, dass deren Ablehnung ihr leichtes Unbehagen bereitet. Erst ein einziges Mal hat Weill sie zu Albert und Emma Weill nach Leipzig mitgenommen. Bei dieser Begegnung zeigten sich seine Eltern von einer demonstrativen Höflichkeit, die Lotte auf mehrere Armeslängen entfernt hielt. Sie sagt sich, dass es nicht gegen ihre Person geht, sondern die Eltern nur der Umstand stört, dass Lotte keine Jüdin ist. Aber eigentlich ist sie überzeugt davon, dass die älteren Weills in einer Bühnenkünstlerin kaum mehr als eine Prostituierte sahen. Da bleibt nur zu hoffen, dass sie niemals erfahren, wie nahe diese Befürchtung der Wahrheit kommt.

Lotte empfindet weder Scham noch Stolz, wenn sie an die Zeiten denkt, in denen sie sich von Männern dafür bezahlen ließ, ihnen in heruntergekommene Absteigen zu folgen. Daran war nichts Ungewöhnliches. Viele Knaben und Mädchen in ihrer Umgebung hatten gegen ein solches Zubrot nichts einzuwenden, bei dem man keine giftigen Dämpfe einatmete oder stundenlang in einer dunklen Fabrik stand. Abgesehen davon war es an jedem Ort besser als zu Hause. Lieber traf Lotte sich mit Männern, die vorgaben, verrückt nach ihr zu sein, als sich von einem anderen prügeln zu lassen, der sie als faden Abglanz eines besseren Mädchens verabscheute. Immer noch genießt sie das Begehren, das sie bei Männern auslösen kann, wenn sie bloß ihren Instinkten folgt.

Nicht einmal Kurt ahnt, wie oft es sie in die Tauentzienstraße an der Ecke Kurfürstendamm zieht. Dort schaut sie den Mädchen zu, die an ihren hohen Stiefeln zupfen. Ihre Kunden müssen nur auf die Farben der Schuhe schauen, um zu erfahren, welche Angebote deren Trägerin bereithält. Ein paar der Frauen tragen eine Peitsche mit sich. Es amüsiert Lotte zu beobachten, wie die Augen der Männer ganz glasig werden, angesichts von so viel vorgeblicher Bereitschaft, keinen noch so eigentümlichen Wunsch verwerflich zu finden.

»Du hättest meine Eltern vielleicht nicht fragen sollen, was der Regenwurm am Türpfosten macht«, neckt Kurt sie.

»Woher sollte ich denn wissen, was es mit dem Dingsbums auf sich hat?« Lotte verschränkt die Hände hinter ihrem Rücken und schaut mit gesenktem Kopf zu ihm hoch wie ein Schulmädchen, das seiner Lehrerin wider besseres Wissen erklärt, es habe nichts ausgefressen.

»Engelchen, egal, was du sagst, kann ich mir nicht vorstellen, dass du nicht wusstest, dass du eine Mesusa vor dir siehst.« Mit strenger Miene hebt er den Zeigefinger.

Sie schüttelt den Kopf. Dabei wissen sie beide, dass er recht hat. Wenn sie aufgeregt ist, hört sie sich selbst dumme Scherze plappern, die nicht einmal vor den Kennzeichen eines gottesgläubigen, jüdischen Hauses haltmachen. Die Worte waren einfach aus ihrem Mund gepurzelt, bevor Lotte wieder einfiel, wofür die kunstvoll verzierte Schriftkapsel stand. Es ist nie ihre Absicht gewesen, die Familie vor den Kopf zu stoßen. Kurt hatte ihr erzählt, wie stolz die Weills darauf sind, ihre Wurzeln bis ins 14. Jahrhundert zurückverfolgen zu können. Sie hat erwidert, dass sie schwer beeindruckt sei, aber nicht wirklich erkennen könne, wozu all dieser Ahnenkram nützlich sein könnte, außer um damit anzugeben. Lotte will nicht einmal wissen, was ihr Urururgroßvater getrieben hat. Und selbst, wenn es Großartiges gewesen sein sollte, gäbe es kaum einen Grund, stolz darauf zu sein, nur weil dank des Zufalls ihrer Geburt ein kleiner Bruchteil seines Blutes durch ihre Adern floss. Trotzdem würde sie sich gerne gut mit Kurts Eltern stellen, auch wenn sie seine Familie für Snobs hält.

»Beim nächsten Mal werde ich ein vorbildliches Frauchen sein«, schnurrt sie. »Sie werden dir zu deiner Wahl gratulieren, und deine Mutter wird mir anbieten, sie Mama zu nennen.« Während sein Vater ihr vor allem eigentümlich erschien, hat ihr seine elegante Mama, die ihren Rilke so sehr liebte, durchaus ein wenig gefallen, auch wenn das Wohlwollen nicht erwidert wurde.

Leider würdigt Kurt die Hingabe, mit der sie die Zerknirschte spielt, nur wenig. Er ist bereits aus dem Zimmer marschiert. Unschlüssig schaut Lotte aus dem Fenster. Wäre es nicht so grau, würde sie einen Bummel durch die Stadt unternehmen. Ihr bleibt reichlich Zeit. Vor dem Mittagessen wird Kurt nicht wieder auftauchen. Sie hört ihn kurze Passagen auf dem Klavier spielen, die abrupt abbrechen, vermutlich, damit er auf der Partitur Korrekturen anbringen kann.

Vielleicht sollte sie auf dem Kurfürstendamm einmal wieder dem Café Reimann einen Besuch abstatten. Dort wird der Vorgarten mit kleinen Koksöfen beheizt, der Kaffee ist anständig, und warme Decken, um sich darin einzuhüllen, gibt es außerdem. Außerdem trifft man dort jede Menge Bekannte. Vielleicht hat einer von ihnen davon gehört, dass irgendwo eine Tänzerin oder Schauspielerin gesucht wird. Sie ist gerade so weit, sich anzuziehen, als es draußen in Strömen zu regnen beginnt. Resigniert lässt sie sich wieder auf das Bett sinken, um noch eine Weile zu schlafen. Danach vergeudet sie den restlichen Vormittag mit dem Legen von Patiencen.

Es ist beinahe Mittag, als sie zu Weill in das Wohnzimmer geht, um sich ein Buch zu holen. Sie verharrt zehn Minuten im Türrahmen, ohne dass er sie bemerkt. »Ist es dir eigentlich ganz egal, dass ich hier bin?«

Erschrocken springt er auf. »Lotte!« Mit zwei großen Schritten ist er bei ihr und zieht sie in seine Arme. »Ich bin in einer halben Stunde bei dir. Ich kann es wirklich kaum erwarten, mein Schatz. Ich habe es nie für möglich gehalten, dies jemals über einen Menschen sagen zu können. Doch gleich nach meiner Musik kommst du. So viel Glück hätte ich mir nie ausmalen können.«

Lotte hat geahnt, dass er von seiner Musik mehr als von allem anderen besessen ist. Aber dass er es ohne Zerknirschung eingesteht und es auch noch für ein Kompliment zu halten scheint, kommt einer Ohrfeige gleich.

Nach all seinem Liebesgesäusel fühlt Lotte sich betrogen.

Immer ist sie es, die nach Berlin fährt. Er kommt fast nie nach Grünheide. Und wenn sie die Reise auf sich nimmt, ist er dennoch einen Großteil der Zeit anderweitig beschäftigt. Meint er wirklich, sie müsse dankbar sein für die Bröckchen, die er ihr hinwirft? Wie gerne wäre sie einmal für jemanden das Wichtigste. Doch wie kann sie für ihn Anfang und Ende und Himmel und Hölle sein, wenn die Musik noch vor diesem Anfang und über jenem Himmel kommt?

»Soll ich dich heute Abend ins Café Schlichter ausführen?«, fragt Weill. »Jetzt würde ich gerne noch ein wenig an meiner Partitur arbeiten, gerade hatte ich einen brillanten Einfall.«

»Daraus wird leider nichts«, sagt sie kühl. »Ich breche gleich auf. Ich fahre nach Grünheide zurück.«

»Warum?«, fragt Kurt erschrocken.

Sie antwortet nicht.

Seine Hand greift nach ihrer. »Habe ich dich irgendwie verärgert?«

»Das kannst du nicht. Dafür bedeutest du mir gar nicht genug.« Sie faucht wie eine Katze, die man am Schwanz festhält. »Warum soll ich hier rumlungern und darauf warten, dass du mich die zweite Geige für dein Klavier spielen lässt?«

Als sie kurz darauf mit gepackten Koffern im Wohnzimmer steht, sitzt er am Klavier, wo er aber vorerst unschlüssig mit nur einem Finger spielt.

»Lass dich bitte von mir nicht abhalten. Auf Wiedersehen, mein Liebster.« Sie wirft ihm einen Luftkuss zu.

»Linnerl, ich glaube, ich verstehe dich nicht.«

Sie zuckt mit den Achseln. »Jetzt hast du ausreichend Zeit zum Nachdenken.«

Nachdem sie die Tür hinter sich geschlossen hat, erkennt sie die Blöße, die sie ihm gezeigt hat. Dieser verflixte Weill! Er muss sie nach ihrem Auftritt für sehr bedürftig halten, wo doch vor allem ihr Stolz getroffen ist. Wenn er doch nur nicht versprochen hätte, mit jeder Faser für sie da zu sein. Andererseits muss sie sich eingestehen, dass er sogar dann, wenn er etwas zurückhält, noch mehr gibt als andere Männer, die alles gegeben haben.

Sind seine Gaben denn weniger wertvoll, nur weil er sie nicht an die erste Stelle in seinem Leben setzt? Zudem hat er ihr mehrmals angeboten, nach Grünheide zu reisen. Sie ist es gewesen, die abgelehnt hat. In Wahrheit gefällt es ihr, zwischen zwei Welten zu pendeln und eine davon für sich zu behalten, so wie er es mit seiner Musik tut. Sie sollte sich damit begnügen, den zweiten Platz in seinem großen Herzen einzunehmen, solange sie der wichtigste Mensch darin ist. Wie kleinmütig einen doch die Angst macht, am Ende niemals zu genügen!

7. Szene

---◇---

Hochzeitslied für ärmere Leute – Berlin, 1926

Die Weills ringen nach Luft, während sie ihre Rücken fest gegen eine Häuserwand pressen. Lotte hält sich die Seite, die vom Laufen und Lachen heftig sticht. »Warte, ich schau mal, was gerade passiert.« Sie geht ein paar Schritte, damit sie um die Ecke schauen kann. »Kurt, sie prügeln sich immer noch.«

»Einer der Regenschirme hat mich getroffen«, schimpft Kurt.

Lotte prustet erneut los. »Was für ein Eklat. Ist das nicht herrlich? So sauer waren sie lange nicht mehr.«

Mit solch einem Tumult haben sie nicht gerechnet, als sie zum Konzertabend eines eher unbedeutenden Vertreters der neuen Musik aufgebrochen sind.

»Woher wissen sie eigentlich, wer zu welcher Seite gehört?«, fragt Lotte. »Oder ist es ihnen egal, Hauptsache, es gibt eine feine Rauferei?«

»Es sind ja immer die gleichen Leute«, erklärt Kurt. »Sie waren heute schon bereit, sich an die Gurgel zu gehen, bevor überhaupt der erste Ton zu hören war.«

»Du hast recht. Sie haben ja geradezu auf die Reaktionen der anderen gelauert.«

Am Ende des Konzerts ist es dann zu einer handfesten Prügelei zwischen den Traditionalisten und den Erneuerern der Musik gekommen.

»Das war mal etwas anderes als die zivilisierten Beleidigungen in den Zeitungen und die ständigen Pfiffe«, jauchzt Lotte. »Wenigstens hast du keine Aktentasche auf den Kopf bekommen, wie der arme Kerl neben uns.« Sie pustet gegen Kurts Stirn, um deren Runzeln zu glätten. »Heile, heile Segen. Nun schau nicht mehr so gekränkt drein, mein Schatz.«

»Er hat aber die Hüfte getroffen, nicht die Stirn«, murrt Weill.

»Soll ich etwa hier vor dir auf die Knie gehen?«, fragt sie mit erhobener Augenbraue.

Er zögert, als denke er ernsthaft über eine Antwort nach.

Sie lacht laut auf. »Ich habe schon an der richtigen Stelle gepustet. Der Schmerz kann nämlich höchstens durch die seltsamen Windungen in deinem Kopf geistern. Der Regenschirm hat dich kaum berührt.«

»Komm her, du mitleidloses Frau Weillchen.« Er umarmt Lotte, und sie erwidert seinen drängenden Kuss.

»Eigentlich müssen wir uns dafür nun ja gar nicht mehr in dunklen Ecken rumdrücken. Selbst unsere Untoten könnten sich nicht mehr beschweren, wenn sie uns so sähen.«

Die Untoten sind ihre Nachbarn in der Pension am Luisenplatz, in der Lotte mit Weill als ihrem frischgebackenem Ehemann haust. Das Haus gehört den Hassforths, doch die Weills haben es in »Grieneisen« umgetauft, nach dem berühmtesten Bestattungsunternehmen der Stadt. Die Wohnung darin haben ihnen die Kaisers überlassen. Das war sehr großzügig von ihnen, wenn sie nur nicht auch ihre Einrichtung zurückgelassen hätten. Es ist nahezu unmöglich, in den beiden dunklen Räumen nicht ab und an furchtbar morbiden Gedanken nachzuhängen. Eigentlich sind es sogar drei Räume, doch einen haben sich die Kaisers für ihre Stadtbesuche reserviert.

Nachdem die Weills eingezogen waren, wurden sie von den Nachbarn mit vielsagenden Blicken bedacht: »Sie sind ja gar nicht verheiratet.«

Irgendwann, als sie gerade in ausgelassener Stimmung war, beschloss Lotte, es den neugierigen Menschen zu zeigen: »Los, Kurt. Lass uns einfach heiraten! Zum Teufel, was macht das schon! Dann hört endlich das Gerede auf.«

Sie hat ihm ihren Vorschlag unterbreitet, als sei er ihr selbst zuwider. Dabei hat sie schon vor einer Weile die Lust überkommen, einmal auf diese Art zu jemandem zu gehören, mit Brief und Siegel.

Auch wenn er von ihrem wenig romantischen Antrag etwas überrumpelt schien, hatte er nichts einzuwenden. »Niemand anders als du soll meine liebe kleine Notenquetschergattin sein«, murmelte er zärtlich.

»Aber glaub nicht, dass wir dann lauter kleine Weills in die Welt setzen«, warnte sie ihn, als sei es seine Idee gewesen, sie vor den Altar zu schleifen.

Schmunzelnd sah Kurt sich im Wohnzimmer um: »Wo sollten wir die Würmer auch unterbringen, Lenjachen?«

Sie lächelte und fragte sich, warum sie die Erleichterung in seinem Blick so traf. *Er traut mir nicht zu, eine Mutter zu sein. Was sind wir doch für Egoisten!* Er hat seine Partituren, die er zeugt, pflegt und in Schubladen bettet. Und sie würde gerade lieber auf einer Bühne stehen, als Windeln zu wechseln. Seinem praktischen Einwand konnte sie erst recht nichts entgegensetzen. Ihr Schlafzimmer reicht kaum für zwei Personen. Das Bett ist so schmal, dass sie sich nur gemeinsam umdrehen können. Jede Nacht wird so zum Kampf, bei dem schnell einer auf dem Boden landet. Sie kann ihm seine Einwände schlecht vorhalten, zumal sie ihre Ablehnung zuerst kundgetan hat. *Aber dennoch!* Immerhin das Wohnzimmer ist geräumiger, selbst wenn man sich inmitten der schwarzen Möbel und dunklen Wände sofort in ein Trauergewand hüllen möchte. Auf Kaisers finsteren Ölschinken hetzen Jagdhunde ihre wehrlose Beute. Lottes Lieblingsstücke bleiben deshalb ihre drei Kakteen, die fast ihre ganze Aussteuer ausmachten.

Zugleich erscheint es Lotte als geringer Preis für diese Wohnung, sich mit all dem Nippes abfinden zu müssen. Sie können darin einen ordentlichen Flügel unterbringen und an einem schwedischen Kachelofen sitzen. Der spendet gerade so viel Gemütlichkeit wie der Mief von Schmorbraten und Kleinbürgerlichkeit im Treppenhaus, der Lotte seltsam heimelig vorkommt.

»Du findest es hier finster? Dabei hast du mich doch geheiratet, um das Gruseln zu lernen«, hat Kurt kurz nach ihrer Heirat zu ihr gesagt.

»Der Wunsch ist mir in ausreichendem Maß erfüllt worden«, hat sie trocken erwidert.

Sie hatten sich für eine schmucklose Zeremonie auf dem Standesamt entschieden, ohne viel Romantik und große Gesten. Dennoch betrachtet sie gerne ihr Hochzeitsfoto, das vor dem alten Gemäuer in Charlottenburg aufgenommen wurde. Das Paar auf dem Bild hat nur wenig mit den überzüchteten Brautleuten und ihren feierlichen Mienen in Magazinen gemein, dafür sehen Kurt und sie aus, als seien sie ganz sie selbst. Und so sollte man Lottes Meinung nach aussehen, wenn man sich verspricht, das Leben zu teilen und sich einander hinzugeben. Weill, wieder nur auf den ersten Blick brav und ernst in Dunkelblau, daneben Lotte im fröhlich karierten Mantel mit braunem Fellaufschlag. In ihrer Hand hält sie ein weißes Bündel, in dem sich die kargen Zweiglein verbergen, mit denen Lotte später die Wohnung dekorieren würde.

Auch Kurt trägt ein weißes, gut verschnürtes Päckchen unter dem Arm. Statt seiner Notenmappe bewachte er dort an diesem Tag das feierliche Hochzeitsmahl. Es gab Heringe in Aspik. Mehr Saus und Braus war nicht zu haben, für das bisschen Lohn, das Kurt für seine Musikstunden erhält. Auch Lotte war wie immer knapp bei Kasse.

Am Ende ihrer Hochzeit schien der Standesbeamte erleichtert darüber, das befremdliche kleine Grüppchen vor ihm wieder loszuwerden. Mehrmals hatte er die Nase gerümpft. Was ihm so übel aufstieß, war kaum festzustellen. Entweder war es der Geruch des Fischs oder die Tatsache, dass beide Trauzeuginnen sehr offenkundige Lesbierinnen waren. Allerdings konnte er auch den Brautleuten nur wenig abgewinnen. Er sah aus, als würde er vor Ärger platzen, als der Gemahl in spe sehr laut *Jawoll!* rief und dazu salutierend die Hacken zusammenschlug. Dabei ist sich Lotte sicher, dass Kurt den Mann keineswegs veräppeln wollte.

Er wollte wohl nur auf seine Art kundtun, dass es ihm ernst war, mit dem Schwur, seiner Gattin zu dienen und zu gehorchen. Und wenn es ihrem Mann so schrecklich ernst ist, kann er es nur mit einer leichten Ironie vorbringen, die allein gegen sich selbst gerichtet ist. Nie zuvor und niemals danach hat Lotte ihn eine militärische Haltung einnehmen sehen.

Zu ihren wenigen Gästen zählte nicht einmal die Familie. Ihrer Mutter war die Anreise aus Österreich nicht möglich, und nach seinen Eltern sehnte sie sich nicht sonderlich. So wenig Bedeutung sie ihrem Hochzeitstag auch beimessen wollte, missfiel ihr doch der Gedanke, sich zu diesem Anlass unter die Lupe genommen und herabgesetzt fühlen. Mit seinen Geschwistern versteht sie sich sehr gut, aber ohne die Eltern waren sie kaum zu haben. Also hatte Lotte vor der Hochzeit mehrmals seufzend erwähnt, wie schön es doch wäre, als Waise auf die Welt zu kommen. Dies schreckte Kurt davon ab, ihr seine Bagage vorzusetzen.

»Was meinst du, Lotte«, sagt Kurt, ohne seine Umarmung zu lösen. »Werden die Zuschauer in der nächsten Woche auch so ein Schauspiel veranstalten?«

Lotte küsst lächelnd sein Kinn. Die Koffer für ihre Reise zur Uraufführung des *Protagonisten* in Dresden sind bereits gepackt, und Kurt weiß vor Aufregung gar nicht, wohin mit sich. Lotte zweifelt nicht daran, dass sich Kurts Hoffnungen mit der Aufführung erfüllen werden. Kaisers Name garantiert, dass die Leute ihnen die Bude einrennen.

»Meine Damen und Herren«, sagt Lotte nach mehrmaligem Räuspern. Sie dreht sich so, dass sie neben ihm steht, lässt aber eine Hand auf seiner Schulter ruhen. Die freie Hand benutzt sie, um mit ausschweifender Geste ein imaginäres Publikum zu streifen. »Hier erleben Sie den Durchbruch des allseits beliebten und äußerst talentierten Herrn Weill. Trillerpfeifen, Schlagstöcke und Operngläser erhalten Sie am Empfang. Und nun auf in die Schlacht!« Sie lächelt aufmunternd. Niemals würde sie ihm einen Erfolg missgönnen, sosehr es ihr auch manchmal zusetzt, mit seiner Musik konkurrieren zu müssen. Und gerade ist sie in besonders großzügiger Stimmung, seit sie erfahren hat, dass sie in zwei Monaten als Fanny in Shaws *Blanco Posnets Entdeckung* zu sehen sein wird und sie danach sogar endlich einmal die Julia spielen darf. Keine Frage, Seite an Seite geht es jetzt aufwärts mit ihnen beiden.

»Weill, ich bin mir ganz sicher, dass du aus dieser Angelegenheit siegreich hervorgehen wirst.« Mit gespitzten Lippen imitiert sie Fanfarenstöße.

»Ich möchte ja gerne auf deine hellseherischen Fähigkeiten vertrauen. Glaube nicht, dass ich erwarten würde, alle zu begeistern«, erwidert er. »Im Grunde wäre mir so ein kleiner Skandal ganz recht, solange sie dem Stück nur nicht lauwarm gegenüberstehen.«

Seufzend dreht sich Lotte wieder in seine Arme. »Wenn ich nur mehr Geld hätte! Ich würde dir eine mächtige Legion kaufen, die bei deinem Protagonisten mindestens so einen Wirbel macht, wie es ihn beim *Wozzeck* gegeben hat. Aber eigentlich denke ich, dass du das gar nicht nötig hast. Sie werden von ganz alleine durchdrehen.«

Die zwiespältigen Reaktionen auf Alban Bergs neue Oper hatten Ende des vergangenen Jahres die Staatsoper Unter den Linden zum Beben gebracht. Kurt, der die Premiere in Begleitung der Kaisers besucht hatte, berichtete Lotte danach aufgeregt von tosendem Beifall und vernichtenden Buhrufen. »Manche glauben eben immer noch, dass die ganze Musik bloß auf der Spannung zwischen Tonika und Dominante beruhen solle. Dabei drückte seine Musik genau das aus, was er wollte. Wie hätte man die ungeheure Geschichte eines Wozzeck ins strenge Korsett des Althergebrachten zwängen sollen?«

Lotte zweifelt daran, dass die Inszenierung die Menschen tatsächlich so sehr aufgebracht hatte, wie es schien. Es steht nicht in Frage, dass viele Kritiker und Musiker versuchen, *ihre* Kunst vor jedem Anflug von Atonalität zu schützen. Notfalls mit Gewalt. Zugleich ist es aber ein offenes Geheimnis, dass nicht alle Protest- und Begeisterungsstürme, die immer wieder die Bühnen der Stadt überziehen, einem wahren Gefühl entspringen. Oft genug werden die Konflikte mit viel Kalkül von bezahlten Zuschauern angeheizt.

»Wollen wir nach Hause gehen?«, fragt Lotte ein wenig heiser. Dieser Abend voll Musik und Rummel hat sie erregt, und auch Weill scheint in der passenden Stimmung zu sein.

»Ja«, murmelt er heiser.

Als sie kurz darauf befriedigt nebeneinanderliegen, zündet sich Lotte eine Zigarette an. Sie nimmt einen Zug und reicht sie Kurt. »Wusstest du, dass Bravi mich ermahnt hat, anständiger dir gegenüber zu sein?«, murmelt sie.

Kurt dreht sich zu ihr und fährt mit dem Zeigefinger die Konturen ihrer Augenbrauen nach. »Was meint er denn nur? Niemand könnte mir gegenüber anständiger sein als du.«

Prüfend betrachtet sie ihn. *Weiß er es wirklich nicht? Oder ist es ihm ganz egal?* »Ich habe ihm erklärt, dass ich nichts tue, von dem du nichts weißt. Aber du kennst ihn doch. Er ist sehr empfindlich, was dich angeht. Ich denke manchmal, du bist sein Busoni geworden.«

Bei dem Gedanken, dass ein talentierter junger Mann wie Abravanel für ihn die gleiche Verehrung empfinden könnte, die Kurt seinem Busoni entgegengebracht hat, lächelt er geschmeichelt. Der aufstrebende Dirigent ist für ihn vom gelehrigen Schüler zum treuesten Freund geworden.

»Es macht dir doch wirklich nichts aus?«, versichert sich Lotte, ohne zu wissen, was sie eigentlich hören möchte. Sie weiß ja selbst nicht, warum es immer wieder vorkommt, dass sie sich einem anderen Mann hingibt. Mal denkt sie, sie müsse gelegentlich die lebensnotwendig gewordene Fessel seiner Zärtlichkeit abstreifen, um auch noch für den Fall eines Verlusts lebensfähig zu sein. Dann wieder denkt sie, dass ihr Mann einfach zu spät in ihr Leben getreten ist, als die Männer genau wie die Bühne längst zu ihrem Metier geworden waren. Es ist schwer, auf den Rausch zu verzichten, den sie in den Armen eines Fremden empfindet.

»Es ist schwer, mit mir zu leben, und sie erträgt es vortrefflich. Bei uns geschieht nichts im Geheimen«, verteidigt er sie vor argwöhnischen Freunden.

Zu Lotte sagt er: »Ein bisschen schmeichelt es mir ja, wenn du auch anderen gefällst, aber nur bei mir bleiben willst.«

Sie verstehen einander und versuchen, sich keine Steine in den Weg zu legen. Dennoch bleibt es ihr unverständlich, wie er nicht einmal dann Eifersucht zeigen kann, wenn sein Körper gerade noch feucht an ihrem klebt. Manchmal mutmaßt sie, dass es erst ihre Affären sind, die ihre Ehe überhaupt ins Gleichgewicht bringen. Auch ohne andere Männer würden sie eine Dreiecks-beziehung führen. Sie befände sich in einem ständigen Clinch mit ihrer unbezwingbaren Nebenbuhlerin, der Musik. Kann man es ihr wirklich verdenken, dass ihr ein Quartett in wechselnder Besetzung bekömmlicher erscheint? Sobald er an einem neuen Stück werkelt, ist sie eine Strohwitwe. Und taucht sein Körper doch einmal aus seiner Versenkung auf, schwebt sein Geist wei-ter irgendwo zwischen Cis-Dur und f-Moll. Etwas anderes ist es, wenn er sie bittet, eine Passage für ihn zu singen. Sobald Lotte den ersten Ton hervorbringt, ist er ganz bei ihr. Wenn sie gemein-sam musizieren, erkennen sie einander in einer Verschmelzung, die inniger ist als die Vereinigung ihrer Körper.

»Niemand versteht mich so wie du«, entfährt es Kurt in sol-chen Momenten. Vielleicht kann er deshalb für alles andere so viel Verständnis zeigen.

Sie freut sich über sein Lob, trotz des Wissens, dass sie we-nig dafür geleistet hat. Wenn sie Noten lesen könnte, würde sie vielleicht besser verstehen, warum ihre Stimme diese atemberau-bende Verbindung mit seinen Klängen eingeht.

Weill ist dagegen, dass sie es lernt. Er hat Angst, dass es ihren untrüglichen Instinkt verdirbt. »Du bist sehr musikalisch. Besser, du verdirbst dir nicht dein Gehör. Und mir gefällt die Vorstel-lung, dass du mir über die Schulter schaust und aufpasst, was ich mache.«

Sie könnte ihm diesen Kommentar übel nehmen, wenn es ihr nicht im Grunde gefiele, von Zeit zu Zeit für ihn das ergebene Frauchen zu spielen. Es sind andere, ebenso liebevoll gemeinte Worte, die für sie kaum erträglich sind, weil sie über ihr Selbst-vertrauen fahren wie eine Drahtbürste über zarte Mädchenhaut:

»Deine Stimme wird dich für mich auf ewig unersetzlich machen.«

Als sie dies das erste Mal zu hören bekam, überspielte sie den Schreck mit einem spöttischen Lächeln. »Aber was ist denn mit meiner Person, mein Lieber?«

»Deine Stimme ist deine Person.«

Für diesen treuherzigen Blick, mit dem er sie dabei bedachte, hätte sie ihn erdolchen können. Kurts Verstand übertrifft den der meisten Männer. Es ist Lotte unbegreiflich, wie ein so kluger Mann nicht bemerken kann, wie unerbittlich er sie wegstieß, wenn er sie mit so fehlgeleiteten Liebesschlingen umgarnte. Während sie ihm grollte, rollte er sich nach seiner Bemerkung liebessatt neben ihr zusammen, mit dem Engelslächeln eines Babys auf den Lippen. Lange konnte sie ihm nicht böse sein. Während er sich in seinem Wachzustand bisweilen wie ein gelassener Vater verhält, erinnert er sie schlafend an ein verletzliches Kind: Auf dem Bauch ruhend hält er die Arme angewinkelt, so dass die Hände auf der Höhe seiner Schulter ruhen. Seine Daumen sind dabei leicht eingeknickt.

8. Szene

◇

Endlich ein Protagonist – Dresden, März 1926

Nach der Premierenvorstellung des *Protagonisten* erwartet Lotte ihren Mann mit glühendem Gesicht hinter der Bühne. Flankiert wird sie von seinen Brüdern Nathan und Hans sowie deren Schwester Ruth.

»Habt ihr gezählt? Es waren bestimmt dreißig Vorhänge, oder?«, ruft Lotte ungläubig und hält sich an Hans' Arm fest.

Hans nickt, dann schüttelt er ungläubig den Kopf. »Ich glaube, es waren mehr. Ich habe zweiunddreißig gezählt.«

»Wenigstens ist er doch noch gekommen, um es selbst zu erleben«, stellt Ruth grinsend fest.

Lotte lacht: »Diese Feiglinge hätten sich beinahe gedrückt. Oder sind sie bloß arrogant?«

»Arrogant«, erwidert Nathan, während Ruth und Hans zeitgleich »Feiglinge!« rufen.

Der Dichter und sein Komponist sind nämlich viel zu spät und stark angeheitert in der Dresdner Oper erschienen. Als sie schunkelnd das Haus betraten, war die Aufführung bereits im vollen Gange. Sie behaupteten, sich in einer Bar verquatscht und die Aufführung beinahe vergessen zu haben. Es ist ein Wunder, dass Kaiser überhaupt gekommen ist. Sonst besucht er nie eine seiner Premieren und drängt auch die anderen, es bleiben zu lassen, weil er angeblich das Getue ablehnt.

Sie vermutet, dass Kaiser tatsächlich aus Arroganz, Kurt hingegen aus Sorge gebummelt hat. Die dürfte ja nun beseitigt sein.

Zwar gab es zwischen lautem Jubeln auch einzelne Buhrufe, die Nathan besorgt die Stirn runzeln ließen, doch Lotte versicherte ihm mit zufriedener Katzenmiene: »Keine Sorge. Er wird das verkraften. Genau das hat er sich erhofft.«

»Nun muss er es nur noch schaffen, dass sein Name über dem Kaisers steht«, sagt Nathan scherzhaft.

»Dafür war sein Name fett gedruckt«, gibt Lotte gespielt empört zurück. »Oh, schaut, da sind sie ja.«

Sie jubelt den beiden Männern zu, als diese sich endlich zu ihnen gesellen, und stürzt sich dann in Kurts Arme. »Liebling, das war fabelhaft«, ruft sie. »Du warst fabelhaft.«

»Ja, das war ich wirklich, oder?«, entgegnet an seiner Stelle Kaiser.

Lotte wiegelt ihn mit einer Handbewegung ab, bevor sie sich von Kurt löst, um dem Freund die Hand zu schütteln. »Glückwunsch, mein Kaiser.« Gleich darauf rümpft sie die Nase: »Jungs, ihr habt ja immer noch eine fürchterliche Fahne. Nun sorgt dafür, dass wir anderen auch endlich eine bekommen.«

Sie fühlt sich ohne einen Tropfen Alkohol berauscht, wäre aber einem Gläschen voll Hochprozentigem nicht abgeneigt. Sicher wird Kaiser nach diesem Triumph eine Flasche Champagner spendieren. Frohlockend fällt Lotte ein, dass Kurt und sie vermutlich bald selbst für den goldfarbenen Sprudel aufkommen können.

Kaiser zwinkert ihr zu. »Aber sicher doch, Fräulein Lenja. Ich meine natürlich, Frau Weill. Ich muss mich erst einmal dran gewöhnen, dass dieses Mädchen meinen Komponisten geheiratet hat.«

»Ich auch«, sagt Kurt. »Aber ich hoffe, du nimmst es ihr nicht übel. Ich tue es auch nicht.« Er ist immer noch ein wenig blass im Gesicht: »Es war nicht übel, denke ich. Waren es wirklich dreißig Vorhänge?«

»Mehr!«, rufen seine Geschwister gleichzeitig.

»Hört mal …« Lotte legt sich einen Finger an die Lippen. »Sie sind ja immer noch ganz aus dem Häuschen. Dann können wir unsere Särge ja bald verlassen und in ein nettes Häuschen ziehen.«

»Und du Kurt, kannst dir vielleicht einen passenden Anzug leisten«, sagt Hans.

Grinsend schauen die anderen auf Kurts Hosenbeine, die ein gutes Stück über dem Knöchel sitzen. Sicher hat er vor Aufregung nicht einmal bemerkt, dass ihm der geliehene Smoking viel zu kurz ist.

Kurts Blick schweift unruhig hin und her. »Lasst uns jetzt bitte nicht voreilig werden, sondern erst mal die Kritiken abwarten.«

»Du alter Pessimist«, grummelt Lotte. »Wenn es einen passenden Moment gibt, einmal alle Bedenken über Bord zu werfen, dann doch wohl diesen. Was gibt es denn da noch abzuwarten?«

Das Publikum war hingerissen, bis auf ein paar wenige Ausnahmen natürlich, die aber dem Ganzen nur die notwendige Würze und Aufmerksamkeit verleihen. Kurt und Kaiser ist ihr Vorhaben geglückt. Ihr Stück ist nicht aus einem Guss, wie es Werke früher gewesen sind. Sie fanden nichts dabei, ein großes Orchester mit einer schlichten Pantomime zu verknüpfen. Ihr Werk gleicht dem Leben. Es wirkt wild und widersprüchlich, außerdem zugleich leicht und schwer, grotesk und ernst, nüchtern und poetisch.

Wenige Tage später sitzen sie zu zweit in einem Café, und Lotte wedelt mit einer Seite vor Kurts Nase herum. »Schau mal, Kurt.«

Bevor er zugreifen kann, zieht sie ihm die Zeitung wieder weg. »Ich will es dir vorlesen, also spitz deine Ohren: ›Niemals bisher in einer Oper ist die Vielheit von Orchestergruppen so seelisch, so symbolisch gefasst worden.‹« Sie hält eine weitere Zeitung hoch. »Und denen hast du gar ›den Glauben an ein zukünftiges musikalisches Theater‹ wiedergegeben. Kurtchen, verstehst du, was sie sagen? Du hast die Musik davor gerettet, in die Bedeutungslosigkeit zu versinken.«

Seine Miene erhellt sich, bis er eine weitere Meldung überfliegt. »Dieser hier ist allerdings der Meinung, es habe sich um eine bestenfalls zweitklassige Angelegenheit gehandelt. Zweitklassig.«

Lotte nimmt Kurt das Papier aus der Hand, um die Zeilen selbst zu lesen. »Kein Wunder.« Sie schnaubt. »Dieser Biedermann! Es ist doch ganz eindeutig, dass er von gestern ist und alles hasst, was er ›neue Musik‹ nennt. ›Atonal, kakophon und melodiefeindlich‹? Darauf dürfen wir nichts geben. Wenn solch ein Mensch dich loben würde, dann wärst du Mittelmaß. Vergiss nicht, dass du es auf ein wenig Ärger angelegt hast. Und diese Art von Ärger kündigt große Zeiten für dich an.«

»Für uns beide.« Er nimmt ihre Hand und hält sie fest. »Du musst doch wissen, wie sehr du mich inspirierst.«

»Hast du deinen Eltern schon geschrieben?«, fragt Lotte. Sie weiß, dass es ihm viel bedeutet, seinen Triumph mit allen Menschen zu teilen, die ihm etwas bedeuten. Egal, wie die alten Weills zu ihr stehen, muss sie ihn in seinem großen Augenblick bestärken.

Überrascht sieht er sie an. »Ich habe es fest vor.«

»Lass etwas Platz auf der Karte, vielleicht schreibe ich auch ein paar Zeilen.«

Er lässt sich von ihrem gleichmütigen Tonfall nicht täuschen, sondern drückt ihre Hand ein zweites Mal. Er hat begriffen, dass sie diese Bitte viel Überwindung gekostet hat. »Das wäre ja das erste Mal.«

Sie zuckt mit den Achseln. »Vielleicht hatte ich Angst, dass sie mich beißen. Aber nun müssen sie einsehen, dass ich für ihren Herrn Sohnemann nicht allzu schädlich bin.«

Er lacht laut auf. »Ach, Lotte.«

Am Ende übermittelt Kurt seiner Familie die folgende Botschaft: »Es ist doch recht aufregend, über Nacht eine Weltberühmtheit zu werden.« Er sieht zu Lotte. »Ist das zu hoch gegriffen?«

Sie schüttelt mit dem Kopf. »Wir haben heute zwar den ersten April, aber glauben müssen sie es trotzdem. Es stand in der Zeitung, und alle ihre Kinder sind Zeugen. Und jetzt richte ihnen meine herzlichen Grüße aus.«

Lächelnd folgt er ihrer Aufforderung. »So, und nun wollen wir uns auf deine große Premiere konzentrieren.«

»Du meinst Shaw? Es ist ja nicht gerade die Hauptrolle.«

»Ich werde Wein für alle mitbringen und sehr stolz sein«, erklärt Kurt. »Erst recht, wenn du danach die Julia spielst.«

9. Szene

———◇———

Der Mann in der Lederjacke – Berlin, April 1927

Nein, nein, wir haben heute nichts zu geben. Verschwinden Sie bitte!« Der strenge Ton der Hauswirtin dringt aus dem Treppenhaus bis ins Wohnzimmer der Weills.

»Heute klingt sie besonders aufgebracht«, stellt Lotte fest, bevor sie wieder an ihrem Kaffee nippt. »Der Hausierer traut sich garantiert nicht mehr in die Nähe dieses ehrenwerten Hauses.«

Überrascht hört sie, wie der Fremde der Wirtin laute Widerworte gibt.

»Mutig ist er, aber dumm«, sagt sie.

»Moment mal.« Weill springt auf. »Das klingt nach *ihm*.«

»Unserem neuen Bekannten?«, fragt Lotte überrascht. Ihr ist die Stimme nicht vertraut vorgekommen. Aber Kurt hat eben ein besonders feines Ohr.

»Besser ich gehe ihn holen«, murmelt Weill besorgt. Dann springt er auf und eilt aus der Wohnung.

Kurz darauf hört Lotte zwei Männerstimmen aufgeregt durcheinanderreden, unterbrochen vom Keifen der Wirtin, die sich selbst von Kurts Fürsprache nicht so schnell beschwichtigen lässt. Der Besucher muss sie sehr beleidigt haben. Umso neugieriger mustert Lotte den Mann, der kurz darauf in Kurts Schlepptau im Wohnzimmer erscheint. Die arme Wirtin. Kein Wunder, dass sie ihn für einen Hausierer gehalten hat. Lotte ist davon überzeugt, dass er in der gleichen Kleidung steckt wie an jenem Abend in der vorigen Woche, an dem sie ihm zum ersten Mal begegnet sind. Seine blaue Lederjacke betont zwar modisch die schmale Figur, steht aber in einem herben Kontrast zu der etwas zu kurzen lindgrünen Hose. Mit ihm zieht ein beißender Zigarrenduft ins Zimmer. Immerhin besitzt er so viel Manieren, die Schirmmütze im Wohnzimmer abzunehmen. Inmitten der sehr kurz gestutzten Haare darunter stehen einige wirre Strähnen ab.

»Guten Tag, Herr Brecht«, ruft Lotte. »Wie schön, dass Sie es geschafft haben, unseren Wachhund zu bezwingen. Wie wäre es mit einer Tasse Kaffee zur Belohnung?«

»Da sage ich nicht nein«, knurrt er mit säuerlichem Lächeln. »Wir Hausierer haben so selten die Gelegenheit, ein Heißgetränk zu schlürfen.«

»Um diesen Hausierer mache ich mir keine Sorgen«, entgegnet Lotte. »Wenn ich mich recht erinnere, hat er im Restaurant Schlichter eine Schildkrötensuppe samt Mokka zu sich genommen.« Macht 1,75 Mark. Trotz seiner verwahrlosten Erscheinung scheint Brecht dem guten Leben nicht abgeneigt zu sein.

»Sie sind sehr aufmerksam, Frau Weill.« Er sieht beinahe ein wenig ertappt aus und wendet sich rasch ihrem Mann zu.

»Aber nun lassen Sie uns gleich über Ihr Vorhaben reden, ein paar meiner Gedichte zu vertonen. Ich habe wenig dagegen einzuwenden, wenn Sie sich dabei ebenso viel Mühe geben wie bei Ihrem *Protagonisten*.«

Lotte verzieht das Gesicht. Dafür, dass ihn außer seinen treuen Anhängern kaum jemand kennt, ist dieser Brecht ganz schön von sich eingenommen. Das ist ihr schon aufgefallen, als er für die ihm Ergebenen bei Schlichter Hof gehalten hat.

»Ich habe an die fünf *Mahagonny*-Gesänge aus Ihrer *Hauspostille* gedacht«, erklärt Kurt. »Sie haben etwas, das unbedingt in unsere Zeit gehört.«

»Wenn Ihnen das schon aufgefallen ist, habe ich Vertrauen, dass Sie keine Oper daraus machen wollen?«

»Nicht, was Sie sich unter einer Oper vorstellen. Aber dass ich sie erneuern möchte, heißt nicht, dass ich sie ganz und gar ablehne.«

Brecht verschränkt die Arme. »Ich halte nichts von dieser kulinarischen Form des Theaters, in der die Zuschauer sich zurücklehnen und sich fade Häppchen mundgerecht servieren lassen.«

Kurt lächelt. »Ich auch nicht. Wir wollen etwas Ähnliches, egal wie wir es nennen.«

Das scheint Brecht zu genügen.

Im weiteren Verlauf des Gesprächs umtänzeln sich die Männer wie ein flirtendes Paar, während sie gleichzeitig überprüfen, wie weit ihre Gemeinsamkeiten reichen. Lotte muss zugeben, dass Brecht unterhaltsamer und netter ist als gedacht. Je länger sie miteinander sprechen, desto angenehmer und ruhiger wird seine Sprechweise. Entweder steckte er nur in einer Rolle, die er sich für die Auftritte in seinem Stammrestaurant auferlegt hat, oder er hat eingesehen, dass Kurts frischer Ruhm ihm von so großem

Nutzen sein kann, dass kleinere Zugeständnisse zu verschmerzen sind. Sein lautes Lachen über Lottes Scherze klingt ehrlich, und auch bei Kurt scheint er zu dem Schluss zu kommen, dass man auf der gleichen Seite steht.

»Sie müssen unbedingt einmal zu mir kommen«, sagt Brecht am Ende. »Sie auch, Frau Weill. Ich würde Ihnen gerne ein paar Leute vorstellen. Sie werden Ihnen ganz sicher gefallen.«

10. Szene

In Brechts Universum – Berlin,
Frühling 1927

Bis die Weills die Gelegenheit bekamen, Brechts Behauptung zu überprüfen, vergingen nur wenige Tage. Und kurz darauf gehörten sie zur festen Besetzung des Brecht'schen Theaters. Lotte liebt es, in seinem Dachstudio zu hocken und dort mit den vielen anderen Künstlern Ideen auszutauschen. Eine Schräge des Raums ist fast vollkommen aus Glas gefertigt, so dass man das Gefühl hat, unter freiem Himmel zu sitzen – falls die Rauchschwaden nicht gerade die Aussicht verdecken. In dem Raum befinden sich so gut wie keine Möbel. Auch Textilien wie Teppiche oder Vorhänge, die den Anschein von Behaglichkeit erwecken könnten, sucht man vergeblich. Die Atmosphäre lebt allein von den Anwesenden. Der einzige Schmuck ist die Staffelei, auf der Caspar Neher, Brechts Bühnenbildner, seine Skizzen ausstellt. Anfangs wollte Lotte ihr neues, positives Urteil über den Hausherren wieder zurückziehen, als sie bemerkte, wie wenig er sich für andere zu interessieren schien. Doch dann stellte sie fest, dass sie sich darin geirrt hatte. Auf die Menschen geht er kaum einmal ein, aber ihre Ideen saugt er auf und übernimmt sie, wenn sie ihm gefallen. Es kommt vor, dass er sie dann für seine eigenen hält, aber es ist faszinierend, wie sicher er die Qualitäten fremder Ideen erkennt und sie ohne Umschweife umsetzen kann.

»Wir brauchen nur noch etwas mehr Exotik in den Stücken«, hat Brecht zuletzt erklärt. »Machen wir es doch so wie mit Alabama.«

Gemeinsam betrachteten sie die riesige Weltkarte an der Wand. Brecht tippte blind auf einen Ort und verzog anschließend das Gesicht. »New York – zu bekannt.«

Dann war Kurt an der Reihe, blind auf die Karte zu tippen. »Bilbao«, raunte er und ließ den Namen verführerisch ein paar Mal über Lippen und Zunge rollen.

Brecht machte es ihm nach, mit seinem bayerischen Akzent, und rief dann laut: »Treffer. Weiche Konsonanten und dunkle Vokale. Eine ungewöhnliche Mischung. Genau das, was wir brauchen. Ich habe direkt einen Einfall dazu«, erklärte Brecht und begann auf seiner Gitarre zu klampfen. Das tut er manchmal, nicht einmal schlecht, aber von Komposition hat er wenig Ahnung.

»Interessant«, behauptete Kurt tapfer. »Vielleicht kann ich das einarbeiten.«

Am liebsten kreisen sie mit ihren Fingern über Nordamerika, der gelobte Kontinent voll Cowboys, Jazz, Whisky. Ob man ihn liebt oder hasst, scheint keiner recht zu wissen. Aber so wie Jack London ihn beschreibt – voll rauer Sitten, Goldgräber und dem

Wettbewerb der Stärksten – übt er eine eigentümliche Anziehung auf sie aus, da mögen die Auswüchse des Kapitalismus sie noch so sehr abstoßen.

»Und um die geht es ja eigentlich, Lotte. Nicht um Amerika«, hat Brecht erklärt. »Wir brauchten nur eine passende Leinwand.«

An diesem Abend soll Lotte ihm etwas vorsingen. Aber erst, wenn die anderen Gäste gegangen sind. Kurt und sie haben sich für das Alabama-Lied entschieden. Vor ein paar Tagen hat Kurt sie ans Klavier gebeten, um zu hören, wie es mit ihrer Stimme gesungen klingt. Sie sang voll innbrünstiger Verzweiflung, rollte dramatisch das R und vermittelte den Eindruck, tatsächlich gleich sterben zu müssen, wenn man ihr nicht den Weg in die nächste Whisky-Bar zeigte.

Kurt lachte. »Lotte, das war großartig. Bitte sing es Brecht einmal vor. Vielleicht gibt er dir den Part. Würde dir das gefallen?«

»Ich denke schon.« Sie zögerte, obwohl sie sich genau diese Reaktion erhofft hatte. Es sollte nur Kurts Idee sein. »Meinst du wirklich? Glaubst du, er wird mit meiner Stimme zufrieden sein?«

»Zufrieden sein? Lenjakind, wenn er dich hört, wird er plötzlich wissen, dass er sich das Stück genauso vorgestellt hat, ohne dass er bis dahin geahnt hätte, was ohne deine Stimme fehlte. Genauso ging es mir.«

Lotte hofft, dass er recht behält. Auch von ihr hat Brecht schon einige Einfälle aufgegriffen, besonders, wenn es um leichte Mädchen ging.

Alles Wichtige, das besprochen wird, bündelt Brechts Mitarbeiterin Elisabeth Hauptmann mit emsigen Fingern auf ihrer Schreibmaschine. Lotte konnte beobachten, wie sie einen Großteil seiner Arbeit erledigt, ohne sich jemals in den Vordergrund zu drängen. Sie überlässt es allein ihm, die Lorbeeren einzuheimsen. Trotz ihres unermüdlichen Einsatzes für sein Werk ist sie unter den Frauen, mit denen er schläft, nur eine von vielen. Sie beklagt sich nie, und doch kann sie den Kummer nicht ganz verbergen, den ihr seine Tändeleien mit anderen Frauen bereiten. Seine Ehefrau Marianne ist so schlau, bei solchen Treffen gar nicht erst aufzutauchen.

Lotte fragt sich, ob es die hohe Zahl der Geliebten einfacher macht, sie zu ertragen, weil in der Menge die Einzelne ein geringeres Gewicht erhält. Vielleicht ist Lotte nicht diejenige, die ihm eine Affäre vorwerfen sollte. Aber während Brecht sich zum alleinigen Lebensinhalt der Frauen macht, so dass sie unter jedem Entzug leiden, füllt Lotte nur die Lücken, die es hinterlässt, wenn der Ehemann eine noch größere Leidenschaft für etwas anderes hegt. Und warum muss Brecht immer gleich ein Kind zeugen? Es heißt, dass Marianne ihm nicht verzeiht, dass Helene Weigel fast zeitgleich mit ihr schwanger geworden ist. Vor allem, nachdem es schon so viel Drama um seinen Sohn aus der vorherigen Ehe gegeben hat, mit dessen Mutter er noch schlief, als er schon mit Marianne zusammen war. So ist er, der »Bidi«. Kurt ist der Einzige, der ihn nicht bei seinem Spitznamen nennt. Er bleibt beim Sie. »Wie sollte ich mit jemandem arbeiten, der einen so albernen Namen trägt?«

»Ja, ist es denn schon wieder so weit«, murmelt Lotte, als ein lautes Lärmen von der Straße zu ihnen hinaufdringt. In letzter Zeit kommt es oft zu gewalttätigen Auseinandersetzungen, so dass sie nicht genauer erklären muss, was sie meint.

Caspar Neher lugt neugierig aus dem Fenster. »Bleibt nur die Frage, ob es heute die Roten sind, die da unten randalieren, oder ob wir es mit dem braunen Pack zu tun haben – für den Fall sollten wir unser Bier eigentlich auf ihre Köpfe spucken. Ihr neuer Gauleiter ist zum Gruseln, oder?«

Unter dem lauten Gelächter der anderen imitiert er ein Hinken. Caspar zeigt selten Respekt, auch nicht vor Brecht – das Privileg eines alten Jugendfreunds. Wenn der Dichter ihm zu ausschweifend wird, verdreht er seine hellen Augen, und dessen Witze kommentiert er nicht selten mit einem schweren Seufzen. »Den habe ich schon vor fünfzehn Jahren gehört.«

»Gruselig? Ja, Cas, und das ist er nicht nur wegen seines Klumpfußes«, bestätigt Brecht finster. »Habt ihr mal zugehört, wenn dieser Goebbels redet? Dann wisst ihr, was wir auf jeden Fall vermeiden müssen. Ich will keinen verlogenen Pomp in meiner Nähe! Herr Weill, hören Sie? Das gilt gerade auch für die Musik.«

Kurt lächelt gutmütig. »Ich denke, ich habe es bislang sehr gut hinbekommen.«

Die beiden Männer sind ein unwahrscheinliches Duo. Kurt trägt einen sauberen Kragen, und seine Finger duften nach Seife, während Brechts Hände voller Nikotinflecken und seine Krägen verknittert sind. Kurt ist so zurückhaltend, dass ihn viele für arrogant halten, während Brecht sich manchmal zurückhaltend gibt, aber nur um von oben herab die Beute zu belauern.

»Hauptsache, es wird keine große Oper!«, sagt Lotte belustigt.

Auf ihre scherzhafte Anspielung auf Brechts Forderungen reagiert Weill mit einem ernsten Kopfschütteln. »Unser Stück wird nichts mit einer herkömmlichen Oper zu tun haben. Die

Lieder sollen auch von Laien gesungen werden können. Der Rahmen der traditionellen Oper verträgt keine Annäherung an unsere Zeit. Deshalb müssen wir ihn sprengen, um ein neues Musiktheater zu schaffen«, ergänzt Weill. »Wir planen nichts Geringeres als die Urform der neuen Oper.«

»Ganz recht, Herr Weill, wobei ich befürchte, dass die Oper an sich dem Untergang geweiht ist«, erklärt Brecht mit Grabesstimme. »Bezeichnen wir unser modernes Sodom und Gomorrha doch einfach als ein Songspiel.« Sie sind sich einig, dass die Stücke teilweise in Englisch und teilweise auf Deutsch gesungen werden sollen.

Cas deutet auf die Staffelei mit seinen Kohlezeichnungen. »Das ist übrigens meine Version der Stadt.«

Brecht studiert die Skizzen aufmerksam. »Sehr gut. Schaut euch diese Kreaturen an. Ihnen ist wirklich anzusehen, wie sehr Geld und Gier ihre Antriebsmotoren sind, bis sie sich am Ende selbst auslöschen.«

Nachdem fast alle Gäste gegangen sind, erklärt Kurt, dass er Brecht gerne seine Version des Alabama-Songs vorstellen würde und Lotte dazu singen solle. Lotte wartet nervös Brechts Reaktion ab. Sie hat keine Angst vor ihm, wohl aber vor einer Zurückweisung ihres Gesangs.

»Natürlich! Aber ja!«, bringt er schließlich hervor. »Du musst unbedingt für mich singen, Frau Weillchen. Ich wollte dich schon selbst darum bitten. Kann sie denn singen?«

Für einen Moment fürchtet Lotte, Kurt würde sie nun schwärmerisch anpreisen – und damit Brechts nur schlecht verhohlene Skepsis vertiefen. Aber auf ihren Mann ist eben immer Verlass.

»Entscheiden Sie doch selbst, ob sie singen kann oder nicht«, sagt er ruhig und haut in die Tasten. Lotte schmachtet und haucht in seinem Rhythmus.

»Oh, show us the way to the next Whiskey bar …«

»Halt!«, ruft Brecht, noch bevor Lotte über die erste Zeile des Refrains hinausgekommen ist. Sie hält dem Blick seiner tiefliegenden, undeutbaren Knopfaugen stand. *Er sieht schon wieder aus wie ein russischer Proletarier.*

»Ich will große Emotionen, aber keine falsche Sentimentalität. Wir sollten noch ein wenig daran arbeiten«, erklärt er. »Sieh her!« Er neigt sich ein wenig vor und legt eine Hand über die Stirn, als halte er nach dem Publikum Ausschau. »Schau sie an, so dass sie wissen, dass sie gemeint sind. Sie sollen nicht dumm rumsitzen wie hypnotisierte Schafe. Beziehe sie ein, damit sie dir bei deiner Suche helfen. Aber blicke ihnen dabei nicht direkt in die Augen.« Mit der Hand gibt er Weill ein Zeichen weiterzuspielen, nur um kurz darauf erneut zu unterbrechen:

»Gut. Und an dieser Stelle, wenn du den Mond anrufst, gibt es für dich nichts anderes als ihn. Strecke deiner good old Mama die Arme entgegen.«

Lotte streckt die Arme mit abgewinkelten Händen empor, als wolle sie den Himmelsball stemmen.

»Nicht so ägyptisch«, sagt Brecht. »Die Geste soll trotz allem schlicht bleiben.«

Sanft dreht er ihre Hände in eine bequemere Haltung. »Probier's mal so, Lenja.«

Zufrieden nimmt Lotte zur Kenntnis, dass Brecht sie diesmal mit ihrem Künstlernamen und nicht als Kurts Frau angesprochen hat. Die halbe Nacht über feilen sie an Lottes Auftritt. Keine

Frage, sie ist mit von der Partie. *Ja!* Mit geröteten Wangen und vor Triumph glänzenden Augen sieht sie zu ihrem Mann.

»Kein Grund, wie ein Honigkuchenpferd zu grinsen«, mahnt Brecht. »Vergiss nicht, dass du am Verdursten bist und der Whisky noch in weiter Ferne liegt.«

11. Szene

---◇---

Alles ist Kampf – Berlin, Frühling 1927

Mit finsterer Miene zieht Brecht im Café Schlichter an seiner Zigarre. »Warum ich einen Boxring auf der Bühne will, haben mich die Veranstalter gefragt. Herrje, was soll ich denn sonst dorthin stellen? Brokatsofas und dahinter eine Wand mit Gemälden? Wenn wir alles beim Gewohnten lassen, dämmern die Zuschauer dahin und konsumieren bloß. Sie sollen sich dessen bewusst werden, was gerade geschieht – deshalb müssen wir das Bild verfremden, so dass sie das Theaterhafte sehen und nicht vergessen, wo sie sind.«

Caspar schaut versonnen auf seine gepflegten Fingernägel. Natürlich stimmt er seinem Freund im Grunde zu. Sie nennen ihn schließlich nicht umsonst den »grauen Neher.« Er benutzt am liebsten Grautöne. Dreck, Blut und Sackleinen gefallen ihm. Samt und bunte Farben sind ihm zuwider. Bloß hört er Brechts Worte genau wie die anderen nicht zum ersten Mal. Er erwidert das wissende Lächeln seiner Frau Erika mit einem kleinen Augenrollen.

An diesem Abend blökt Brecht seine Ansichten in die Runde, als wäre er von lauter Gegnern und nicht von Getreuen umgeben. Schon bei den Proben war an diesem Tag kaum etwas mit ihm anzufangen. Dabei gehörte zu seinen Tugenden bislang eine schier endlose Geduld mit den Schauspielern. Diese Eigenschaft hat Lotte bei ihm überrascht. Sie gefällt ihr, selbst wenn sich dahinter nur die Nachsicht eines Hundehalters mit seinem Welpen verbirgt, der weiß, dass der gewünschte Zweck mit Gewalt nicht zu erreichen ist.

Die Runde nimmt seine schlechte Laune gutmütig hin. Die meisten von ihnen wissen, welcher Angriff ihm wirklich zu schaffen macht – nämlich der auf seine Männlichkeit. Als wolle er sie zu seiner Verteidigung besonders zur Schau stellen, schwenkt er mit der einen Hand sein Glas mit einer Mischung aus Gin und Rum darin umher, mit der anderen schnippt er die Asche seiner Zigarre zu Boden. Die Scheidung von Marianne setzt ihm zu. Es ist eben etwas ganz anderes, für einen jüngeren Schauspieler sitzengelassen zu werden, als selbst der Puppenspieler zu sein.

Je mehr er trinkt, desto weniger macht er einen Hehl daraus, was ihn eigentlich beschäftigt. »Theo Lingen? Der ist doch selbst noch ein Bubi – und nun darf er mein Kind hüten? Meine Tochter?«

Lotte lässt den Blick über seinen Hofstaat schweifen, den Brecht mühelos unterhält, ohne bislang über die üblichen Mittel der Herrschaft zu verfügen. An Ruhm und Geld mangelt es ihm immer noch. Auch wenn er es nicht zugibt, ist offensichtlich, dass er beides gerne hätte.

Als keiner auf sein Jammern reagiert, verlässt er schnell wieder die Rolle des verstoßenen Ehemanns. »Es geht um nicht weniger, als unsere Zeit in einer endgültigen Form zu gestalten und das Ergebnis weit über diese Zeit hinausragen zu lassen.«

»Puh«, macht Cas leise. »Aber schaut euch morgen die neuen Skizzen an. Ich glaube, sie sind recht gelungen.«

Kurt nickt. »Mir scheint, dass wir für eine Notlösung viel erreicht haben.«

Eigentlich sollte aus den *Mahagonny*-Gesängen das ganz große, moderne Musiktheater entstehen. Dabei war ihnen allerdings die Zeit davongelaufen, so dass sie einsahen, sich mit weniger begnügen zu müssen, wenn sie bei dem anstehenden Musikfest in Baden-Baden nicht mit leeren Händen dastehen wollten.

»Falls es dich interessiert, Brecht, ich freue mich darauf, in einem Boxring anzutreten.« Genau wie Brecht hat Lotte einen Narren am Boxen gefressen. Manchmal treffen sie sich im Friedenauer Biergarten und sehen den meist polnischen Kämpfern dabei zu, wie sie unter Fanfarengeheul und dem Tschingderassabum des Gladiatorenmarsches in den Ring spazieren. »Ich habe ja schon ein paar der Skizzen gesehen. Ich denke, das sollte reichen, um die Zuschauer ein wenig aufzurütteln.«

Brecht verzieht seinen Mund zu einem kleinen Lächeln. »Wenn sie davon nicht schockiert sind, dann vielleicht von meinen anderen Plänen. Lenja, ich habe mir überlegt, dass du als Jessie splitterfasernackt auftreten solltest. Das wäre das einzig Wahre. Die dumme Festspielleitung sträubt sich allerdings noch. Ich denke, wir sollten es trotzdem durchziehen. Was meinst du, würdest du mir den kleinen Gefallen tun?«

Ist es ihm damit ernst? Die Gedanken in ihrem Kopf kreisen wild umher, springen von Ablehnung über Zweifel bis hin zur Begeisterung und zurück. Vielleicht wäre es die Sensation wert, alle Hüllen fallen zu lassen? Und wäre ihre Nacktheit nicht eine Aussage im Sinne der Botschaft des Stückes? Nicht, dass Lotte diese in so wohlklingende Worte wie Brecht fassen könnte, aber sie begreift etwas an seiner Idee, das sie davon abhält, rundheraus abzulehnen.

»Sie haben die Festspielleitung danach gefragt, ohne mit mir gesprochen zu haben?« Kurt hat seine Stimme kaum erhoben, doch für seine Verhältnisse klingt sie schneidend. »Das war etwas voreilig, mein Lieber. Ich kann Ihnen hier und jetzt versichern, dass meine Frau nicht nackt auf die Bühne gehen wird.«

Alle Tischgespräche verstummen, weil niemand den Ausgang des anstehenden Duells verpassen möchte. Damit ist die Sache wohl vom Tisch, denkt Lotte. Sie kann sich nicht mehr entblößen, ohne ihrem Mann eine Blöße zu geben, also bleibt ihr nur, die Stimmung zu verbessern. Lachend wirft sie sich auf Kurts Schoß und schlingt die Arme um seinen Hals. »Mein Ritter!«, ruft sie und küsst ihn mitten auf den Mund. Alle brechen in lautes Gelächter aus, und selbst Kurt und Brecht können sich ein Lächeln nicht verkneifen.

12. SZENE

---◇---

Der Aufstieg der Stadt Mahagonny – Baden-Baden, 1927

Mit frisch gestutztem Bubikopf lässt sich Lotte nach ihrer letzten Probe auf die Stufen des Kurhauses sinken. »Ich mag Baden-Baden«, seufzt sie. »Hier gibt es köstlichen Wein und herrliches Wetter.«

Neben ihr streckt Brecht seine Beine aus. »Es ist viel zu warm. So kann man ja gar nicht klar denken.«

Cas lacht. »Bidi, zum Denken haben wir nun ohnehin keine Zeit mehr. Gleich geht es auf die Bühne.«

»Hörst du, Brecht?« Sie stützt sich mit den Unterarmen auf der Treppenstufe hinter ihr ab und blinzelt in die Sonne.

»Du kannst dich beruhigt zurücklehnen. Schau mal, wie gut wir heute zusammenpassen. So ganz in Weiß würden wir ein episches Brautpaar abgeben.«

Brechts Schnauben wird von Irene Edens Lachen übertönt. Sie sitzt eine Stufe unter Lotte und dreht sich nun mit einem verschwörerischen Blinzeln zu ihr um. Die beiden Frauen sind sich gleich sympathisch gewesen, obwohl es kaum Gemeinsamkeiten zwischen ihnen gibt. Irene ist sehr elegant und eine ausgebildete Koloratursopranistin. Sie ist längst nicht so überzeugt von Brechts Vorstellungen wie diejenigen, die schon mehr Zeit mit ihm verbracht haben.

»Du hast dich übrigens gut geschlagen.« Brecht sieht Lotte wohlwollend an.

Überrascht von seinem unerwarteten Lob richtet sie sich auf. »Ach ja?«

Zum Glück haben sich die Wogen zwischen Kurt und Brecht wieder geglättet. Nun wäre es sogar warm genug, nackt aufzutreten. Sie entdeckt unter Brechts Armen feuchte Flecken und ist dankbar dafür, einen luftigen weißen Plisseerock samt kurzärmeliger Bluse tragen zu können.

Brecht hat recht. Sie hat sich gut geschlagen. *Ich habe als Einzige keinen Fehler bei der Probe gemacht.*

Die Erinnerung daran bringt sie zum Lächeln. All die anderen Mitspieler beim Singen in ihren Noten blättern zu sehen hat doch an ihrem Selbstvertrauen gekratzt. Und dann Irene neben ihr, die schwindelerregende Höhenunterschiede mit Leichtigkeit meistert. Umso mehr freute es Lotte, dass Irene keine Vorbehalte gegen Lottes instinktive Art zu singen zeigte. Stattdessen gestand sie ihr während einer Pause: »Ich beneide dich, wie du einfach alles abspeichern kannst und es so vorträgst, als käme es von dir selbst.« Danach befand Lotte, dass sie möglicherweise sogar im Vorteil war. Stücke wie dieses verlangen schließlich keine musikalischen Schnörkel, sondern schlichte Aufrichtigkeit. Statt also Energie mit dem Umblättern von Seiten und dem Lesen von

Punkten und Strichen auf fünf Linien zu verschwenden, ließ sie sich wieder einmal in eine Musik fallen, die ihr Inneres schon beim ersten Hören vollends erfasst hatte. Am Ende der Probe verriet ihr Kurts Gesichtsausdruck, wie glücklich ihn ihre Darbietung gemacht hatte. Na also, sie würde ihm keine Schande bereiten, wenn sie zum ersten Mal mit einer seiner Kompositionen auf der Bühne steht.

Dass nun auch noch Brecht sie lobt, lässt sie daran glauben, sie könne wirklich ein würdiger Teil dieser Inszenierung sein, die entweder in eine Katastrophe münden oder zu einer ganz großen Nummer werden wird. Langsam wird es Zeit, sich hinter die Bühne zu begeben. Dort angekommen, packt sie doch wieder die alte Angst. *Ich habe als Einzige keinen Fehler gemacht.* Sie sagt es immer wieder vor sich her, während alle, die vor ihnen auftreten, todernste Kunst aufführen.

»Wenigstens werden wir mit allen Erwartungen brechen«, sagt sie leichthin in die Runde. »Aber sie werden uns in der Luft zerreißen, oder?«

Cas legt ihr beschwichtigend eine seiner großen Pranken auf die Schulter. »Liebes, warum stellst du dich nicht einfach endlich mal auf den Leckt-mich-am-Arsch-Standpunkt?«

Brecht hält einen unscheinbaren Stoffbeutel hoch. »Macht euch keine Sorgen, ich habe allen etwas mitgebracht. Greift rein, jeder nimmt sich eine.«

Zögerlich betrachten die Schauspieler einander.

»Es wird schon kein bissiges Tier darin hocken, oder, Brecht?«, sagt Lotte, während sie neugierig die Hand in den Beutel steckt. Sofort kreischt sie auf und zieht die Hand zurück. Die anderen betrachten sie nervös, selbst Brecht.

»Schon gut, war nur ein Spaß.« Wieder greift sie in den Beutel und bringt einen kleinen Gegenstand zum Vorschein.

»Trillerpfeifen?«, fragt Irene irritiert.

»Sie werden euch auspfeifen, das habe ich im Gefühl. Dann will ich, dass ihr einfach zurückpfeift, verstanden?«

Irene sieht schockiert aus. Wer tritt denn bitte schön in der Gewissheit auf, ausgepfiffen zu werden? Brecht scheint es geradezu darauf anzulegen.

»Brecht, du bist ja wirklich ein Genie«, sagt Lotte kichernd.

Natürlich ist sie genauso wie die anderen wenig erpicht darauf, ausgebuht zu werden. Aber so sind sie zumindest vorbereitet und können es in einen Teil ihrer Inszenierung verwandeln. Wirklich clever, wie dieser Mann das Ruder immer in der Hand behält. Angesichts seines hochgestochenen Geredes würde man nie vermuten, wie witzig Brecht ist. Würde er in der Öffentlichkeit nicht immer sofort zu *dem* Brecht werden, der einer Landplage gleichkommt, dann müsste man ihn wirklich gern haben.

Ihr Stück beginnt mit einem Revolverschuss. Die angespannte Erwartung, die sich daraufhin im Publikum breitmacht, ist bis hinter die Bühne zu spüren. Zuschauer, die gerade noch gedöst haben, drücken nun den eingesunkenen Rücken durch und schauen hellwach nach vorne. Sie sind in absoluter Alarmbereitschaft. Ein Raunen geht durch den Raum, als sich Lotte und Irene in ihren kurzen Anzügen lasziv auf die Seile des Boxrings hocken, während auf die Leinwand hinter ihnen Cas' Skizzen einer Stadt und obszöne Teufelsfratzen projiziert werden. Weitere Requisiten haben sie sich gespart, damit die Zuschauer nicht vergessen, dass sie einer reinen Inszenierung beiwohnen. Im Verlauf der bruchstückhaften Episoden bemerken die verwahrlosten Bühnengestalten auf der Suche nach der goldenen Stadt, dass auch dort nichts als Verzweiflung herrscht.

»Is here no telephone?« Diese Worte singt Lotte, als sie die Hoffnungslosigkeit ihrer Lage bemerken, als sei sie immer noch davon überzeugt, dass die Welt des Fortschritts für alles einen Ausweg kennt. Sogar für die Erkenntnis, dass es keinen gibt.

Das Publikum, das einer Groteske gewachsen zu sein scheint, johlt freudig auf. Als Lotte sieht, dass sich nun auch einige der Zuschauer imaginäre Telefonhörer ans Ohr halten, atmet sie erleichtert aus. Am Ende versucht Gott, die Figuren in die Hölle zu jagen. Vergeblich, schließlich sind sie immer schon dort gewesen, und wollen nun weiter in Ruhe saufen und huren.

Danach gibt es im Publikum kein Halten mehr. Auf, vor und hinter der Bühne herrscht die gleiche mitreißende Stimmung. Inmitten des großartigen Tumults ist Lotte sogar froh, dass doch noch genügend Pfiffe zu hören sind, um die Trillerpfeifen einzusetzen. Jetzt wieder echte Melodien und so einfache? Im Ernst? Inmitten eines ernsthaften Festes des Atonalen? Und dann noch die Huren und Gott selbst in der Sündenstadt! Der ganze Saal ist von heiterem Johlen und Pfeifen erfüllt, wobei die lautesten Pfiffe diesmal von der Bühne selbst kommen. Die Schauspieler trällern und schwenken Plakate mit politischen Äußerungen durch die Luft. Lotte hat ihres allerdings klammheimlich durch eines ersetzt, auf dem »Für Weill« geschrieben steht. Soll Brecht doch heulen, wenn es ihm nicht passt.

13. Szene

Ein schwefeliger Geruch — Berlin,
1927

Mein Verlag wünscht, dass ich nicht weiter mit Ihnen zusammenarbeite.« Weill lässt seinen Blick über die Flaschen in den Regalen hinter dem Bartresen schweifen. »Man fand das ganze Stück primitiv.«

»Aber genau darum ging es doch«, sagt Brecht, rücklings an die Bar gelehnt. »Weg mit dem überflüssigen Dekorum.«

»Ich fürchte, sie sind noch nicht so weit«, erklärt Kurt ruhig. Nachdenklich betrachtet er nun das Profil seines Kollegen. »Offenbar hat ihnen Ihre Idee mit den Nackten den Rest gegeben.«

»Kleingeister. Diese Idioten haben nichts verstanden. Das haben Sie übrigens auch nicht. Wenn Lotte nicht zufällig Ihre Frau wäre, hätten Sie es ebenso konsequent gefunden wie ich, sie nackt dort stehen zu lassen.«

Lotte überlegt sich, ob sie sich in das Gespräch einmischen

soll, schließlich geht es darin auch um sie, entscheidet dann aber, erst mal abzuwarten, wie sich die Sache noch entwickelt.

Kurt runzelt die Stirn. »Ich bin mir so gut wie sicher, dass ich auch dann keinen Sinn darin entdecken könnte. Was wäre es denn anderes als ein billiger Effekt? Auf den ersten Blick mag die Nacktheit ja ein drastisches Weniger sein, eine plakative Reduzierung. Doch die Zuschauer würden nichts anderes mehr wahrnehmen, und so wäre sie doch nur die Tünche, die den Inhalt und die Musik in den Hintergrund drängt. Das klingt für mich wie genau das Gegenteil von dem, was wir uns wünschen.«

»Sie denken natürlich wieder als Erstes an Ihre Musik. Die Presse hat Ihnen wohl den Kopf verdreht! ›The new enfant terrible of Germany‹? Ich hab's auch gelesen. Vergessen Sie nicht, dass die Musik in erster Linie im Dienste des Textes zu stehen hat.«

Lotte umschließt die Hand ihres Mannes sanft mit ihrer, um ihn zu gemahnen, sich nicht provozieren zu lassen. Sie kennt Kurt gut genug, um zu wissen, dass ihn gleich seine Geduld verlässt. Die Gleichrangigkeit von Musik und Theater ist der Kern seines Strebens. Und wenn Brecht den in Frage stellt, kann er sich auf etwas gefasst machen. Noch profitiert er nämlich mehr vom berühmteren Weill als umgekehrt, sowenig ihm das auch passen mag. Andererseits umgibt er sich kaum mit Menschen, die ihm nicht nützlich sind. Könnte er doch nur ein wenig von seiner Eitelkeit ablegen. Sicher ärgert es ihn, dass die Kritiker vor allem Kurts Musik und Lottes authentische Spielweise bejubelt haben. Aber wenn er Kurt so lange provoziert, bis dieser alles hinwirft, ist niemandem von ihnen gedient.

Lottes Gefühl sagt ihr, dass sie kurz vor etwas Großem stehen, das sie nur gemeinsam beginnen können. Deshalb geht sie nun doch dazwischen, bevor einer von ihnen etwas Unüberlegtes sagt. Sie rückt näher an Brecht heran und zupft an seinem Kragen, als müsse sie ihn ordnen. »Nun beruhig dich erst mal, Brecht. Sonst erfährst du nicht, was Kurt seinem Verleger geantwortet hat.« Mit der flachen Hand klopft sie imaginäre Staubkörner von seinen Schultern.

»Er hat ihm mitgeteilt, dass er immer noch voll und ganz hinter dir steht. Also verdirb es nicht, ja?«

Sehnsüchtig hält sie nach Helene, Elisabeth, Cas und Erika Ausschau, die um sie herum schon ausgelassen tanzen. Lotte wagt es nicht, ihrem Beispiel zu folgen, bevor die beiden Männer nicht endlich ihre weißen Fahnen gehisst haben. Brecht sollte jetzt eigentlich ein wenig beschämt aussehen angesichts der Loyalität, die sein Kollege trotz seiner persönlichen Vorbehalte gezeigt hat. Und das, obwohl es Kurt oft schmerzt, dass Brecht ihm nicht den gleichen Respekt erweist. Besonders boshaft ist Brecht, wenn ihn die Missgunst sticht. Lotte hat nicht vergessen, was er ihr einen Tag nach ihrem Auftritt in Baden-Baden gesagt hat, nachdem er die Lobeshymnen auf Kurt gelesen hat: »Ich glaube, der Weill muss sich einmal dran gewöhnen, dass sein Name nicht auf dem Zettel steht.« Seine Augen hatten sich zu Schlangen-Schlitzen verengt.

Lotte lachte, eher über seinen Gesichtsausdruck als über seine Worte. Ihm aber muss es so vorgekommen sein, als habe sie seine Einladung zum Verrat angenommen.

»Das haben Sie also geschrieben, Weill?« Brecht klingt eher selbstgerecht als zerknirscht. »Sei's drum.«

Danach nippen die Männer schweigend an ihren Weingläsern.

Lotte schaut zu den Tanzenden und dann wieder zu den beiden am Tresen. »Wirklich schade, dass die Herrschaften zu feige für eure Industrieoper waren.« Es kann nicht schaden, noch etwas Verbindendes einzuflechten, bevor sie sich unter die Tanzenden mischt. Nichts schweißt Männer so zusammen wie gemeinsame Gegner. Mit einem koketten Lächeln imitiert sie den Watschelgang einen Pinguins, um sich der Tanzfläche zu nähern. Befriedigt hört sie die beiden hinter sich lachen und dann sogar noch ein paar versöhnliche Worte aus Kurts Mund: »Vielleicht bedeutet das ja nicht, dass wir das Material, das wir gesammelt haben, ganz aufgeben müssen.«

Es wundert Lotte nicht, wie sehr sich die Männer über die Angelegenheit mit der Industrieoper geärgert haben. Erst hatte man sich in Essen ganz versessen darauf gezeigt, die beiden mit einem epochalen Auftrag zu beehren, doch dann machten die Verantwortlichen einen feigen Rückzieher. Wenigstens durften sie zu einem ersten Kennenlernen mit dem Flugzeug anreisen. Wenn man Kurts schwärmerischen Worten glauben durfte, scheint das Fliegen ein herrlicher Spaß und recht sicher zu sein. »In der Eisenbahn bin ich nervöser. Im Ernst, in der Luft wird man weniger durchgeschaukelt«, berichtete Kurt hinterher.

Natürlich waren die Männer von der Aussicht begeistert gewesen, ein Musiktheater zu inszenieren, das diese Region und ihre Menschen vollständig einfangen sollte. Nachdem Kurt und Brecht ihre Bergwerksbesichtigung beendet hatten, schienen allerdings die Industriellen und Politiker zu begreifen, dass ein solches Werk nicht in ihrem Sinne ausfallen könnte. Dabei muss ihnen doch vorher klar gewesen sein, dass man von Brecht und

Weill keine verlogene Romantik erwarten durfte. Kurt vermutete, dass die Geldgeber zunächst glaubten, die Eindrücke der Besucher aus Berlin lenken zu können, indem sie ihre Besichtigungen sorgfältig auswählten. »Aber was sich in der Hölle unter der Erde abspielt, war recht eindeutig«, hatte Kurt bedrückt berichtet. »Du kannst es dir wirklich nicht vorstellen, Lotte. Das ganze Rheintal voll giftigem Qualm und düsteren Fabriken. Und die Menschen dort unten, die diese schreckliche, schwere Arbeit vollbringen in schwefeliger Luft, nur damit Krupp zu seinen Millionen noch ein paar dazu verdienen kann.«

Lotte schauderte bei diesen Beschreibungen. Sie dachte an die Hände ihres Vaters und ihren kleinen Sarg in der Küche und konnte sich die Atemnot in dunklen Gängen bildlich vorstellen.

»Mit eurem nächsten großen Erfolg werdet ihr es ihnen gründlich heimzahlen«, hatte sie ihm geantwortet. Sie glaube immer noch daran, solange Musiker und Autor ihre Unstimmigkeiten in den Griff bekamen.

Lotte schiebt sich mit hoch erhobenem Glas durch die tanzende Menge auf eine gerade entdeckte Freundin zu. »Louise!«, ruft sie erfreut. »Schön, dich zu sehen.«

Nachdem sie einander auf die Wange geküsst haben, berichtet Lotte von Baden-Baden. »Es war herrlich, auch wenn es natürlich nicht Verdi ist.«

Louise Hartung ist Opernsängerin, dabei aber sehr modern. Ihr Haar ist kürzer als das aller anderen Mädchen, doch auf einer Seite hat sie eine lange Ponysträhne stehen lassen, die ihr immer wieder ins Gesicht fällt. Von weitem könnte man sie für einen ungezogenen Knaben halten, bis man ihre zarten, weichen Gesichtszüge erblickt. Sie ist wirklich sehr hübsch. Dabei ist sie auch noch schrecklich schlau und gebildet, ohne eine Spur überheblich zu wirken.

Jetzt lächelt sie spöttisch. »Verdi, wer ist das? Ganz im Ernst, ich beneide dich um diese Erfahrung. Es muss sehr aufregend in Baden-Baden gewesen sein. Es soll ja einen richtigen kleinen Skandal gegeben haben. Ich habe mich gefreut zu lesen, wie sehr du allen gefallen hast.«

Lotte nickt stolz. »So kann es gerne weitergehen. Aber weißt du was? Wenn du tatsächlich einmal eine ähnliche Erfahrung machen möchtest, kann ich dir weiterhelfen. Wir müssen nur zu den beiden Männern dort an den Tresen gehen.«

»Ich weiß nicht«, sagt Louise zögernd.

»Du würdest mir einen Gefallen tun. Ich könnte in diesem Clan eine echte Freundin gebrauchen. Aber vorher versprichst du mir, dass du keine Brecht-Jüngerin wirst und dich keinesfalls von ihm schwängern lässt.«

Louise schaut sie verwirrt an. Dann lacht sie laut auf und küsst Lotte auf die Wange. »Glaub mir, meine Süße, da besteht keine Gefahr.«

Lotte nimmt Louises Kinn zwischen Daumen und Zeigefinger, als wolle sie die Frau einer gründlichen Prüfung unterziehen. Schließlich küsst sie Louise flüchtig auf den Mund. »Gut, ich glaube dir. Los geht's.«

Lotte legt ihrer neuen Verbündeten ihre Hände auf die Schultern, bevor sie sich mit ausgelassenen Hüpfern seitwärts einen Weg durch die Menge bahnen.

2. Akt

»Retire ta main, je ne t'aime pas«

(Je ne t'aime pas, 1934)

1. SZENE

---◇---

Eine Ludenoper – Berlin, August 1928

Niemals, niemals singe ich diesen Schweinkram«, kreischt Rosa Valetti. »Was steht hier? ›Ein großer Geist blieb in 'ner Hure stecken?‹ Das kann doch nicht euer Ernst sein?«

Angesichts so viel selbstgerechter Empörung kann Lotte ein Kichern nicht unterdrücken. Dabei wurde Rosa von Brecht für seine »Ludenoper« gerade wegen ihrer Kabarett-Auftritte ausgewählt, die von schweinisch-schönen Anspielungen lebten. Wer hätte gedacht, dass sie sich so prüde zeigen würde? Lotte, die in diesem Stadium der Proben nicht mehr zu schockieren ist, hat es sich auf einer Sitzreihe vor der Bühne gemütlich gemacht. Gelassen wartet sie ihren nächsten Auftritt ab und beobachtet die verzweifelten Ausbrüche der anderen Akteure.

»Weckst du mich, sobald es weitergeht?«, raunt ihr Louise zu. Sie ist doch tatsächlich dem Hurenchor dieses neuen Stücks beigetreten.

»Sicher doch«, antwortet Lotte großmütig.

Louise hat gerade erst ihren Kopf auf Lottes Schulter abgelegt, da verrät ihr gleichmäßiger Atem, dass sie eingeschlafen ist. Lotte sieht es ihr nach, es muss bereits vier Uhr morgens sein. Demnach haben sie noch sechzehn Stunden bis zur Premiere.

Auch Lottes Kopf fühlt sich ganz schwer vor Müdigkeit an, aber um nichts in der Welt würde sie den Aufruhr auf der Bühne verpassen wollen. Abgesehen von Brecht scheint niemand mehr ernsthaft daran zu glauben, dass es jemals zu einer Aufführung dieses Stücks kommt. Selbst der Produzent Ernst Josef Aufricht, der sich bis vor wenigen Tagen noch als Musterbeispiel an Optimismus gezeigt hat, scheint jede Hoffnung begraben zu haben. Seine nach unten geneigten äußeren Augenwinkel lassen ihn selbst an guten Tagen besorgt aussehen, wenn sein Gesicht nicht gerade von dem ihm eigenen jungenhaften Lächeln erhellt wird. Es ist eine ganze Weile her, seit er es zuletzt gezeigt hat. Nun schwankt er nur noch zwischen Wut und Resignation. Immer wieder reibt er sich mit der flachen Hand über das Gesicht. Vielleicht wischt er sich nur die Schweißperlen von der Stirn, wahrscheinlicher ist es aber eine Geste der Fassungslosigkeit. Falls es zur Katastrophe kommt, muss er dafür geradestehen. Um das Theater am Schiffbauerdamm zu pachten, hat er sich von seinem Vater 100 000 Goldmark geliehen. Allerdings hätte ihm klar sein müssen, dass es blanker Irrsinn ist, sein Theater nach nur vier Wochen Probe mit einem Stück eröffnen zu wollen, das noch nicht einmal fertig geschrieben ist.

Mehr Sorgen macht sich Lotte deshalb um Kurt. Seit einiger Zeit guckt er immer so trüb ins Leere. Früher genügten Kleinigkeiten, um seine Augen wieder zum Funkeln zu bringen – eine

Tasse heißer Kaffee, ein neuer musikalischer Einfall, ein Scherz von seiner Frau. Doch diesmal scheint die Erschöpfung tiefer zu gehen.

An diesem Morgen, eigentlich eher am Morgen des vergangenen Tages, stöhnte er: »Ich kann nicht mehr. So bald wie möglich gönnen wir uns ein wenig Ruhe und nehmen uns Zeit nur für uns.«

»Jetzt?«, hat Lotte erschrocken gefragt. »Natürlich zerren die Proben an deinen Nerven, sie machen uns alle verrückt. Aber nach der Premiere sieht alles ganz anders aus. Sicher wollen wir dann gleich weitermachen.«

»Ich halte den Trubel keine Sekunde länger aus.«

»Aber war es nicht das, was du wolltest?«, fragte Lotte. »Die Kritiker feiern dich. Wir könnten alle Bühnen Deutschlands erobern. Freut dich das gar nicht?«

»Doch, sicher tut es das«, murmelte er ohne rechte Überzeugung.

Sie ignorierte seine Zweifel, um ihn nicht aus Versehen noch darin zu bestärken. Lieber schnitt sie Grimassen, bis er müde lächelte. »Lenja, sicher wäre ich ohne dich schon ein Einsiedlerkrebs.«

Sie entschloss, seine Worte so zu deuten, dass er gar nicht wirklich in Abgeschiedenheit von der Welt leben wollte, sondern nur darauf wartete, dass Lotte ihn aus seiner Zurückgezogenheit erlöste. »Keine Sorge, ich passe schon auf, dass du nicht zum Krebs wirst.«

Sein schweres Seufzen wurde von ihrem munteren Pfeifen übertönt. Den gerade so vielversprechenden Bühnenwahnsinn gegen eine Portion stiller Zweisamkeit tauschen? Das könnte sie niemals. Sein matter Blick sollte ihr Mitgefühl erregen, stattdessen schreckt sie davor zurück. Sie hat sich zu mühsam aus der eigenen Finsternis ins Helle gekämpft, um nun in die Schatten eines anderen abzutauchen. Sie kann auf das Licht nicht mehr verzichten. Warum andere im Elend baden wollen, ist ihr unbegreiflich. Sie selbst hat nie gejammert. Wenn ihr etwas Schlimmes zustößt, verschließt sie es gut in einer stillen Kammer und versucht, nie wieder einen Fuß über diese Schwelle zu setzen.

Kurt hat weniger Grund denn je, so griesgrämig durch die Welt zu schlurfen. Die Leute feiern sein Werk, und selbst das Verhältnis zu Brecht scheint sich wieder entspannt zu haben. Als Aufricht ein Stück bei Brecht in Auftrag gab, hat der gleich darauf bestanden, mit Weill zusammenzuarbeiten. Anfangs murrte Aufricht, weil er fürchtete, die Eröffnung seines Theaters mit atonaler Musik zu vermurksen. Doch dann hörte er Kurt spielen und erklärte sich freudig mit allem einverstanden. Nur das passende Werk fehlte ihnen noch. Bis Elisabeth einen uralten englischen Schinken namens »Beggar's Opera« ausgrub und ins Deutsche übersetzte. Weill und Brecht stürzten sich begeistert darauf.

»Das ist die ideale Grundlage für unsere Inszenierung!«, rief Brecht erfreut. Danach blieben ihnen noch vier Monate, das Stück zu ihrem Zwecke umzudichten und zu proben. Der Gedanke, endlich eine Uraufführung in ihrer Heimatstadt zu feiern, stimmte alle euphorisch. Nur Brecht, der Termindruck hasst, geriet in Panik. Hektisch entschied er, dass Kurt und er die Koffer packen und an die Riviera reisen müssten.

»Wir müssen jetzt erst einmal alle aus Berlin raus. Sofort. Sonst wird uns die ›Ludenoper‹ nicht gelingen. Hier kommt man ja nie zur Ruhe.«

Lotte begleitete die Arbeitsbienen nur allzu gerne in den Süden Frankreichs. Sie bestand nur auf getrennte Häuser, denn während Brecht abwechselnd Elisabeth, Helene und seinen Sohnemann Stefan im Schlepptau hatte, zogen Kurt und Lotte ihre Badesachen allen häuslichen Dramen vor. Allerdings blieb für beides wenig Zeit. Die Männer verließen nur selten das von Brecht gemietete Haus. Lotte störte sich nicht daran. Sie unternahm lange Spaziergänge, trank Wein auf der Veranda mit Helene und freute sich, wenn Kurt in seinen freien Minuten mit ihr auf das Meer hinausschwamm. Sie schwiegen, aber im Wasser störte es nicht, dass ihnen immer öfter nicht mehr die richtigen Worte füreinander einfielen. Im Wasser fanden sie einen gemeinsamen Rhythmus und schwammen mit kraftvollen Zügen durch das wogende Blau. Wenn sie ans Ufer zurückkehrten, trafen sie auf Brecht, der mit hochgerollten Hosenbeinen im flachen Wasser stand. Selbst hier legte er die Zigarre nicht aus der Hand.

»Wasserscheu?«, rief Lotte einmal und spritzte ihn nass. Er fluchte so erbost über die harmlose Neckerei, dass sie sich in ihrer Vermutung bestätigt sah. Brecht hasste es, bei einer Schwäche ertappt zu werden.

»Es ist viel zu heiß hier. Nicht auszuhalten. Was für eine dumme Idee, an die Riviera zu fahren«, murrte er.

»Das nächste Mal zieht ihr euch eben einfach nach Grönland zurück«, erwiderte Lotte unbeeindruckt.

Während ihres Aufenthalts schlenderte sie durch weitläufige Olivenhaine und entlang von Zitronenplantagen. Sie sog den frischen Duft ein, in den sich eine salzige Brise mischte. Manchmal folgte sie im Dunkeln allein den funkelnden Lichtern bis zu einem Kasino. Es war der perfekte Abschluss eines trägen Sommertages, in eine Mittelmeernacht voller Gläserklirren, gedämpftem Lachen und Glücksspiel abzutauchen. Hier genügte es, zu sein. Sie erkannte, dass sie den Müßiggang liebte und sich weder nach Berlin noch nach der Bühne verzehrte.

Selbst wenn sie bloß mit Helene auf der Veranda saß, fühlte sie einen leichten Schwips, der nicht nur vom Alkohol stammte. Die Sterne schienen ihr ganz andere als zu Hause zu sein. Ein paar Mal griff sie ohne nachzudenken in die Luft, als könne sie einen von ihnen fangen.

»Was tust du da?«, fragte Helene verwirrt.

Lotte lachte. »Mücken jagen.«

Sie gab sich selbst das Versprechen, einmal an diese Küste zurückzukehren. Ohne die anderen. Sie wollte herausfinden, welche Frau sie an einem Ort wie diesem sein könnte.

Erst Anfang August, rund vier Wochen vor der Premiere, schlugen sie wieder im Theater am Schiffbauerdamm auf. Lotte, die gerade noch am liebsten in Frankreich geblieben wäre, stand nun ebenso glücklich auf der Bühne. Aber obwohl es höchste Zeit wurde, mit den Proben zu beginnen, war die Arbeit an Text und Musik immer noch nicht beendet. Nicht einmal die Besetzung war komplett. Lotte wird nie Aufrichts Gesicht vergessen, als sie an der Seite ihres Mannes in sein Büro marschierte. »Ich will Ihnen morgen meine Musik vorspielen und dass meine Frau eine der Huren spielt«, sagte Kurt fest.

Aufricht wippte mit den Füßen und zog die Augenbrauen eng zusammen, als könne er kaum glauben, dass ihn der kleine sanfte Mann derart vor vollendete Tatsachen stellte. Doch nach Lottes spielerischer Andeutung eines Hofknicks entrunzelte er die Stirn wieder. Neugierig betrachtete er sie. »Einverstanden«, sagte er dann und widmete sich wieder seiner Arbeit, ohne die beiden noch einmal anzusehen.

Offenbar genügte sie seinen Anforderungen an eine Prostituierte. »Mein Mann hat vergessen, Ihnen zu sagen, dass er mir auch einen Song geschrieben hat«, rief sie ihm im Rausgehen noch zu.

Seinen verdutzten Blick beantwortete sie mit einem letzten Augenzwinkern. Zwei Wochen später gestand er ihr, dass sie ihm gleich gefallen habe und er sie viel zu hübsch für ihren Mann finde. Er versuchte nicht, sich an sie heranzumachen. Es handelte sich nur um freundliche Feststellungen. Sogar ihre Frechheit mochte er. »Aber ich gebe zu, dass ich von der Idee nicht gleich begeistert war. Mir sind schon zu viele Geliebte und Ehefrauen angeschleppt worden, um noch daran zu glauben, dass alle von ihnen Talent hätten.«

Lotte nickte mitfühlend. »Das glaube ich. Da hatten Sie mit mir ja Glück.«

Damals lachte er darüber, und mittlerweile hat er andere Probleme, als die Qualitäten einer Nebendarstellerin in Frage zu stellen. Nichts verlief so wie geplant. Und nicht alle Schauspieler sind aus ihrer Sommerfrische heimgekehrt. Ausgerechnet Carola Neher, die eine Hauptrolle spielen sollte, blieb verschollen.

Erst Tage später erfuhren sie von Aufricht, warum sie vorerst keine Polly haben würden. »Ihr Mann liegt in Agonie.«

»In Agonie?« Brechts Augenbrauen schnellten in die Höhe. »Kann er darin nicht bitte schön alleine liegen, wie ein aufrechter Mann.«

»Herrje, er stirbt! Und zwar in Davos an der Tuberkulose, und

Carola bleibt natürlich an seiner Seite«, erklärte Aufricht verärgert.

»Natürlich«, murmelte Brecht scheinbar reumütig. »Aber wann kommt sie denn nun zurück?«

»Sie meinte, es kann nicht mehr lange dauern. Wir sollen die Rolle nicht neu besetzen.«

»Fein«, stellte Brecht zufrieden fest.

»Fein?«, flüsterte Weill und sah Lotte vielsagend an. Sie verzog das Gesicht, um ihm zu signalisieren, dass sie ganz seiner Meinung war. Brecht könnte sich einem Todkranken gegenüber ruhig etwas barmherziger zeigen, als nur darauf zu hoffen, dass der Mann sich mit dem Sterben etwas beeilt, um der Inszenierung nicht zu schaden.

Noch mehr Probleme als die Abwesenden bereiteten allerdings die Anwesenden. Kaum einer von ihnen zeigte einen Funken Begeisterung für das Stück. Entweder fanden sie die Texte zu anstößig, die Melodien unmöglich oder Brechts Ideen zur Desillusionierung des Publikums geradezu absurd. Unter viel Gezeter schleppte man sich durch die Proben. Vor wenigen Tagen tauchte dann endlich Carola wieder auf, leider blieb sie nicht sehr lange.

»Meine Rolle ist viel zu klein, die spiele ich nicht«, kreischte sie, gleich nachdem sie ihre Darbietung der tapferen Witwe beendet hatte.

»Wir ändern das, keine Sorge. Vorhang herunter«, unterbrach Brecht ruhig die Probe.

Lotte schaute fragend den Schauspieler an, der gerade neben ihr stand. Ernst Busch schien besser als sie informiert zu sein. »Sie schlafen schon miteinander«, erklärte er Lotte trocken.

»Huch! Wie kam es denn so schnell dazu? Sie ist doch gerade erst gekommen.«

Er antwortete mit einem dreckigen Lachen. »Und das ist sie heute sicher nicht zum ersten Mal bei ihm.«

Lotte verdrehte die Augen.

Ernst zwinkerte ihr zu. »Es hat schon vor Davos begonnen.«

»Deswegen ist er so desinteressiert am Schicksal ihres Mannes. Nun, sicher ist Brecht ein großer Trost für sie.«

»Sicher. Für uns heißt es aber nur, dass auf ihre Allüren Rücksicht zu nehmen ist. Wegen ihr müssen wir das Stück nun ein anderes Mal durchspielen. Allerdings ist sie natürlich verdammt hübsch.«

Das musste Lotte neidlos anerkennen. Wenn Carola sich kokett auf die volle Unterlippe biss, fiel garantiert irgendwo auf der Welt ein Matrose tot um. Die dunklen Kirschaugen brachten Männer dazu, alles für sie zu tun. Sie war nicht hübsch. Sie war schön, an guten Tagen witzig und so in allem das Gegenteil von Helene. Als Lotte einmal in der Zeitschrift *Uhu* geblättert hatte, verriet dort Carola ihr Schönheitsgeheimnis, das angeblich nur aus Eiern (für die Haare), Eis (fürs Gesicht), kaltem Wasser (für die Augen), Gymnastik (für die Beine, die in knappen Shorts bis zur Brust zu reichen schienen) und Liebe (fürs Herz) bestand.

Sie stieß Ernst grinsend in die Seite. »Schade, dass du kein reicher Fabrikant oder Banker bist, sonst hättest du eine Chance. Wobei sie Regisseuren auch nicht abgeneigt zu sein scheint.«

Carola ist dafür bekannt, dass es in ihrem Leben immer einen reichen Mann gibt. Lange würde sich Brecht also nicht darin halten. Auf der Bühne fiel es ihm ja jetzt schon schwer, sie zu befriedigen. Er warf ihr immer wieder neue Ergänzungen zu ihrem Text zu, doch sie zeigte sich unersättlich, bis es Aufricht zu bunt wurde. »Bitte zieht euch in mein Büro zurück, um alles zu diskutieren. Wir müssen nun wirklich einmal weiterkommen. Es ist nicht einmal mehr eine Woche bis zur Premiere.«

Carola warf ihr zerfleddertes Textbuch nach ihm. »Sie haben es eilig? Dann spielen Sie Ihren Mist doch alleine«, kiekste sie und stapfte von der Bühne.

Brecht bedachte Aufricht mit einem genervten Knurren. »Musste das sein? Nun müssen wir die Rolle neu besetzen.«

»Wie bitte?« Aufricht fuhr sich wild durch die Haare, als wolle er sie alle ausreißen. »Sie wird doch wohl wiederkommen! Das könnte sie uns nicht antun. Eine Woche. Es ist nur noch eine Woche. Wenn ich das überhaupt überlebe, muss ich ins Sanatorium. Was tun wir denn jetzt?«

»Bezirzen Sie Carola«, empfahl Brecht. »Besorgen Sie einen schön üppigen Blumenstrauß und packen Sie bei Ihrem Besuch auch gleich das Brautkleid der Polly ein. Frauen sind verrückt nach solchem Tand. Ich wette, Sie können sie von allem überzeugen, wenn Sie ihr sagen, dass sie in dem Kostüm noch viel schöner ist als Schneewittchen hinter den sieben Bergen bei den sieben Zwergen.«

Lotte fragte sich, warum der arme Aufricht diesen Part übernehmen sollte. Stünden ihre Karten nicht besser, wenn sich Brecht selbst um seine Geliebte kümmern würde?

Als Aufricht am nächsten Tag von seinem Besuch bei Carola zurückkehrte, teilte er sehr knapp mit, dass sie ihre Rolle nicht mehr zu spielen gedächte. Gerne hätten sie gewusst, was in Carolas Wohnung geschehen war. Lotte erfuhr es noch am gleichen

Abend von Kurt, dem sich Aufricht anvertraut hatte. Der arme Mann hatte eine geschlagene Stunde vor Carolas Wohnungstür verharren müssen. Erst dann ließ sich die Diva herab, ihr Mädchen zu schicken. »Die Dame empfängt heute nicht.«

Für Carola sprang ein Mädchen namens Roma Bahn ein. Damit war die Sache aber leider noch lange nicht wieder in Butter. Plötzlich wollte Kurt alles abblasen, weil er nicht mehr an ein Gelingen glaubte.

»Der 31. August steht«, brüllte Aufricht. »Seht es als ein Geschenk für mich an. Ich feiere an dem Tag meinen dreißigsten Geburtstag und fühle mich bereits jetzt wie mein eigener Großvater. Meine Eltern reisen extra für die Premiere an, und ich denke gar nicht daran, sie zu enttäuschen. Wir spielen! Selbst wenn das bedeutet, ein unfertiges Stück zu präsentieren.«

»Ohne mich!«, empörte sich da der Regisseur Erich Engel und sah noch schmallippiger aus als sonst. Hinter seinen runden Brillengläsern blitzte es wütend. »Und in jedem Fall muss der Choral am Ende weg.«

Brecht sah Kurt nachdenklich an. Doch bevor der nachgeben konnte, sprang ihm Cas zur Seite, der an diesem Tag weder auf Brecht noch auf Engel gut zu sprechen war: »Der Choral bleibt. Kurt, lass dich zu nichts breitschlagen, sonst sind wir geschiedene Leute.«

Kurt lächelte ihm dankbar zu. »Sie haben es gehört, meine Herren. Ich habe keine Wahl.«

»Aber dann müssen Sie auf mich verzichten«, rief Engel empört.

»Welch tragischer Verlust.« Brecht deutete eine kleine Verbeugung an. »Leider sind wir ein freies Land, und ich kann Sie unmöglich aufhalten. Nun, dann werde ich wohl diese Aufgabe übernehmen müssen. Herr Aufricht, hier steht Ihr neuer Regisseur.«

Unter gurgelnden Lauten verschwand Engel von der Bühne, wohingegen Aufricht diese Neuentwicklung mit keiner Regung würdigte. Nach seinem kurzen letzten Aufbäumen schien alle Kraft von ihm abgefallen zu sein. Lotte vermutete, dass er sein Geld bereits abgeschrieben hatte und bereit war, sich in die Spree zu stürzen. Die nahende Katastrophe sprach sich so schnell herum, dass Tag für Tag andere Theaterleute in die Proben strömten, um zu erleben, wie man am Schiffbauerdamm Schiffbruch erlitt. Die einen zeigten unverhohlene Schadenfreude, die anderen flohen so schnell sie konnten, weil es sie mit Scham erfüllte, Zeugen eines so kolossalen Scheiterns zu werden. Der Autor Lion Feuchtwanger ließ nach seinem kurzen Besuch immerhin eine gute Idee zurück: »›Ludenoper‹? Der Titel gefällt mir nicht. Wie wäre es mit ›Dreigroschenoper‹?«

So erhielt das Stück kurz vor der Premiere einen neuen Namen, den Brecht sofort an das Theater anschlagen ließ. Als Nächstes fiel die Weigel aus, womit niemand gerechnet hatte. Schließlich war sie zäh wie kaum eine andere. Aus irgendeinem unersichtlichen Grund hatte sie darauf beharrt, die Kuppelmutter als Einbeinige im Rollstuhl zu spielen. Sie bestand darauf, auf den Tisch gehievt werden, um von dort aus auf ihre Mädchen herabzublicken. Doch kaum war sie oben, schrie sie plötzlich. »Ich habe solche Schmerzen!« Es wäre nicht das erste Mal gewesen, dass Helene vom Skript abwich, deswegen machte sich zunächst niemand große Sorgen. Erst als sie sich auf dem Tisch krümmte, dachte man darüber nach, einen Arzt zu rufen. Der stellte eine schlimme Blinddarmreizung fest und erteilte Helene ein Auftrittsverbot. Kurz darauf kündigte Erich Ponto seinen Ausstieg an. Er sollte den Bettlerkönig Peachum spielen, nachdem bereits Peter Lorre abgesprungen war, der vorgegeben hatte, keine Zeit mehr für dieses Stück zu haben.

»Was ist denn das überhaupt für ein Stil?«, ereiferte sich Ponto. »Und die Musik! Es ist unmöglich, dieses Geschwurbel zu sprechen oder zu singen. Und was soll dieser verrückte Einfall, die Bühne zu verdunkeln?«

Wieder einmal verbiss sich Lotte ein nervöses Kichern. Die Proben kamen ihr längst so vor, als wären sie selbst ein absurdes Theaterstück.

»Die Songs müssen so gesungen werden, als gehörten sie nicht dazu. Deswegen wird während des Singens die Bühne noch offensichtlicher gezeigt. Es soll nicht realistisch sein, wir streben eine Verfremdung an.« Brechts Stimme klang seltsam blechern. Er hatte es wohl schon zu oft erklärt.

»Ich will aber so nicht auftreten.«

»Dann eben nicht.« Gelangweilt wandte Brecht sich von Ponto ab, nachdem er ihm noch ein wenig Asche vor die Füße geschnippt hatte.

Keine halbe Stunde später stand Ponto mit gepackten Koffern im Zuschauerraum und wandte sich bei seinem Abschied nur an Aufricht. »Ich wollte Ihnen gerne noch auf Wiedersehen sagen. Ich nehme den nächsten Zug nach Dresden.«

»Bitte«, stammelte Aufricht. »Bitte bleiben Sie. Zumindest für die Premiere übermorgen. Bitte.«

Es war schwer zu ertragen, diesen armen Mann betteln zu sehen. Kurzentschlossen sprang ihm Lotte zur Seite. »Erich,

Liebling, bitte höre auf ihn. Wir brauchen dich unbedingt. Denk an deine armen Kollegen, die hungrige Mäuler zu stopfen haben.«

Ponto beäugte Lotte misstrauisch. Bislang war sie ihm wohl nicht als große Verteidigerin der Witwen und Waisen vorgekommen. Doch schien ihn ihr treuherziger Blick ein wenig zu erweichen. Unschlüssig suchte Ponto Aufrichts Blick, doch der stierte mit hängenden Schultern die Wand an.

Ponto atmete aus. »Also gut, Aufricht. Ich tue es für deine Frau und die Kinder, damit ich mich nicht schäme, sollte ich einmal wieder bei euch zum Abendessen eingeladen sein.«

»Und sie werden es Ihnen noch im Himmel danken«, erklärte Aufricht bar jeder Ironie.

Doch nun kam der Darsteller des Macheath an die Reihe. Nachdem ein anderer so viel Aufmerksamkeit erhalten hatte, wollte Harald Paulsen nicht zurückstehen.

Am Vortag der Premiere stolzierte er in seiner eigenen Kleidung über die Bühne wie ein Pfau.

Kurt schien nicht mehr zu wissen, ob er lachen oder weinen sollte. »Womöglich war es ein Fehler, die Urform einer neuen Oper mit diesem eitlen Operettenstar zu besetzen«, bemerkte er trocken.

Auch Lotte hatte sich einen Verbrecher nicht als Mann im schwarzen Maßanzug vorgestellt. Am schlimmsten ist wohl sein Halstuch, dessen Blauton fast genau dem seiner Augen entspricht.

»So kommen sie besser zur Geltung«, hatte er Louise hinter der Bühne erklärt, die sich kurz darauf lachend an Lottes Arm festklammerte, um ihr davon zu berichten.

Brecht räusperte sich ein paar Mal, bevor er Paulsen vorsichtig ansprach. »Ich denke nicht, dass der Räuber Macheath dieses Halstuch tragen würde.«

»Ich werde auf dieses Halstuch nicht verzichten. Es ist ein unabdingbarer Teil von mir.« Bevor Brecht widersprechen konnte, fuhr Paulsen fort: »Außerdem fordere ich, bereits in der ersten Szene untergebracht zu werden und nicht erst in der zweiten.«

»Das ist lächerlich. Wir spielen hier doch keine Operette«, erwiderte Brecht.

»Sicher nicht so lächerlich wie dieses Stück, das ohnehin niemand wird sehen wollen«, gab Paulsen würdevoll zurück.

Egal, was den Schauspielern einfiel – bislang war Brecht ruhig geblieben. Er hörte ihnen zu, und selbst wenn er es nicht tat, blieb er dabei freundlich und versuchte, sie sanft wieder in wieder in seine Bahn zu lenken. Doch Paulsens Schal schien auf ihn die gleiche Wirkung zu haben wie das rote Tuch auf einen Stier. Er brüllte Paulsen nicht an, klang aber bedrohlich genug. Sein Gegenüber wurde derweil immer lauter.

Lotte ging zu ihrem Mann, der im Zuschauerraum an der Wand lehnte, und legte ihm einen Arm um die Schulter. »Wollen wir eine Wette darüber abschließen, ob die Aufführung morgen zustande kommt?«

Weill verzog einen Mundwinkel. »Und wer von uns sollte darauf setzen, dass sie stattfindet? Paulsen wird gleich heiser. Wenn sie so weitermachen, kann er morgen nicht singen.«

Er trat näher an die Bühne heran und rief Brecht zu sich. Der hockte sich an den Rand der Bühne und sah Kurt mürrisch an. »Was nun? Am besten lasse ich ihm seinen idiotischen Aufzug. Oder ich erdrossele ihn mit dem Halstuch.«

»Besser nicht. Er klingt jetzt schon, als würde er gleich Probleme mit seiner Stimme bekommen.«

Nachdenklich betrachteten sie die Gestalt, die sich im Kegel des Scheinwerferlichts am Kragen zupfte.

Brechts Miene hellte sich auf. »Gut, vielleicht ist die Idee nicht einmal schlecht. Schau ihn dir an, wie er da so süßlich und fein herumscharwenzelt.«

»Dann geben wir ihm wohl auch die erste Szene?«

Brecht beobachtete seinen Macheath noch eine Weile, bevor er eine Antwort parat hatte. »Kannst du mir bis morgen eine schöne Moritat schreiben? Schleif mir einen Leierkastenmann auf die Bühne und lass ihn die schrecklichen Taten des Mackie Messer besingen. Das wird unser erstes Bild. Während der Musik lassen wir Paulsen so auf- und abstolzieren wie jetzt. Schau nur, wie er schon wieder seine manikürten Finger bewundert. Wenn wir das Schmalzige mit einem grauslichen Lied verbinden, wird es alle mehr das Schaudern lehren, als wenn er eine mörderische Fresse zieht.«

Lotte glaubt weniger denn je daran, dass es an diesem Abend in diesem Theater ein Stück zu sehen geben wird. Ihre Augen brennen. Seit drei Nächten hat sie nicht geschlafen. Nachdem die Proben bis morgens um vier andauerten, haben sie sich nun noch einmal für einen letzten Durchlauf versammelt, bevor sich in zwei Stunden die Vorhänge heben.

Wenigstens ist es Kurt nicht nur gelungen, über Nacht das gewünschte Lied zu schreiben, sondern sich vorher auch noch in die Geheimnisse der Drehorgel einweihen zu lassen, so dass der Song dem Instrument gerecht wird. Einen Spieler hat er natürlich auch noch aufgetrieben. Hoffentlich weiß Brecht, was er an ihm hat.

»Ein Erfolg wird dieses Lied nicht«, sagte Kurt zu Lotte, als er von seiner Tour zurückkehrte. »Aber Paulsen hat nun die erste Szene, auch wenn das erste Lied unser Drehorgelspieler hat.«

»Wie ist er denn?«

»Er redet nicht viel.«

Lotte schlägt sich die Hand vor den Mund. »Aber ich hoffe doch, er singt?«

»Sehr gut sogar. Ich bin den Part mit dem Mann dreimal durchgegangen und bin mir sicher, dass er genau den Effekt erzielen wird, den Brecht sich wünscht.«

»Noch einmal von vorne!«, verlangt Brecht. Es hakt immer noch an alle Ecken und Enden.

»Tut mir leid, die Herrschaften, aber Sie müssen jetzt alle runter von der Bühne«, ruft einer von Aufrichts Leuten von der Seite.

»Ich gehe nicht, bevor mir nicht jemand eine Idee anbietet, wie wir das hölzerne Ross doch noch in die Handlung einbauen«, fordert Brecht empört. »Es muss den Boten auf die Bühne tragen, Aufricht. Es ist nicht meine Schuld, dass deine Leute die Schienen dafür falsch verlegt haben, nun lass dir etwas einfallen.«

»Wir werden wohl ohne das Pferdchen auskommen können«, erwidert Aufricht entnervt. Er klatscht laut in die Hände, als könne er so in letzter Sekunde etwas von seiner Autorität wieder herbeizaubern. »Die Probe ist zu Ende. Vorhang runter.«

»Wenn Sie uns gerade jetzt von der Bühne verjagen, dann gehe ich und komme nie wieder«, ruft Brecht. »Sie denken, es handele sich um eine profane Sache, wenn ich nach dem Pferd frage. Dabei sind alle Fragen, denen wir uns hier stellen, wegweisend für die Inszenierung und damit für die Zukunft des Theaters an sich.«

Weill pfeffert Notenblätter in eine Ecke. »Ich habe genug von alledem, ich gehe.«

»Und mit mir müssen Sie auch nicht mehr rechnen. Nie mehr in diesem Theater!«, ruft Cas.

»Wunderbar, geben Sie mir das schriftlich?«, faucht Aufricht.

Lotte würde den weiteren Verlauf ihres Gesprächs gerne verfolgen, doch leider verscheuchen Putzfrauen die müden Schauspieler von ihren Sitzen im Zuschauerraum. Ein Stück zu spielen ist das eine, aber vorher soll noch mal ordentlich durchgekehrt werden.

Als es losgeht, sind aber alle zuletzt Verbliebenen erstaunlicherweise noch vor Ort. Irgendwie hat es sogar das Holzpferd auf die Bühne geschafft, in das sich Brecht und Weigel so verliebt hatten. Gleich in der ersten Szene tritt fast das ganze Ensemble auf, hält sich aber im Hintergrund, während Paulsen selbstgefällig zu der leiernden Melodie über die Holzplanken tigert. »Und der Haifisch, der hat Zähne …«

Da hat Brecht wieder einmal recht behalten. Die Wirkung dieses Auftritts ist gerade deswegen so grandios, weil Paulsen nichts von ihr weiß. Am Ende der Szene soll Lotte laut zischen: »Das war Mackie Messer.«

Als es dunkel wird, versucht Lotte, in die Gesichter der Zuschauer zu schauen. Kein Mucks ist von ihnen zu hören. Ein gutes Zeichen ist es nicht, heißt aber auch, dass sie sich noch nicht auf eine Meinung festgelegt haben, sonst würden bereits die ersten Pfiffe ertönen.

Bevor Lotte abtritt, wirft sie einen Blick hinauf zu Aufricht, der sich mit Kurt und Brecht eine Loge teilt. Sein Gesicht ist auf das Geländer vor ihm gesackt. Sind sie denn wirklich schon gescheitert? Wer das Theater am Schiffbauerdamm besucht, meidet die klassische Oper. Hierher kommen die einfachen Leute, denen Brecht für das Stück aufs Maul geschaut hat. Werden sie sich erkennen? Und auch, dass dieses London für die Gassen aller Großstädte steht? Dabei geht es nicht darum, sie vorzuführen. Sie bekommen nur zu sehen, dass niemand, auch nicht die feinen Leute, über die Kniffe der Halbwelt erhaben ist, sobald es ans Eingemachte geht.

Auch nach dem zweiten und dem dritten Bild herrscht Stille im Saal. *Sie mögen es also wirklich nicht.* Augen zu und durch, sagt sich Lotte. Sie wird trotzdem alles geben. Gleich ist die Hälfte geschafft. Schon tauscht der korrupte Polizist Tiger Brown mit dem Verbrecher Macheath alte Kriegsgeschichten aus. Die Schauspieler haken einander unter und stampfen trotzig einen Soldatenmarsch, auch wenn Paulsen die Verzweiflung über die ausbleibende Reaktion im Publikum mittlerweile anzumerken ist.

===== *Wenn es mal regnete*
Und es begegnete
ihnen 'ne neue Rasse
'ne braune oder blasse
Da machen sie vielleicht daraus ihr Beefsteak Tartar. =====

Und in diesem Moment verändert sich etwas im Raum vor ihnen. Erst ist es nur ein Wispern und Wippen, dann ein Raunen und Rascheln, das schließlich zu einem Grölen und Trampeln anschwillt. Die Menschen springen auf und singen mit. Hiervon wollen sie unbedingt noch mehr. Nun glauben sie, es verstanden zu haben. Dies ist ja alles nur ein köstlicher Spaß. Sobald eine fremde Rasse zu Hack verarbeitet wird, beteiligt man sich gerne, stellt Lotte verblüfft fest. Sie scheinen es etwas anders aufzufassen, als von Brecht gewünscht. Über Moral wollen sie nicht sinnieren, sondern lieber gleich genau wie der clevere, habgierige Gangster sein. Andererseits kann ihnen kaum etwas Besseres passieren als diese lauten Jubelschreie, die nicht abebben. Die beiden Männer auf der Bühne schauen für einen Moment erstarrt zu Aufricht, um ein Zeichen zu erhaschen, wie es nun weitergehen solle. Der hat seinen Kopf mittlerweile wieder erhoben. Lotte stellt sich vor, dass er lächelt, als er die Anweisung gibt: »Da capo.«

Und so wird das Lied gleich noch einmal von vorne gesungen.

        John ist gestorben und Jim ist tot
Und Georgie ist vermißt und verdorben
Aber Blut ist immer noch rot ═══

Danach sind alle Sorgen verflogen. Auch Lottes Tangoballade wird in ungeahnter Lautstärke angefeuert. Der Applaus trägt sie von der Bühne, als würde sie schweben.

Die kurze Pause verbringt sie damit, sich und den anderen hinter der Bühne lachend mit zum Fächer gefalteten Notenblättern Luft zuzuwedeln.

Ein lauter Schrei lässt alle zusammenfahren. Der Fächer fällt aus Lottes Hand. Kurt! Etwas Schreckliches muss geschehen sein. Noch nie hat sie ihren Mann auf diese Weise brüllen gehört. Sie stürzt davon, ohne sich darum zu kümmern, dass bei ihren raumgreifenden Schritten das Kleid zerreißt. Weit laufen muss sie nicht. Direkt hinter der Tür zum Flur steht er und ficht mit Brecht und Aufricht irgendeinen Kampf aus, aber körperlich scheint er unversehrt zu sein. Erleichtert atmet Lotte aus. »Wieso streitet ihr denn jetzt noch? Es läuft doch bombastisch.«

Die Männer verstummen sofort und sehen sie betreten an. *Sie haben über mich geredet.*

»Dein Kleid ist ja zerrissen, meine Kleine«, stellt Brecht mit trockener Stimme fest.

»Ach, ein weiterer Riss im zerlumpten Kleid einer Hure kümmert doch keinen. Viel schlimmer ist, dass ich für einen Moment dachte, mein Gatte wäre abgestochen worden.«

Kurt nimmt ihre Hände in seine. »Lotte, du wirst heute Abend nicht noch einmal auf die Bühne gehen. Ich habe es ihnen schon gesagt.«

»Warum sagst du so etwas? Geht es dir doch nicht gut?«

Es liegen nur noch stumme Auftritte vor ihr, aber sie will diesen Abend bis zur Neige genießen. Sie hat bereits eine schmerzhafte Einbuße erlitten, als man ihr an diesem Morgen plötzlich den Salomon-Song strich, weil sie fanden, dass er das Stück zu sehr in die Länge zog. Es ist ein wunderbares Lied gewesen.

»Ob es mir gut geht, fragst du? Diese Schweinebande, dieser Saustall. Das ist doch ein Ding der Unmöglichkeit. Dein Name steht nicht im Programmheft. Ich habe nicht um meinen Namen gekämpft, damit sie nun deinen weglassen.«

Nach und nach dämmert Lotte, was vorgefallen ist. Kurt hat

viel Aufwand betrieben, um als Mitautor des Stücks genannt zu werden. Alles andere hätte seine Mission im Namen der Musik in Frage gestellt. Er fürchtete, sie würde sonst nicht als eigenständige, gleichrangige Kunst wahrgenommen, sondern als bloßes Bühnengeklimpere. Brecht hingegen hätte so etwas natürlich gut in den Kram gepasst. Auch wenn Lotte nicht glaubt, dass jemand deswegen absichtlich ihren Namen unter den Tisch hätte fallen lassen, fühlt sie sich ein wenig gekränkt. Aber ihr Drang, wieder auf die Bühne zu gehen, ist stärker. »Das ist sicher nur ein Versehen, Kurt.«

Aufricht berührt ihren Arm. »Wir können uns keinen Reim darauf machen. In der Druckerei muss etwas schiefgelaufen sein.«

Brecht nickt bestätigend.

Lotte, die ihnen glaubt, sucht einen Einfall, wie sie doch wieder auftreten kann, ohne Kurt bloßzustellen. »Ich habe kurz etwas mit meinem Mann zu besprechen.« Sie nimmt Kurts Arm und spaziert mit ihm in eine entlegene Ecke, um ihm nicht vor den anderen zu widersprechen.

»Ach Kurtchen«, sagt sie sanft. »Diese Dinge sind mir nicht so wichtig. Wir beide wissen doch, dass ich die Jenny bin, was kümmert uns der Rest?«

Zweifelnd sieht er sie an. »So viel Nachlässigkeit kann ich nicht durchgehen lassen. Sie beleidigt uns beide. Und ich kann ihnen nicht in die Hände spielen, indem ich jetzt noch einen Rückzieher mache.«

»Aber Kurt, du hast so hart für dieses Stück gearbeitet. Ich war dabei und verstehe es ganz und gar. Wäre es nicht gut, wenn ich dann mit auf der Bühne stünde, als Vertreterin deiner Sache.«

»Das klingt schön, wie du es sagst, aber …«

Lotte legt ihm rasch einen Zeigefinger auf die Lippen. »Bestehe so streng du kannst darauf, dass sie meinen Namen sogleich auf einen Zettel schreiben und ihn wenigstens auf dem Plakat dazukleben. Wenn du dabei schön großzügig tust, wird es sicher nicht als Schwäche ausgelegt.«

»Das könnte ich vielleicht tun, wenn du es so gerne möchtest.« Ihm ist anzusehen, dass ihm diese Entscheidung missfällt. Dennoch geht er zurück zu den beiden anderen Männern und erklärt ihnen: »Lenja ist so großzügig, über euren Fehler hinwegzusehen, wenn das Versehen so schnell als möglich behoben wird.«

Aus dem Augenwinkel erhascht Lotte ein Zwinkern von Brecht.

Sie weiß natürlich, was er ihr sagen will: ›Gut gemacht, Lenjakind.‹

Aufricht setzt ein beflissenes Lächeln auf. »Danke, Kurt. Ich rufe jetzt sofort in den Redaktionen an und reiche den Namen deiner Frau nach. Gleich morgen drucken wir neue Programme. Ich verspreche, dass wir alles daransetzen, dass man den Namen Lotte Lenja von jetzt an nicht mehr vergisst.«

2. Szene

Berlin im Licht – Sommer,
1929

Auch wenn Lotte nicht glaubt, dass es Aufrichts Verdienst ist, hat sich sein Versprechen erfüllt. Sie hat nach der Premiere alle Kritiken in einer Schublade gesammelt. Mittlerweile sind sie zerfleddert, weil Lotte sie sich immer wieder angesehen hat, wenn es ein wenig Mut zu fassen gilt. Selbst diejenigen Redakteure, die dem Stück weniger abgewinnen konnten, sind sich einig, dass man die Darstellerin der Jenny unbedingt im Auge behalten müsse.

Als man danach die *Dreigroschenoper* auf Schallplatte aufnahm, wurde deshalb direkt Lotte gefragt, ob sie nicht zusätzlich noch den Part der Mrs. Peachum einsingen wolle. Sie zögerte keine Sekunde mit ihrer Zusage. Rosa Valetti muss es nach dem großen Erfolg der Inszenierung und der Platte bereut haben, so schnell das Handtuch geworfen zu haben. Sie hatte tatsächlich gleich für die Folgewoche der Premiere einen Vertrag mit einem anderen

Theater unterzeichnet, so sicher war sie gewesen, dass sie scheitern würden.

Lotte genießt den Gedanken, dass sich all die Kleingläubigen gerade in den Allerwertesten beißen, während sie beschwingt und gefeiert an der Spree entlang spaziert. Die anderen haben ihre Chance verpasst, an dem »herausragenden Stück« der heutigen Zeit mitzuwirken. Nur Carola Neher durfte zurückkommen. Nach dem Erfolg forderte sie ihre zunächst verschmähte Rolle lautstark wieder ein. Natürlich gab Brecht sie ihr, egal wie ungerecht das gegenüber Roma Bahn erschien, die so mutig für Carola eingesprungen war. Aber Carola hatte zwei Trümpfe auszuspielen, den der Geliebten und den der Witwe: »In dieser Zeit wäre es mir ein großer Trost. Ich glaube, es ist ohnehin nur die Trauer gewesen, die mich von euch ferngehalten hat.« Und wer mag schon einer Trauernden widersprechen?

Die *Dreigroschenoper* hat mittlerweile auch Prag, Wien und Budapest erobert. Wie gerne würde Lotte auch dort ihre Rolle spielen. Nur Kurt redet immer noch von Rückzug, während alle anderen ihren Erfolg feiern. Es tut ihr leid, ihn so betrübt zu sehen.

Hätte sie mehr als dieses eine Leben, wäre sie in einem gerne das Frauchen, das er sich gerade wünscht. Sie würde abends nicht von Auftritt zu Auftritt huschen und mit ihren Kollegen Schaumwein trinken, sondern Kurt den Nacken massieren, seine Seelenqualen mit verständnisvollen »Ohs« und »Ahs« lindern und seine Hemden bügeln, bis keine einzige Falte mehr zu entdecken ist. Diese Frau würde auch keinen anderen Mann mehr küssen, sondern nur darauf warten, dass ihr Gemahl aus seiner Kompositionsstube zu ihr zurückkehrt – selbst wenn das monatelang dauert.

Denn er komponiert trotz seiner Befindlichkeiten wie ein Irrer. Trübsal bläst er nur, wenn er das nicht tut, also genau dann, wenn sie beide einmal miteinander Zeit verbringen. Wenn sie versucht, ihn mit einer der lustigen Bemerkungen aufzumuntern, über die er sich früher kringelig lachen konnte, ringt er sich das Lächeln so mühsam ab, dass sie sich ganz unnütz fühlt.

Leider kann sie nicht verhindern, dass sie sein Zustand bisweilen geradezu abstößt. Es ist ihr zuwider, die ganze Zeit von einem schlechten Gewissen geplagt zu werden, ohne sich einer Schuld bewusst zu sein. Sie hat sich nicht verändert, er hat es. Er sagt, die Weltlage mache ihm so zu schaffen, statt mit ihr das Leben in Berlin zu genießen. Sie können es sich mittlerweile sogar leisten, einen Fiat zu fahren, gönnen sich Urlaubsreisen und haben eine neue schicke Wohnung bezogen. Nun, da sie endlich einmal fliegen könnten, bindet er ihnen einen Mühlstein um. Sie leben in viel größeren Räumen als zuvor, und doch kommt Lotte die Luft darin sauerstoffärmer vor und die Sprachlosigkeit zwischen ihnen erdrückend. Wenn sie einander in der Wohnung begegnen, was an manchen Tagen nicht ein einziges Mal geschieht, reden sie über die Einkäufe, die Nachbarn und Kollegen. Sie füllen die Umgebung mit Geräuschen, als könne der Schall die Entfernung zwischen ihnen überbrücken und die Einsamkeit in Schach halten. Selbst bei der Arbeit haben sie sich vorübergehend getrennt. Ihr wurde eine Rolle in Wedekinds *Frühlingserwachen* angeboten, da sagt man nicht nein. Kurt arbeitet derzeit an einem neuen Stück mit Elisabeth, Helene und Brecht, *Happy End*.

Weil sie in letzter Zeit so oft aneinander vorbeilaufen, haben sie sich für diesen Nachmittag in einem Café auf dem Ku'damm verabredet. Es ist noch reichlich Zeit, also bummelt Lotte erst mal weiter an der Spree entlang. Im Winter kann diese Stadt tagsüber deprimierend sein, aber im Sommer lebt es sich hier wie im Rausch. In den aufgeheizten Straßen riecht es wie ein Puff, in dem es gerade die ganze Mannschaft getrieben hat. Der Duft des glühenden Asphalts, die moschus- und ambrahaltigen Damenparfüms sowie der eigentümliche Geruch der Götterbäume in den Hinterhöfen, der dem des männlichen Ejakulats erstaunlich nahekommt.

Wie aus dem Nichts wird Lotte auf ihrem Weg eine Hand entgegengestreckt, die aus einem zerlumpten Ärmel herausschaut. Sie gehört einem Bettler mit Dreck im Gesicht und einer Tasse ohne Henkel. Auch eines seiner Beine ist ihm abhandengekommen, vermutlich im Krieg. Der ist eine Weile her und der Kerl vor ihr kaum älter als dreißig Jahre, also muss er die Hälfte seines Lebens in diesem Elend verbracht haben, denkt Lotte bedrückt. Als er die Tasse hin und her schwenkt, klappern die wenigen Münzen. Lotte sucht in ihrer Handtasche nach ihrer Geldbörse und legt zu seiner Beute noch eine Mark dazu.

»Vielen Dank!« Er spitzt die Lippen, um die ersten Takte des Mackie-Messer-Lieds zu pfeifen. »Ich dachte schon, Sie gehen weiter, Frau Lenja. Dass Sie keinen Pfennig für mich übrig hätten«, krächzt er. »Wo Sie gerade noch so schön gesungen haben, als wären Sie eine von uns.«

»Sie haben mich erkannt?«, ruft Lotte erfreut.

Er nickt. »Können Sie nicht noch einen wie mich in Mr. Peachums Bettlerbande gebrauchen?«

Bedauernd hebt sie die Schultern und lässt sie wieder sinken. »Wie schade, dass es sich dabei nur um Theater handelt. Das ist Ihnen doch klar.«

Lächelnd beugt er sich vor. »Leider ja.«

Lotte hält unauffällig die Luft an. Gerne würde sie zu den Münzen noch eine Flasche Odol packen. Der arme Mann stinkt zum Gotterbarmen. Hinter ihm sieht sie durch die Glastüren eines schicken Hotels eine bunt beleuchtete Wasserfontäne in der Empfangshalle. Es wäre ein Riesenspaß, ihn zum Baden durch diese Glastüren zu schleifen. Ob er manchmal davon träumt, sich diesen Zauberlichtern nähern zu dürfen?

Die ganze Stadt ist mittlerweile in Licht getaucht. Zwischen hell angestrahlten Wahrzeichen flimmern die Leuchtreklamen. Für Lotte kommt dieses Funkeln und Schillern einem Versprechen gleich: Nie wieder Dunkelheit.

Kurt hingegen sieht darin nur eine Überblendung der Wirklichkeit. Er hält das sich rasch verbreitende elektrische Licht für einen Ausbeuter, der es Fabrikbesitzern möglich macht, die Menschen auch noch nachts schuften zu lassen. Dabei ist auch ihr neuer Haushalt an den Strom angeschlossen, was Kurt durchaus genießt. Sie könnte ihm von den trostlosen Gassen erzählen, in denen diese Lichter einen ganz praktischen Nutzen haben. Vielleicht wird es dadurch nicht sicherer, aber man sieht früher, was an der nächsten Ecke lauert.

Als Lotte das Café erreicht, sitzt Kurt bereits an einem der Tische. Er bemerkt sie sofort und steht rasch auf. Nachdem sich ihre Lippen flüchtig berührt und sie Platz genommen haben, versucht sie, seine Stimmung abzuschätzen. Doch in seiner unbewegten Miene findet ihr Blick keinen Anker.

»Wie ist es dir ergangen?«, fragt er sanft.

»Ich hatte gestern einen wunderbaren Abend. Der Wedekind kommt gut an. Aber jetzt bist du erst mal dran, zu erzählen. Wie ist es denn gestern gelaufen mit eurem *Happy End*? Ich bin noch nicht dazu gekommen, in den Zeitungen zu lesen, aber ich wette, es war ein voller Erfolg.« Weil sie selbst auf der Bühne stehen musste, konnte Lotte nicht zu seiner Premiere gehen.

»Das Stück ist so gut wie abgesetzt.«

»Wie bitte?« Lotte blinzelt ein paar Mal. »Ich habe ja nur die Probe gesehen, aber die war sehr überzeugend. Alle haben gesagt, das neue Stück würde noch beeindruckender als die *Dreigroschenoper*.«

»Am Anfang hat es ihnen schon gefallen, aber dann …« Er pfeffert den Teelöffel, mit dem er gerade noch schwarzen Mokka aufgewühlt hat, auf seine Untertasse. »Am Ende hat Helene plötzlich das Publikum beschimpft und kommunistische Parolen skandiert. Danach wollten alle ihr Geld zurück. Es steht schon fest, dass unser Stück gleich wieder abgesetzt wird.«

»Oh nein«, entfährt es Lotte. Kurt hätte so dringend eine Aufmunterung gebraucht, nachdem er schon die Proben als Hölle bezeichnet hat. Die Eifersüchteleien der drei Brecht-Frauen – neben Helene und Elisabeth war auch Carola wieder mit von der Partie – zerrten an seinen Nerven. Lotte kann ihn verstehen. Es sind nicht nur die Frauen. Brecht verwandelt sich zusehends in einen verbissenen Kommunisten ohne Humor, wobei Helene sich vorgenommen zu haben scheint, ihn darin noch zu übertreffen.

»Was will Helene denn noch? Sie hat doch schon gewonnen.«

Es ist ihr tatsächlich gelungen, von Brecht geheiratet zu werden, obwohl er kurz zuvor erst eine Affäre mit der Schriftstellerin Marieluise Fleißer begonnen hatte. Niemand scheint genau zu wissen, was passiert ist, nur dass nach der Hochzeit sowohl die Fleißer als auch Elisabeth versucht hatten, sich umzubringen.

Danach kungelten sie alle wieder wie zuvor, als wäre nie etwas vorgefallen.

»Brecht bringt mich aber noch mehr auf als Helene«, erklärt Kurt. »Er hat am Ende doch die Fäden in der Hand und als Einziger vorher Bescheid gewusst, was sie plant. Sein Prinzip gilt ihm eben immer mehr als die Arbeit, die wir anderen hineingesteckt haben.«

»Und nun?«, fragt Lotte besorgt.

»Ich weiß, dass ich mit Helene nicht mehr arbeiten möchte. Und was Brecht angeht, weiß ich nicht, wie ich ihm unter diesen Umständen noch trauen kann.«

Lotte nickt. »Er hat sich da wirklich wie ein Schwein benommen. Mir tut die arme Elisabeth leid, wie konnte er ihr das antun, nach allem, was er ihr bereits zugemutet hat?«

Die Liedtexte in *Happy End* stammen zwar von Brecht, aber den Rest des Stücks hat Elisabeth ganz alleine geschrieben. Es ist ihr Stück gewesen. Hätte er es andernfalls auch der Lust am Radau geopfert? Lotte bezweifelt das. »Mir kommt es vor, als wolle er sie absichtlich kleinhalten, damit sie schön abhängig von ihm bleibt. Er und Helene tun zwar immer so, als ginge es einzig und allein um die Politik. Aber es ist schon seltsam, dass gerade in diesem Stück alles so ausgeartet ist. Da können sie noch so sehr die besten Partner und Freunde geben – Helene hat sicher nichts dagegen, Elisabeths Arbeit zu sabotieren.«

Es kann nur ein brüchiger Frieden sein, den die Frauen Brecht zuliebe geschlossen haben.

»Wenn er dadurch bekommt, was er will, hat Brecht natürlich keine Scheu, die eine Frau gegen die andere auszuspielen«, bestätigt Kurt düster.

»Hätte er doch bloß die Neher genommen. Die ist wenigstens lustig.« Sie sieht Carolas Kirschmund und Helenes straffen Dutt vor sich. Es ist ein Zusammentreffen von reinem Körper und reinem Geist. Dabei ist sich Lotte fast sicher, dass Brecht bei seiner neuen Frau am Ende den Sex der Politik vorgezogen hätte. Helene konnte ihre Schäfchen wohl nur ins Trockene bringen, weil Carola zum Zeitpunkt der Scheidung gerade wieder einmal mit einem Banker durchgebrannt ist. Nur die arme, ergebene Elisabeth hatte nie eine Chance. Ihr fehlt einfach der Kampfgeist.

»Erinnerst du dich an unsere Wette?« Kurt schaut sie eindringlich an.

»Welche Wette?« Lotte reißt die Augen auf.

»Du hast gesagt, dass du mit mir in ein kleines Häuschen ziehst und wir uns eine Auszeit nehmen, wenn es Helene wird.«

»Aber Kurt, das kannst du doch nicht ernst genommen haben?« Seit Lotte im vergangenen Winter während eines Skiurlaubs in St. Moritz mit dem Pokern begonnen hatte, konnte sie vom Glücksspiel gar nicht genug bekommen. Leider lassen die Karten sie oft im Stich. Da nützt auch all ihr Talent zum Bluffen nichts.

Kurt betrachtet sie schweigend. Ihr wird unbehaglich. Sie weiß selbst, dass sie eine schlechte Verliererin ist. Zum Glück kehrt nach jedem Misserfolg schnell die fiebrige Überzeugung zurück, das Blatt müsse sich gleich wieder zu ihren Gunsten wenden.

»Ist deine Mutter heil zu Hause angekommen?«, fragt Weill.

Lotte nimmt das Angebot eines Themenwechsels dankbar an. »Ja, das ist sie. Ich habe mich so gefreut, sie für ein paar Tage hier in Berlin zu haben. Aber weißt du, was sie zu mir gesagt hat? ›Kind, du gibst ja immer noch das Wurschtl.‹« Sie lacht laut auf.

In Kurts Gesicht liegt Mitgefühl, was ihr verrät, dass er sie immer noch durchschaut. Natürlich hätte sie gerne ein Lob aus dem Mund ihrer Mutter gehört. Sie hat das Gefühl, ihrer Mutter einen Beweis zu schulden, dass der Erfolg ihrer Tochter alle Mühen wert war. Sie kann den Blick nicht vergessen, mit dem ihre Mutter sie bedachte, als sie kurz nach ihrer Flucht aus Wien mit einem einzigen Koffer wieder vor deren Haustür stand.

»Warum bist du zurückgekehrt?«, hatte ihre Mutter gefragt. Sie sah weder enttäuscht noch besorgt aus, nur müde.

Lotte umarmte sie lachend, für den Fall, dass jemand ihnen zusah. »Ich weiß, ich hätte mein Versprechen nicht brechen sollen, aber ich habe mein Mütterchen doch ein wenig vermisst.«

Erst nachdem die Tür hinter ihnen zugefallen war und Lotte sich davon überzeugt hatte, dass sich niemand sonst in der Wohnung aufhielt, erlaubte sie sich, weinend in einen der Stühle am Küchentisch zu sinken. »Nichts ist so gekommen, wie ich es mir vorgestellt hatte.«

»Ist ja gut«, brummte ihre Mutter und gab ihr ein Stück Zucker. *Ja, denkt sie denn, das wäre ein Allheilmittel für alles?* Doch Lotte lehnte nicht ab. Die Scham zwang sie dazu, sich den Würfel schweigend auf der Zunge zergehen zu lassen, als sei sie in der Lage, ihn zu genießen. Wie könnte sie ihrer Mutter, die so sehr unter ihren Fehlgeburten gelitten hatte, von der Abtreibung erzählen, die sie gerade hinter sich gebracht hatte? Dabei war sie doch selbst noch ein Kind, und zwar eines, das pleite und einsam war. Sie hatte sich als Tänzerin versucht, vorerst ohne großen Erfolg. In dieser Situation stand ihr der Sinn nicht nach einem neuen Liebhaber, dessen Schmuck ihr den Lebensunterhalt für ein paar weitere Monate sichern würde. Sie sehnte sich nach ihrer

Mutter. Dennoch widerstand sie dem Drängen, bis es schmerzte. Auf keinen Fall sollten die spitzen Zungen der Nachbarn genüsslich das Scheitern der nichtsnutzigen Blaumauer sezieren. Als Lotte schließlich doch aufgebrochen war, versicherte sie sich selbst, jederzeit in die Schweiz zurückkehren zu können. Doch es herrschte Krieg, und auch die anderen Umstände waren miserabel. Damit Lotte ein zweites Mal aufbrechen konnte, mussten sie und ihre Mutter noch viel härter schuften als beim ersten Mal.

Nach der Aufführung, die ihre Mutter in Berlin besuchte, hat Lotte ihre Arme um sie gelegt und sich an sie geschmiegt. Doch ihre Mutter tätschelte nur ihre Schulter und murmelte etwas, das für Außenstehende nach einer Zurückweisung geklungen hätte. Dabei weiß Lotte, dass ihre Mutter keine mondäne Berlinerin ist. Bei ihr zählen Taten mehr als Worte.

Aber Lotte erinnerte sich daran, wie ihr die Mutter einmal unter großen Mühen zum Geburtstag eine Puppe aus aufgesammelten Porzellanscherben und Stoff fertigte. »Hier, für dich«, hatte sie nur rau gesagt. Lotte war glückselig über diese schönste Gabe, die sie je erhalten hatte. Ihre Mutter konnte nichts dafür, dass ihr Vater sie ihr am gleichen Abend so grob aus der Hand schlug, dass sie in winzige Teile zerschlug. Lotte weinte die halbe Nacht.

»Hör auf, wegen einer Puppe zu weinen«, ermahnte ihre Mutter sie streng, streichelte dabei aber ihre Wange und schenkte ihr das letzte Stück Zucker. So ist ihre Mutter.

So betrachtet, wurde Lotte wohl doch ein großes Kompliment gemacht. Sie lächelt. »Trotzdem hat sie sich das Stück danach noch zweimal angeschaut – und jedes Mal hinterher behauptet, dass Theater nichts für sie sei. Sie wäre genau die richtige Figur für unseren Brecht.«

3. SZENE

Der Fall der Stadt Mahagonny – Leipzig, März 1930

So habe ich mir das nicht vorgestellt, denkt Lotte beklommen, als Kurt und sie den Platz vor dem Leipziger Theater betreten, wo eine Gruppe finster aussehender Gestalten lauthals krakeelt: »Boykott! Seht euch dieses Stück nicht an!«

»Du meine Güte. Man könnte meinen, sie würden uns hassen.«

»Gehen wir weiter«, raunt Kurt. »Bevor man uns erkennt.«

»Wir kneifen?«

»Was schlägst du vor?«

Sie betrachtet die Horde, die gut fünfzig Mann umfasst. Etwas in Lotte sträubt sich, geduckt an ihnen vorbeizuschleichen, wie Kurt es vorzuhaben scheint. Dabei ist er doch so stolz auf das neue *Mahagonny*, das kein bloßes Songspiel mehr ist, sondern ein noch größeres Musiktheater als die *Dreigroschenoper*. Diesmal schrieb Kurt für ausgebildete Sänger, ohne dass es Lotte allzu sehr bekümmert hätte. Sie feiert ihre eigenen Erfolge und kann gut

darauf verzichten, den Reibereien zwischen Brecht und Kurt bei-
zuwohnen. Und die lassen sich nicht mehr als unbedeutend abtun.
Die zähe Masse des gegenseitigen Argwohns klebt mittlerweile
sogar schon an denjenigen, die sich bloß im Dunstkreis der beiden bewegen. Zu der Uneinigkeit zwischen ihnen gesellte sich der
Umstand, dass sie einen Kompromiss nach dem anderen einge-
hen mussten, um das neue Stück überhaupt inszenieren zu dürfen.
Ihre vorherigen Erfolge nützten ihnen an dieser Front wenig – die
Stimmung im Land hat sich verändert. Aus all diesen Gründen
verwunderte es niemanden, als Brecht sich entschloss, der Premiere fernzubleiben. Dennoch hat Lotte ihn während der Fahrt
beinahe vermisst. Kurt und sie hätten ihm das Reden überlassen
und einander die ganze Zeit verschwörerisch zugezwinkert. Stattdessen zeigte sich in dem engen Abteil deutlich, wie sehr ihnen
Verbindendes abhandengekommen war. Noch gelingt es ihnen
häufig genug, die Risse mit drolligen Koseworten und den Beschimpfungen gemeinsamer Gegner zu kitten, aber wird es auch
so bleiben? Seit Kurt mit gesenktem Blick durch die Welt zieht
und Lotte stolz nach vorne schaut, sehen sie einander kaum noch.
Sie denkt nicht daran, zu Boden zu schauen, auch nicht für diese
Braunhemden. Die sind ohnehin zu sehr damit beschäftigt, ihr
Gift zu versprühen, als dass sie noch etwas anderes wahrnehmen.
Und selbst wenn Lotte ihre Aufmerksamkeit provozierte, würden
sie es doch wohl kaum wagen, die Weills körperlich zu attackieren.

Von der anderen Seite des Platzes eilen Kurts Eltern auf sie
zu. Damit ist die Entscheidung gefallen. Diesen beiden kann
Lotte keine Auseinandersetzung mehr zumuten. Nicht jetzt, wo
sie Lotte endlich akzeptieren und sogar über die drolligen Grimassen lächeln, die sie auf Familienfotos schneidet.

»Widerliches Volk.« Missbilligend betrachtet Kurts Mutter die Gruppe. »Gehen wir schnell hinein? Ich will sie nicht mehr sehen.«

»Auf geht's«, sagt Lotte.

Unbehelligt gelangen sie in den Saal, wo sie ihre Plätze in der ersten Reihe einnehmen. Als die Lichter an den Wänden erlöschen, wird Lotte von einer Unruhe gepackt, die sie sonst nur bei ihren eigenen Auftritten übermannt. Sie sieht sich um und entdeckt, dass einige der Unruhestifter in den Reihen sitzen. Ein nervöses Vibrieren überdeckt die Stille. Lotte hofft dennoch, dass Kurts Familie die Aufführung mit ungetrübter Freude verfolgen darf.

Auf keinen Fall möchte sie seine Eltern beschämt sehen. Gerade einmal eine Woche ist es her, dass Lotte miterlebte, wie jemand aus einer Gruppe von Männern das abgenagte Kerngehäuse eines Apfels in den Nacken des Mannes vor ihr schleuderte. Er und seine Begleiter beschimpften den Mann als dreckigen Juden.

Beinahe hätte Lotte gekichert, als der ihnen ruhig erklärte, ein gläubiger Katholik zu sein. *Idioten.* Doch jede Belustigung blieb ihr im Halse stecken, als sie die hasserfüllten Mienen der Angreifer sah. »Das kannst du uns nicht weismachen. Nicht mit solchen O-Beinen und deinen Schweinsäuglein.«

Ihr kam vor Überraschung kein Ton über die Lippen. Auch kein anderer Passant nahm das Opfer in Schutz. Danach war Lotte gewappnet. Als sie vor zwei Tagen im Kino Karl Grunes *Waterloo* sah, hörte sie, wie vor Filmbeginn eine Gruppe von Hausfrauen in der Reihe hinter ihr darüber sprach, dass alle Juden nach Palästina auswandern sollten. Lächelnd drehte sie sich zu den zeternden Weibern um: »Meine Damen, wenn alle Juden verschwänden, könnten wir bald nicht mehr ins Kino gehen. Es gäbe ja kaum noch einen Regisseur wie diesen.«

Da weder während des ersten noch während des zweiten Aktes ein Unheil geschieht, löst sich Lottes Anspannung allmählich. Die harmlosen Pfiffe waren zu erwarten. Das Stück stößt nicht nur den Braunhemden, sondern auch den Liebhabern traditioneller Musik sowie sensiblen Gemütern an manchen Stellen übel auf. Im dritten Akt gibt eine Frau einen schockierten Laut von sich, als sie den elektrischen Stuhl sieht. Brecht hat darauf beharrt, ihn einzubauen. Ihnen allen hat sich das Foto der Hinrichtung von Ruth Snyder eingebrannt. Fast alle Zeitungen hatten sich ausschweifend darüber ausgelassen, wie »Ruthless Ruth« erst ihren Mann tötete und dann gegrillt wurde. Vor ihr war offenbar nur eine einzige Frau zu diesem Ende verurteilt worden – und das war bereits vor dreißig Jahren geschehen, in der damals noch ganz frischen Begeisterung über das neue Gerät aus dem Hause Thomas Edison. Bei Ruth hatte der Fotograf genau in dem Moment abgedrückt, als der Strom zu fließen begann. Die festgehaltene Szenerie wirkte etwas verschwommen und vielleicht auch gerade so schaurig, dass man sehr lange und sehr genau hinsah – ob man wollte oder nicht.

Dieser Jim Mahoney, der in *Mahagonny* dran glauben muss, ist im Grunde bloß ein armes Schwein, das kein Verbrechen begangen hat. Die Geschichte handelt trotz der Namen und des Stuhls nicht von Amerika.

»So etwas passiert in jeder Gesellschaft wie der unseren«, hat Brecht gesagt, »dass ein armer Kerl dran glauben muss, nur weil er seinen Whisky nicht bezahlen kann und das falsche Lied gesungen hat. Lieber macht man den armen Teufeln den Garaus, als die Wurzeln des Übels zu betrachten, das Elend, in dem manche Menschen leben.«

Ob diese Braunhemden jemals begreifen werden, dass ihre mahagonifarbenen Uniformen ihn zu dem Namen der abscheulichen Stadt inspiriert haben?

Als am Ende das Geschehen auf der Bühne plötzlich auf den Saal übergreift, hält Lotte den Aufruhr zunächst für einen Teil der Inszenierung, so wenig hat sie inzwischen noch mit einem Eklat gerechnet. Die zarten Pfiffe werden plötzlich von hasserfüllten Parolen übergrölt. Und während im brennenden Mahagonny die marodierenden Banden umherziehen, steigt im Zuschauerraum echter Qualm auf. Lotte schaut zu Kurt. Dessen perplexer Gesichtsausdruck verrät ihr, dass dies nicht mehr zur Aufführung gehört. Ein paar der Männer sind aufgesprungen. Sie glaubt, in ihnen Mitglieder der Meute vor dem Theater wiederzuerkennen. Also hat sie das Gefühl nicht getrogen, dass mit ihnen etwas Bösartiges in den Saal gekrochen war. Sie kreischen und stampfen und gebärden sich so widerwärtig, dass sogar die Gäste zu klatschen beginnen, die gerade noch gepfiffen haben. Mit dem ungehobelten Pack wollen sie sich nicht gemein machen. Zusammen sind sie mehr als die Krakeelenden, was sie aber nicht vor einer zweiten Stinkbombe schützt. Diesmal bricht Panik aus. Die Menschen springen auf und drängeln aus ihren Reihen. Auf der Suche nach einem Ausweg bleibt Lottes Blick an dem japanischen Prinzenpaar hängen, das eilig aus seiner Loge hinausgeführt wird. Die Ehrengäste des Abends werden zu Hause einiges zu berichten haben.

Jetzt springt Kurts Vater auf, um dem Mann neben ihm zu helfen, dessen ohnmächtig zusammengesackte Frau aufzurichten. Der Ausgang ihrer Reihe wird von einem Faustkampf blockiert, so dass sie nicht hinaus können. Als kurz darauf neue Pfiffe ertönen, sind diese den meisten sehr willkommen: Diesmal stammen sie von der Polizei, die endlich in den Saal gelangt ist und sich daranmacht, die übrigen Gäste sicher nach draußen zu geleiten. Als es schließlich auch alle Weills in das Foyer geschafft haben, sehen sie einander fragend an. Dann betrachten sie die übrigen Gäste, die einen nicht weniger verwirrten Eindruck machen. *Was war das?*

4. Szene

―――◇―――

Keine Sau interessiert's — Berlin, März 1930

Wieso nimmt keine Sau diese Ausschreitungen ernst?«, fragt Kurt, als sie wenige Tage später mit ihren Freunden im Café Schlichter sitzen. »Glauben sie etwa, dass diese ekelhaften Kerle immer noch eine so harmlose Minderheit bilden, dass man ihnen kein Gewicht beimessen sollte?«

Mit bitterer Miene zieht Brecht an seiner Zigarre, bevor er antwortet. »Ich weiß nicht, was Sie haben, Herr Weill. Es gibt doch genügend besorgte Bürger, die das alles sehr wohl interessiert.«

Eigentlich sollte ihr Stück in mehreren Städten zugleich gespielt werden, aber nun reichen die Einwohner eilig zusammengestellte Petitionen ein, um die Aufführungen zu verhindern. Dabei werden sie offensichtlich nicht von einer Abneigung gegen das Stück getrieben, sondern von der Furcht vor ähnlichen Aufmärschen.

»Und das soll noch harmlos sein?« Kurt hebt eine Zeitung

empor, um daraus vorzulesen: »Hallo, meine sauberen Herren Brecht und Weill, Ihre Tage dürften wohl ebenfalls so gezählt sein wie die Ihrer Abschaumstadt Mahagonny! … Was man aber noch 1928 durfte, das darf man 1930 nicht mehr!« Er lässt das Blatt sinken und schaut auffordernd in die Runde. »Umgekehrt gilt wohl das Gleiche. So unverhohlene Drohungen wären noch vor zwei Jahren nicht möglich gewesen. Mit einer Kritik an unserem Werk hat das nichts mehr zu tun.«

»Vielleicht sollte man diesen Leuten wirklich nicht zu viel Beachtung schenken. Sie spielen sich sonst noch mehr auf«, wirft Cas ein.

Er und Kurt sind enger zusammengerückt, seit Brecht außer seinem Marxismus kaum noch etwas zu beschäftigen scheint. Doch trifft Cas ein abfälliger Blick, wie ihn Lotte bislang selten bei ihrem Mann gesehen hat. »Wie bitte? Unser Stück darf nur noch im Hellen gespielt werden – und nur wenn Polizei dabei ist. Die ersten Theater haben ihre Zusagen zurückgenommen. Welcher unbedeutenden Minderheit ist so etwas schon mal gelungen?«

»Sie verstehen es eben nicht«, ruft Brecht. »Wir spucken ihnen mitten in ihre völkisch-sentimentalen Gefühle. Es geht um die Habgier, der wir ausgesetzt sind, wenn es eine falsche Utopie gibt. Um die Verantwortung, die der Kapitalismus dafür trägt.«

Weill sackt in sich zusammen und betrachtet trüb seine Hände. »Sie feilen gerade an ihrer ganz eigenen Utopie. Wenn ich sehe, wie mit unserem Stück verfahren wird, wage ich kaum zu glauben, dass wir diesen Machtkampf gewinnen können. Zumindest haben die Leipziger die Courage, das Stück weiterzuspielen.«

Brecht haut auf den Tisch. »Dies ist ein Kampf, den es nun durchzustehen gilt.«

Insgeheim fragt sich Lotte, ob Brecht es nicht bedauert, den Aufruhr in Leipzig verpasst zu haben. Während Kurt ganz und gar niedergedrückt scheint, wirkt Brecht belebt von den Ereignissen. Er existiert mit Vorliebe in der Auseinandersetzung und blüht im Schützengraben auf – solange ausschließlich mit Worten gefeuert wird. Anders als Cas, der sich im Krieg freiwillig als Soldat gemeldet hatte, zog Brecht die Arbeit im Lazarett vor, schuf aber später aus Cas' Erlebnissen – er wurde verwundet, verschüttet und wieder ausgegraben, um weiter zu marschieren – die »Legende vom toten Soldaten«.

An diesem Nachmittag unterbricht Cas seinen alten Freund mit mürrischer Miene, als dieser wieder einmal über den Klassenkampf schwadroniert, dem sich alles andere unterzuordnen hat. »Nun nimmt es bei dir aber diktatorische Züge an.«

Brecht fixiert ihn mit herablassender Miene. »Anders begreift ihr es ja nicht.«

»Aber darüber hinaus machen wir schon auch noch Theater, oder?«, entgegnet Cas ungerührt.

Kurt klopft zustimmend auf den Tisch. »Danke, Cas. Ich will auch nicht in erster Linie für Ideologien komponieren, sondern für Bühnen und Menschen.«

Brechts verkniffene Visage könnte einen ängstlichen Menschen dazu bringen, sich zu ducken. Doch bevor er ihnen etwas entgegnen kann, tritt ein Mann mit einer Kamera an ihren Tisch heran. »Verzeihung, dürfte ich wohl ein Foto von den Herren Weill und Brecht machen?«

Aus dem Nichts schnellt Brechts Faust direkt in das Gesicht des Mannes. Es knackt einmal laut, dann rinnt dem Journalisten Blut aus der Nase.

Kurt springt auf, um dem Getroffenen zu helfen. Vorsichtig legt er ihm die Hand auf die Schulter. »Geht es Ihnen gut?«

Der Angesprochene fasst sich an die Nase und lässt sie wieder los. Überrascht betrachtet er das verschmierte Blut in seiner Hand, als wolle er sich fragen, was ihm gerade zugestoßen sei. »Ich denke schon.«

»Verschwinden Sie«, geifert Brecht. »Mit dem Weill lasse ich mich niemals mehr ablichten. Ich will mit diesem Opern-Heini, diesem falschen Richard Strauss nicht auf einem Bild sein. Die Musik ist nichts ohne meine Texte.«

»Das wird ein Nachspiel haben«, sagt der Journalist, bevor er zügig das Restaurant verlässt.

Kurt lässt sich wieder auf seinen Platz sinken. Der Anblick seiner leidenden Miene weckt in Lotte den Drang, seinen gepflegten Kragen zu packen und Kurt kräftig durchzuschütteln. Statt kummervoll ins Leere zu starren, sollte er lieber Brecht ordentlich eine verpassen.

»Warum lässt du dir das gefallen?«, fragt sie, als Brecht für einen Moment auf die Toilette verschwindet.

»Man kann mit so jemandem nicht diskutieren«, murmelt Kurt abwehrend. »Aber ich verspreche, dass der *Jasager* mein letztes Stück mit ihm wird, dann ist es endgültig vorbei.«

Cas beugt sich ihm entgegen. »Ich bin dabei, lass uns etwas Eigenes machen. Das hier ist ja nicht mehr auszuhalten.«

Kurt lächelt ihm dankbar zu.

Na dann! Wieder einmal ist Lotte erleichtert, dass sie mit alledem nichts zu schaffen hat. Sie wird stattdessen ein weiteres Mal die Jenny spielen, diesmal allerdings in einem Film. Wie aufregend! Das Beste daran ist, dass ihre Rolle für den *Dreigroschenfilm* mächtig ausgebaut wurde. Dafür haben sie unter anderem Carola, die als Polly mit von der Partie ist, ein Lied abgezwackt. Die Ballade der Spelunken-Jenny ist ein großartiges Stück. Sicher beißt Carola deshalb nachts heimlich in ihr Kissen, aber dann hätte sie sich damals eben nicht so zieren sollen. So hatte eben Lotte das Stück für eine Schallplatte einsingen dürfen, und es avancierte zu einem Welterfolg. Kein Wunder, dass man es auch im Film von ihr hören wollte.

===== *Und an diesem Mittag wird es still sein am Hafen*
Wenn man fragt, wer wohl sterben muss.
Und dann werden Sie mich sagen hören: Alle! =====

Verdutzt bemerkt Lotte, dass alle sie anstarren. Sie muss wohl laut gesummt haben. Mit gehobenem Glas prostet sie Kurt und Cas zu. »Und wenn ein Kopf fällt, dann sage ich hoppla. Hoffen wir nur, dass es nicht eure Köpfe sind, nachdem uns der verehrte Herr Brecht heute gezeigt hat, dass er nicht nur mit Worten kämpft.«

5. SZENE

---◇---

Große Oper – Wien,
April 1932

Entgegen dem Versprechen, das sie ihrer Mutter einst gab, kehrt sie erneut nach Wien zurück – dieses Mal aber als Gewinnerin. Lotte hakt ihren Mann fester unter, während sie mit ihm durch vertraute Straßen schlendert. Sie hat gezögert, bevor sie eine Rolle in der österreichischen Inszenierung von *Aufstieg und Fall der Stadt Mahagonny* angenommen hat. Sie war sich unsicher, ob ihre Stimme diese Art von Musik bewältigen könnte. Und dann war da etwas Eisiges, das ihr bei dem Gedanken an einen längeren Aufenthalt in Wien über die Haut kroch. Aber ermutigt von Kurt hat sie nachgegeben. Es ist ja nicht so, als würde sie den ihr zugedachten Part nicht gerne singen. Und es wäre doch schön, die Mutter und ihre Geschwister zu treffen.

Doch erst einmal wird sie die anderen Mitglieder des Ensembles kennenlernen. Der junge Regisseur Hans Heinsheimer hat sie alle zu einem Umtrunk eingeladen.

»Ich bin sehr gespannt. Ich möchte dich gerne in guten Händen wissen, bevor ich wieder abreise.« Kurt drückt sachte ihren Arm.

»Wann musst du denn wieder in Berlin sein?«

»Bald.«

Lotte schämt sich dafür, wie sehr diese Ankündigung sie erleichtert. Es ist so eng und stickig geworden in Berlin. Und nun hat Kurt auch noch dieses abgelegene Häuschen in Kleinmachnow gekauft. Wenigstens brauchte sie keine Ausrede, um nicht dort einzuziehen. Seit sie von Engagement zu Engagement eilt, findet man sie und ihre Koffer nur noch in wechselnden Hotels.

Ihre Bekannten wissen nichts von den Problemen zwischen Kurt und ihr. Sie hat auch verschwiegen, wie sehr sie ihm wegen seines Gebarens während der Arbeiten am *Dreigroschenfilm* gegrollt hat. Die anderen hätten sich ohnehin auf seine Seite geschlagen und ihr erklärt, sie müsse verstehen, dass es dabei nun einmal um das Werk der Männer gehe. Dem hätte wohl nur Brecht widersprochen, denn für ihn ging es viel eher um *sein* Werk.

Denken sie denn, es handele sich bei Lottes Tätigkeit um einen unbedeutenden Spaß?

Bis zu den Dreharbeiten hatte Kurt vorgegeben, ihre Arbeit als seiner ebenbürtig zu betrachten. Dennoch verlangte er von ihr, dass sie alles hinwarf, nachdem Brecht und er einsehen mussten, dass die Filmemacher den Stoff nicht in ihrem Sinne umsetzen würden. Prompt hatten sie die Produzenten wegen der Einschnitte in ihr kostbares Stück verklagt, was Lotte das Leben am Set merklich erschwerte. Lotte ärgerte sich sehr über ihren Mann. Andernfalls hätte sie womöglich Schadenfreude empfunden, als Brecht seinen Prozess verlor, während Kurt recht bekam.

Das Gericht entschied, dass die Veränderungen an den Liedern schwerer wogen als die an den Texten.

Lotte weigerte sich trotz allem, ihre Rolle abzugeben. Natürlich musste sie sich danach den fertigen Film ohne Kurt anschauen, obwohl es ihr so viel bedeutet hätte, ihre Leistung von ihm gewürdigt zu wissen. Warum konnte er den Film und das Stück nicht einfach getrennt voneinander betrachten? Sie konnten ihr Stück doch kaum als heilige, unberührbare Kuh erachten, wo die ganze Idee der *Dreigroschenoper* anderen Urhebern entliehen war.

Wenigstens der Regisseur war vernünftig genug, seinen Ärger nicht an Lotte auszulassen. Der Herr Pabst behandelte sie immer zuvorkommend und verlangte von ihr nichts weiter, als dass sie ihre Rolle bestmöglich ausfüllte. Und diese Erwartung hat sie übertroffen, das hat er ihr selbst gesagt. Es hatte ihr so viel Freude gemacht, die Jenny zu spielen. Wo Carola mit vornehmer Zurückhaltung agieren sollte, durfte Lotte vulgär sein und prahlen, was das Zeug hielt. »Deine Jenny ist ein Teufel«, sagte Pabst. »Wie machst du es nur, dass der Zuschauer dennoch das kleine Mädchen nicht vergisst, das Jenny einmal gewesen ist? Du erscheinst als der Inbegriff verlorener Unschuld.«

Lotte zuckte mit den Achseln. »Das ist wohl meine Art zu spielen.«

»Dann tue nichts anderes.«

Sie begriff, was er meinte, als sie den fertigen Film sah und sich selbst darin erst nicht wiedererkannte. An ihrer statt stand Jenny mit dem Rücken zum Bordellfenster und stützte sich beinahe regungslos auf der Fensterbank ab. *Keine großen Gesten.* Nicht wenige von Brechts Ratschlägen sind Gold wert gewesen, und Lotte ist sich nicht zu schade, sie weiterhin zu beherzigen. Seine Instinkte, was die Wirkung angeht, sind untrüglich. Versonnen schaute die Jenny auf der Leinwand ins Leere. Nur ihr Gesichtsausdruck veränderte sich, zeigte abwechselnd Schatten und Triumph. Dass Jennys Rachedurst so überzeugend wirkte, lag vielleicht daran, dass Lotte sich in jenem Moment ihren fäusteschwingenden Vater vorgestellt hatte. In ihrem Widerstreit hoben Hass, Stolz und Wut schließlich einander auf und verwandelten sich in eine unbarmherzige, beinahe fröhliche Gleichgültigkeit gegenüber ihren Gegnern.

══ Und wenn dann der Kopf fällt, sage ich »Hoppla!«
Und das Schiff mit acht Segeln
Und mit fünfzig Kanonen
Wird entschwinden mit mir. ══

Auch Lotte hatte an einem Fenster gestanden. Und auch wenn sie ihn nicht sehen konnte, wusste sie, dass ihr Vater in der Bierstube gegenüber saß. Dort vertrank er das wenige Geld, während seine Kinder sich darüber freuten, wenn ihnen Soldaten in der Kaserne etwas Brot zuwarfen und seine Frau sich an der Wäsche anderer Leute wund arbeitete. Lotte hatte sich oft vorgestellt, wie vor ihren Augen eine Kanonenkugel einschlagen und alles dem Erdboden gleichmachen würde – den Herrn Droschkenkutscher, seine Kumpane und die Nachbarinnen, die den Herrn Blaumauer für so fesch hielten, wenn er seine Blumen ausfuhr. Sie alle würden tot zu ihren Füßen liegen. »Hoppla.«

Allerdings hatte sich herausgestellt, dass man für jemanden wie ihren Vater keine Bombe benötigte. Er konnte sich gut alleine zu Tode saufen. Als ihm das gelungen war, schrieb Lottes Schwester ihr einen Brief, kurz vor der Uraufführung der *Dreigroschenoper*. Lotte überflog das Schreiben kurz und warf es dann in den Abfalleimer. Nicht eine Sekunde dachte sie daran, bei seiner Beerdigung aufzutauchen. Dennoch war sie Mariedl dankbar für die Nachricht. Seither atmete sie freier. Sie kann jetzt durch Wien schlendern, ohne sich schützend die Hände vor das Gesicht halten zu wollen.

»Da vorne muss es sein«, sagt Lotte. »Heinsheimer hat erzählt, dass die Schauspieler allesamt Amateure sind, abgesehen von mir.«

»Dann musst du ihnen wohl zeigen, wo es langgeht«, sagt Kurt schmunzelnd.

Als sie eingelassen werden, schüttelt der Hausherr ihnen die Hand. Dabei strahlt er über sein ganzes gutmütiges Hamstergesicht mit zwei Knopfaugen darin. »Schön, dass Sie da sind.«

»Ein wenig zu spät, fürchte ich«, sagt Lotte zerknirscht. »Wir saßen im Café und haben die Zeit vergessen.«

Kurt hatte sich wieder einmal ausführlich über Brecht ausgelassen, und Lotte hatte vorgegeben, ihm aufmerksam zuzuhören. Gelegentlich warf sie Beschimpfungen wie »Schuft« oder »Dreckskerl« ein.

Heinsheimer lächelt verständnisvoll. Er sieht so harmlos und jung aus, dabei zählt er eindeutig zu den Überfliegern.

Diesmal führt er Regie, an anderen Tagen schreibt er als Journalist über Opern, und schon mit Anfang zwanzig hat er bei Universal angeheuert, wo er Komponisten wie Alban Berg förderte.

»In den Wiener Kaffeehäusern versackt man leicht«, sagt er. »Bei Ihnen in Berlin allerdings auch. Ich habe selten besseren Kuchen gegessen als im Café Reimann. Und diese Koksöfen – man kommt sich vor wie in Paris.«

Lotte schaut besorgt zu ihrem Mann.

»Das Café gibt es nicht mehr«, sagt sie rasch.

Doch Kurt denkt gar nicht daran, es dabei bewenden zu lassen. »Es wurde im vergangenen Jahr von den Braunhemden zerstört. Als die Menschen gerade Rosch ha-Schana feierten.«

Herr Reimann selbst hat ihnen erzählt, wie die Mitglieder der jüdischen Gemeinde an ihrem zweiten Neujahrsfest plötzlich von einer Meute umzingelt wurden. Sie wurden über die Straßen gehetzt und erlebten, dass der Mob alles zertrümmerte, was ihm jüdisch erschien. Auch bei Reimann ging alles Mobiliar zu Bruch, ohne dass jemand Einspruch erhoben hätte.

»Das ist schlimm«, erwidert der Heinsheimer ernst. »Dabei gehörte es doch zum Kurfürstendamm wie das KaDeWe.«

»Da kennen Sie das neue Berlin aber schlecht.«

Beschwichtigend legt Lotte eine Hand auf Kurts Arm. »Aber nun sind wir in Wien, mein Liebling. Ich glaube, wir sollten erst einmal etwas trinken.«

»Natürlich«, sagt Heinsheimer hastig. Er winkt eine junge Frau heran, die sogleich herbeieilt, um den Weills zwei mit Sekt gefüllte Gläser zu überreichen. Während sie miteinander anstoßen, wird Heinsheimer nicht müde zu versichern, dass es ihn über alle Maßen freue, *Mahagonny* auf die Bühne bringen zu dürfen. Dabei gräbt sich in seine rechte Wange ein entzückendes Grübchen. Das aufrichtige Lob scheint Kurts Stimmung so weit zu heben, dass er sich neugierig im Raum umschaut. »Entschuldigen Sie mich«, sagt er schließlich. »Ich habe dort drüben einen Bekannten entdeckt.«

»Ich bleibe noch ein wenig«, sagt Lotte. Sie folgt Kurt mit ihrem Blick, bis sie den jungen Mann entdeckt, der an der Wand ihr gegenüber lehnt. Mit einem Whiskyglas in der Hand überblickt er den Raum, als gehöre er ihm. Die freie Hand hat er lässig in der Hosentasche vergraben.

»Das ist aber ein gutaussehender Kerl.«

Er kann sie nicht gehört haben, aber vielleicht hat er ihren Blick bemerkt, denn nun sieht er sie an und prostet ihr zu, woraufhin auch sie ihr Glas hebt.

Heinsheimer runzelt die Stirn. »Bitte keine Scherereien mit unserem Tenor! Um ganz ehrlich zu sein, ist sein Aussehen schon das Aufregendste an ihm.«

Lotte sieht ihn lachend an. »Von mir geht keine Gefahr aus, ich habe meinen Mann dabei. Aber wie heißt er denn, unser Tenor?«

»Otto Freiherr von Pasetti-Friedenburg.« Mit einer schwungvollen Handbewegung verbeugt er sich vor Lotte.

»Sie nehmen mich auf den Arm!«

Heinsheimer schüttelt den Kopf. »Außerdem soll er noch einen Doktortitel haben.«

»Natürlich, wussten Sie nicht, dass wir Österreicher unsere Titel lieben?«

»Ich komme aus Baden. Aber es ist mir nicht entgangen. Nur frage ich mich bei diesen vielen Titeln, ob es dabei mit rechten Dingen zugegangen ist. Zumindest unser Pasetti hat sie nicht mit harter Arbeit und Verstand errungen.«

Lotte gibt ihm einen Klaps auf den Oberarm. »Warum habe ich bislang nicht gemerkt, dass Sie so ein hinterhältiger Kerl sind.

Wenn Sie sonst nichts von ihm halten, muss er wohl singen wie ein Engel.«

»Er singt tatsächlich sehr gut.«

»Na bitte, wenn er dazu noch so aussieht, wollen wir nicht mehr verlangen.«

»Fräulein Lenja! Hören Sie bitte auf, ihm solche Blicke zuzuwerfen. Er ist zu leicht zu ermutigen.« Als Heinsheimer seine in der Mitte spitz zulaufenden Brauen weit nach oben zieht, erhält das liebenswürdige Gesicht für einen Moment etwas Diabolisches.

»Es wäre doch Verschwendung, ein schönes Bild nicht zu betrachten, oder?« Lotte nippt an ihrem Glas.

»Solange es dabei bleibt«, erwidert Heinsheimer trocken.

Lotte sieht wieder zum Freiherrn hin. *So sieht ein Märchenprinz aus.* Sein Haar ist in glänzende blonde Wellen gelegt, und sie ist sich sicher, dass seine Augen nur hellblau sein können. *An der Seite von jemandem wie ihm muss das Leben unvorstellbar leicht sein.*

Die anderen Menschen um ihn herum verblassen. Nur er tritt scharf hervor. Selbst in ein Gespräch vertieft, nimmt sie Pasettis Anwesenheit körperlich war, ebenso seine Abwesenheit, als er einmal den Raum verlässt. Sie schaut auf die Tür, durch die er verschwunden ist, bis er kurz darauf in den Raum zurückkehrt, als habe Lotte ihn herbeigerufen. Seine Augen scheinen etwas zu suchen.

Mich!, erkennt Lotte, als sein Blick auf ihr zu ruhen kommt. Er schlendert auf sie zu, ohne auf seine Umgebung zu achten, als erwarte er, dass andere seiner Bahn weichen. Erst als Pasetti bereits vor ihr steht, fällt ihr Kurt ein, doch sie kann ihn nicht finden, da ihr Gegenüber ihr die Sicht versperrt.

»Guten Abend, Fräulein Lenja«, sagt er.

»Guten Abend. Soll ich Sie Freiherr von Pasetti-Friedenburg nennen? Oder sind Sie doch eher ein Doktor?«

»Ich, Madame, kann alles sein, was Sie sich wünschen.«

Seine Stimme ist dunkel und voll. Im Stück verliebt sich seine Figur in ihre. Sie werden viel Zeit miteinander verbringen.

»Dann sind Sie also ein Hochstapler?«, neckt Lotte ihn.

»Finden Sie es heraus.«

6. Szene

———◇———

Ein Abschied – Wien,
Sommer 1932

Lotte sieht sich in der kleinen Stube ihrer Mutter um, die ihr heute noch enger erscheint als früher. Sie weiß noch genau, wie der abgewetzte Stoff des Sofas auf nackter Haut kratzt. Ihre Mutter und ihre Schwester Mariedl sitzen auf dem Sofa und schauen sie mit erwartungsvollen Gesichtern an. Lotte hat den hölzernen Küchenstuhl gewählt. Er ist unbequem, aber dafür hängen in dem Material nicht die Ausdünstungen ihres Vaters und des Stiefvaters. Für einen Moment bereut Lotte, nicht auf Otto gehört zu haben, als er am Morgen unbedingt mit ihr zusammen nach San Remo reisen wollte.

»Lass mich bitte aufstehen«, hatte sie lachend gerufen, während sie ihm ihren schweißnassen Körper entwand.

Gespielt empört richtete sich Otto auf. »Du willst wirklich nicht gleich mit mir kommen?«

»Ich habe meiner Mutter versprochen, sie zu besuchen.« Sie

drehte sich auf den Rücken und stützte sich auf ihre Unterarme. »Ich komme in zwei Tagen nach. Warte an der Riviera auf mich. Klingt das nicht wunderbar?« Sie wiederholte genussvoll ihre Bitte, wobei sie jedes R überbetonte. »Warte an der Riviera auf mich.«

Mit einem Hundeknurren rollte Otto sich über sie, so dass sie zwischen seinen Körper und die Matratze gezwängt wurde. »Aber lass mich nicht zu lange warten, hörst du?«

Lotte, die nichts dagegen hatte, einmal von einem Mann bezwungen zu werden, zog sein Gesicht näher an ihres und küsste ihn auf den Mund. »Ich muss ja nicht sofort gehen.«

Von der Ziererei anderer Mädchen hat sie nie etwas gehalten. Ihrer Erfahrung nach bekommt man nur selten, was man möchte, indem man vorgibt, es nicht zu wollen. Ganz am Anfang ihrer Affäre hatte sie dennoch gezögert, nachdem sie gerade von seinem Kind erfahren hatte. Er selbst schien damals vergessen zu haben, dass er eines hatte, aber ein gemeinsamer Kollege hatte es Lotte gesteckt. Doch es war zu spät. Otto und sie hatten sich bereits in einen Strudel leidenschaftlicher Notwendigkeiten begeben, in dem es als die schwerer wiegende Sünde erschien, eine so große Geschichte nicht zu leben. Sie rechtfertigte jedes Opfer. *Dagegen bin ich völlig machtlos.* Dabei zwackt sie der Gedanke an seine Familie bisweilen immer noch. Sie identifiziert sich mit den Kindern, vielleicht, weil sie selbst keines hat und deshalb immer Tochter geblieben ist.

In der Stube ihrer Mutter fragt sie sich, ob es nicht am Ende allen so geht, dass sie Kinder bleiben, solange es noch eine Stube und eine Mutter darin gibt. So bedrückend viele Erinnerungen an diesem Ort auch sein mögen, erschreckt Lotte noch mehr die Erkenntnis, dass es hier irgendwann keine Johanna Blaumauer mehr geben wird, zu der sie zurückkehren kann. Lotte wünschte nur, ihre Mutter würde es ihr nicht so schwer machen, sich in ihrer Anwesenheit wohlzufühlen.

»Wie geht es Kurt?« Der Vorwurf ist nicht zu überhören.

»Sehr gut, Mama. Er schreibt an einem neuen Stück.« *Und merkt sicher gar nicht, dass ich nicht da bin. Wirklich, Mama, du weißt nicht, wie es an seiner Seite manchmal war.*

»Gut, er ist ein feiner Kerl, dein Mann. Sehr vernünftig, wenn man bedenkt, aus was für einer Familie er stammt.«

Lotte unterdrückt ein Lachen. Sie weiß, dass sich arme Menschen vor den feinen Leuten schützen müssen, in dem sie diese noch mehr verachten, als es umgekehrt der Fall ist.

»Das ist er«, bestätigt Lotte.

»Kommt Kurt mit dir nach San Remo?« Mariedl schaut sie neugierig an. Ihre Schwester ist fast zehn Jahre jünger als Lotte, aber mittlerweile dennoch alt genug, um einen eigenen Haushalt zu gründen. Trotzdem wohnt sie immer noch in der Ameisgasse. Das Mariedl, das eigentlich Maria heißt, bleibt hier, obwohl es den Stiefvater verabscheut. Eine Welt, die größer als Penzing ist, mag sie sich nicht vorstellen. Verstehen kann Lotte das nicht. In letzter Zeit ist sie so viel umhergereist, und immer noch fühlt sie diese Enge in der Brust. In den Armen ihres neuen Liebhabers wird das Gefühl gelindert, aber es vergeht nie ganz, außer in dem Moment der Vereinigung vielleicht.

Lotte schüttelt den Kopf. »Leider wird Kurt nicht mitkommen können. Er ist doch jetzt eine Berühmtheit. Da kommt er aus dem Komponieren gar nicht mehr heraus.«

»Aber du hast dich auch ganz schön gemausert.« Mariedl fährt vorsichtig mit dem Finger über Lottes Bluse aus zartem, fließendem Stoff.

»Nicht wahr?«, fragt Lotte lächelnd.

»Ja, wirklich.«

Mariedl ist so ein netter Mensch. Noch nie hat sie einen Funken Neid gezeigt. San Remo ist für sie ein weißer Fleck auf der Landkarte, an dem möglicherweise die unwirklichen Kreaturen leben, die sie auf der Leinwand bewundert, aber ebenso gut könnten dort für Mariedl vermutlich Drachen hausen. Selbst Lotte kommt ihr neues Leben mit Otto bisweilen so unwirklich vor, als befänden sie sich auf einer Bühne. In San Remo würden sie spielen, trinken und miteinander schlafen, ohne zurückzuschauen. Lotte lag richtig, als sie vermutete, dass es leicht wäre, mit jemandem wie Otto zu leben. Er ist sich seiner selbst in jeder Sekunde sicher und kann ganz im Moment aufgehen. In Kurts Kopf hingegen hören die Gedanken nie auf zu rotieren. Seltsamerweise gehen sie seit der Trennung unbefangener miteinander um. Manchmal hat sie das Gefühl, er begreife besser als Lotte selbst, was sie zu Otto hinzieht. Und in ihren unvernünftigen Momenten zürnt sie Kurt für sein übergroßes Verständnis und deutet es als Zeichen der Gleichgültigkeit. *Ob er es vielleicht sogar genießt, dass er auch auf mich keine Rücksicht mehr nehmen muss?* Dann wieder überwiegt der Eindruck, dass Kurt sich verstellt, wenn er alles auf die leichte Schulter zu nehmen scheint, weil er so wild entschlossen ist, sie um ihrer selbst willen zu lieben.

Vielleicht ist dieser Gedanke sogar noch erschreckender, da sie viel lieber blind geliebt werden möchte. Das Bild von ihr, das ihr die Augen eines frischen Liebhabers widerspiegeln, stärkt ihr

Selbstvertrauen, während sie sich unter Kurts wissendem Blick immer ein wenig schuldig fühlt. Doch derzeit scheint auch Kurt äußerst zufrieden zu sein.

»Endlich kann ich mich einmal wieder ausmusizieren«, frohlockte er bei ihrem letzten Treffen. Als er sie einlud, befürchtete sie, ihr stünde ein peinliches Gespräch über ihre Beziehung bevor, stattdessen schockierte er sie beinahe, indem er dieses Thema nicht einmal streifte. Er wollte ihr nur von dem neuen Stück erzählen, für das Cas allein das Libretto verfasst und Kurt die Musik schreibt. Sie haben es satt, sich den Beschränkungen Brechts zu unterwerfen.

Lotte kann es ihm nicht verübeln. Auch sie hat versucht, alle Beschränkungen hinter sich zu lassen. Warum nur hat sie dennoch das Gefühl, ihr stecke ein Fremdkörper im Hals? Sie schiebt es auf den unangenehm vertrauten Geruch eines Alkoholikers im Haus.

»Können wir ein Fenster aufmachen? Es ist stickig hier.« Ohne die Antwort der anderen Frauen abzuwarten, geht Lotte zum Fenster.

Ihre Mutter schaut an ihr vorbei. »Dabei habe ich heute Morgen erst geputzt.«

»Daran liegt es nicht, Mama«, versichert Mariedl.

»Natürlich nicht«, bestätigt Lotte. Der Gedanke an ihre Mutter, die auf Knien die Fliesen wienert, um ihrer Berliner Tochter einen angemessenen Empfang zu bescheren, bereitet Lotte Bauchgrimmen.

»Es hängt in den Tapeten und in den Polstern. Der Alte raucht einfach zu viel«, erklärt Mariedl.

»Du sollst nicht so über ihn sprechen«, ermahnt die Mutter.

Dabei hat Mariedl recht. Der Gestank verrät, dass der neue Mann die Laster des alten teilt. Er raucht und säuft zu viel, wie so viele, die im Krieg gewesen sind. Allerdings ist der Ernst gar nicht mehr so neu. Ihre Mutter hat ihn am Ende des Schlachtgetümmels aufgegabelt, nachdem sie sich endlich von Franz getrennt hatte. Einmal, als er Lotte vor ihrer Abreise besonders schlimm misshandelte, drohte Johanna ihm mit der Polizei. Daraufhin stellte sich heraus, dass Franz eine rasende Angst vor dem Gefängnis hatte. Er wurde sehr kleinlaut. Vielleicht fand Johanna deshalb den Mut, ihn hinauszuwerfen, weil sie nun den feigen Schlappschwanz in ihm erkannte. Aber das hieß nicht, dass sie die landläufige Meinung aufgegeben hätte, dass ein Haus erst durch einen Mann darin respektabel wurde, selbst wenn dieser außer Ärger nichts beizutragen hatte.

Als dann Ernst auf der Bildfläche erschien, war Lotte bereits ausgezogen. Maria, damals kaum zehn Jahre alt, hielt ihre große Schwester auf dem Laufenden. Meistens heulte sie sich aus. Ihr Unglück fing damit an, dass die Kleine eines Tages ihre Mutter im Sonntagskleid am Herd vorfand, wo diese den kargen Vorräten duftende Palatschinken abrang. Ihre Mutter neigte nicht zur Vergeudung. Kein Wunder, dass Mariedl argwöhnisch wurde. Als sie fragte, ob man hohen Besuch erwarte, erklärte ihre Mutter ohne Umschweife, dass an diesem Abend ein Mann zu ihnen kommen und vielleicht für immer bleiben würde. Nachdem sie ihn kennengelernt hatte, schwor Mariedl, einer Hysterie nahe, ihn niemals Papa zu nennen. An dieses Versprechen hält sie sich bis heute. Genau wie sein Vorgänger ließ auch Ernst seine Frau an seiner statt arbeiten. Die zwei jüngeren Geschwister, die noch zu Hause lebten, schubste er herum und aß ihnen die Lebensmittelrationen weg. Aber geschlagen hat er sie nicht. Hätte es nur die kleinste Andeutung von Gewalttätigkeit gegeben, hätte Lotte versucht, ihre Geschwister zu sich zu holen.

Sie kramt in ihrer Handtasche, bis sie den Briefumschlag mit den Scheinen findet. Dabei wünschte sie, dass nicht wieder einmal die Hälfte des Geldes von Kurt stammen würde. »Ich werde eine Weile außer Landes sein«, sagt Lotte. »Aber er bekommt nichts davon ab, ja?«

Johanna ignoriert den ausgestreckten Arm ihrer Tochter, deshalb legte Lotte den Umschlag auf dem Tisch ab. Dann erhebt sie sich. »Ich muss jetzt leider aufbrechen.«

Johanna schaut ihr nicht ins Gesicht, als sie murmelt: »Sicher ist es jetzt sehr warm im Süden. Wo wirst du noch sein? In Spanien?«

»Nicht ganz, aber fast.«

Früher haben die Augen ihrer Mutter lebhaft und forsch auf viel widrigere Umstände geblickt. Nun trüben sie sich von Mal zu Mal mehr ein, als hätten sie keinen Bedarf mehr zu schauen. Graue Strähnen ziehen sich durch den Knoten des schönen, kastanienbraunen Haars.

Lotte gibt ihr einen Kuss auf die Wange. »Auf Wiederschauen.«

Mariedl springt auf. »Ich bringe dich nach unten.«

Nachdem sie die Tür hinter sich geschlossen haben, packt Lotte ihre Schwester am Arm. »Ich mache mir Sorgen um sie.«

»Um Mama? Das ist nicht nötig. Du kennst sie doch, Line.«

Der Klang des alten Namens lässt Lotte zusammenzucken.

»Sie ist praktisch veranlagt«, fährt Mariedl fort. »Sie weiß, dass wir ohne das Geld die Miete nicht zahlen können. Glaube nicht, dass es ihr allzu schlecht geht. Sie wird immer störrischer mit dem Alter. So schlimm ist der Ernst nicht.«

Lotte schaut ihre Schwester überrascht an. »Ich hätte nicht gedacht, so etwas von dir zu hören.«

Mariedl sieht beinahe verlegen aus. »Als ich klein war, habe ich es natürlich anders gesehen. Zu mir war Papa nie grausam. Deshalb war Ernst für mich keine Verbesserung. Heute sehe ich, dass er in jedem Fall auch nicht schlechter ist.«

»Ich dachte, ihr hättet nichts mitbekommen«, sagt Lotte leise.

Fast noch leiser erwidert ihre Schwester: »Vielleicht wollten wir nichts hören. Ich habe mir gesagt, dass es Albträume sind, wenn du geschrien hast. Ich war ein kleines Kind.«

Lotte legt die Arme um ihre Schwester und küsst sie auf die Stirn. »Du musst dich nicht rechtfertigen. Ihr hättet doch nichts ausrichten können. Mama hat getan, was ihr möglich war. Früher dachte ich, es hätte mehr sein müssen. Heute bin ich mir sicher, dass sie wusste, dass ihn das nur noch mehr gegen mich aufbringen würde.«

»Für Mama und dich muss Ernst eine Erlösung gewesen sein.«

»Ich hatte ja nichts mehr mit ihm zu schaffen. Aber ich kann dir versichern, dass keine Frau bei seinem Anblick Engelschöre singen hört, nur weil er den Gürtel umbehält. Auch Mama nicht.«

Mariedl lacht auf. »Ach, Lotte.«

»Vielleicht hätte ich dir damals zur Seite stehen müssen.« Lotte sieht ihre Schwester fragend an.

»Unsinn. Du musstest raus aus Wien. Wir sind sehr stolz auf dich. Besonders Mama. Sie würde es dir natürlich nie sagen, aber du weißt ja, wie sie ist.«

»Ja, das weiß ich.« Lottes Augen sind feucht, als sie ihre Schwester ein letztes Mal an sich drückt.

7. Szene

---◇---

Die Glücksritterin — Monte-Carlo, Sommer 1932

Es hat sie nicht lange in San Remo gehalten. Bald darauf sind sie weitergezogen nach Monte-Carlo. An diesem Abend ist das Kasino so voll, dass Lotte zunächst vergeblich nach Otto Ausschau hält. Sie hat ihn vorgeschickt, um sich im Zimmer in Ruhe zurechtmachen zu können. Während sie roten Lippenstift auftrug, sah sie im Spiegel, wie er ihr zum Abschied auf den Scheitel küsste. Sein helles Haar lag in ordentlichen Wellen an, obwohl Lotte es kurz zuvor noch mit den Fingern zerzaust hatte.

Dann entdeckt sie ihn am Roulettetisch. Einen goldfarbenen Mann mit siegessicherer Miene. Wenn er so konzentriert und stumm dasitzt, ist er sehr schön.

Lotte fährt sich mit der Fingerspitze über die Lippen, während sie sich dem Tisch nähert. An ihrer Hand hängt noch der Duft vom würzigen Moschus, der von den überraschend dunklen Locken zwischen seinen Beinen stammt. Er sieht sie an und lächelt.

In solchen Momenten empfindet sie keine Reue. Etwas anderes ist es, wenn sie ihm, ohne einen Tropfen getrunken zu haben, zuhört, wie er über seine unfehlbaren Spielsysteme palavert. Dann fließt etwas Kaltes durch ihre Adern, das sich nur zurückdrängen lässt, indem sie ihre Ohren verschließt. Sie will nicht, dass es ihre Meinung ändert. Und schließlich weiß sie selbst am besten, dass niemand perfekt ist. Entschlossen erwidert sie sein Lächeln mit verhangenem Blick. Sie will auf ihn zugehen, aber eine Hand, die fest ihren Oberarm umklammert, hält sie davon ab. Ärgerlich fährt sie herum. »Lassen Sie das, Sie tun mir weh.« Jedenfalls hofft sie, dass sie in ihrem radebrechenden Französisch etwas Ähnliches gesagt hat.

»Madame, ist Ihnen klar, wie viel Geld Sie dem Haus bereits schulden?« Der Mann lockert seinen Griff ein wenig. Mit den dichten Brauen und seinem schwalbenförmigen Mund erinnert er sie an Bela Lugosi in der Rolle des *Dracula*.

»Sie sprechen Deutsch?«, fragt sie, gegen ihren Willen beeindruckt.

Sie hat ihn auch schon Russisch, Spanisch und Englisch sprechen hören. Er scheint der Aufseher in diesem Etablissement zu sein. In seinem seltsamen Gesicht zuckt kein Muskel. An seinem Gegenüber interessiert ihn nur der Geldbeutel. Aber Lottes ist so leer, dass sie dieser Maske an Gleichgültigkeit nur ihre Chuzpe entgegensetzen kann. Sanft greift sie nach der Hand des Mannes und drückt sie weg. Dabei schüttelt sie bedauernd den Kopf. »Wie viel Geld? Leider kann ich Ihnen das nicht sagen.«

Sie hofft, dass sie keine allzu schlechte Kopie eines reichen Mädchens abliefert, das sich weder über das Vermögen auf den eigenen Konten noch die Summe, die sie anderen schuldet, den Kopf zerbrechen muss. »Machen Sie sich keine Sorgen. Wenn ich das Lächeln meines Mannes richtig deute, erhalten Sie Ihr Geld noch an diesem Abend.«

Er antwortet mit einem leisen Brummen, das aus seinem Mund immer noch bedrohlich genug klingt. »Ich verlasse mich darauf.«

Lotte nickt lächelnd. *Mein Mann.* Sie ist hier überall als Karoline Pasetti registriert, damit Otto und sie sich ohne Schwierigkeiten ein Zimmer teilen können. Als sie zu ihm hinsieht, lächelt er nicht mehr. *Zu schade.* Das bedeutet, dass sie sich in diesem Haus nicht mehr blicken lassen dürfen. Es war ein so schönes Kasino, in dem wirklich alles Gold zu sein schien, das glänzte. Das Schlimmste daran ist aber, dass sie erneut ihren echten Mann um Geld wird bitten müssen, wenn man Otto und sie nicht irgendwann mit gebrochenen Knochen am Straßenrand auflesen soll. Sie beschließt, Otto vorerst seiner Pechsträhne zu überlassen und sich an der Bar einen Drink zu bestellen. Sie braucht unbedingt einen. Sicher wird Otto gleich sehr schlechte Laune haben. »Einen Algonquin, bitte.«

Wie immer macht der junge Mann hinter dem Tresen reichlich Aufheben um die Zubereitung des Cocktails.

»Ihnen wird noch die Hand abfallen, wenn Sie weiter schütteln. Schenken Sie ihn mir einfach ein.« Sie lächelt ihm aufmunternd zu, um nicht zu gereizt zu erscheinen.

Endlich reicht er ihr die Cocktailschale. Lotte nimmt von der gelben Flüssigkeit darin einen so gierigen Schluck, dass ein Teil des Getränks in ihrer Luftröhre landet und sie für einen Moment glaubt, an der rauchigen Süße von Whisky, Vermouth und Ananas ersticken zu müssen.

»Stimmt etwas nicht?«, fragt der junge Mann besorgt, als er sie husten hört.

»Schon gut«, sagt Lotte. Sie winkt lächelnd ab. »Es ist nicht Ihre Schuld. Ich habe zu schnell getrunken.«

Dennoch trinkt sie im gleichen Tempo weiter, bis das Glas geleert ist. Ihr Blick fällt auf ihren Samtbeutel, in dem sie einen ungelesenen Brief von Kurt mit sich trägt. Noch immer ist das Band zwischen ihnen nicht gekappt. Es ist beinahe, als würden sie von einem unsichtbaren Gummi zusammengehalten – sehr nachgiebig, aber nur bis zu einem gewissen Punkt. Wie weit Lotte wohl rennen kann, bis es zurückschnellt oder reißt? Manchmal sieht sich Lotte als Hund an einer sehr langen Leine. Der Ärger darüber macht es ihr leichter, Kurt um Geld zu bitten. Eigenes verdient sie kaum noch. Natürlich vermisst sie die Bühne, aber zugleich ist es ihr unmöglich, dem Sog der Spiele und des sorglosen Lebens im Süden zu entrinnen. Sie will nicht glauben, dass sie nicht zu den Favoriten des Schicksals zählen könnte, und wartet nur darauf, sich bald eine große Scheibe vom Glück abzuschneiden. Dabei geht es nicht einmal so sehr um das Geld, sondern um den Moment, bevor die Kugel sich beim Roulette den falschen Schacht wählt oder beim Pokern ein anderer Spieler am Ende den Pot einstreicht. Der Moment, in dem alle Möglichkeiten offen sind.

Vielleicht sollte sie sich gleich zu Otto an den Roulettetisch setzen. Sie könnte klein anfangen und zunächst auf eine Farbe setzen. Doch schon bald darauf wird sie auf die Null setzen. Riskanter kann man kaum vorgehen, doch insgeheim ist Lotte der Meinung, dass dies die einzige Möglichkeit ist zu gewinnen und dass die Halbherzigen für ihre Feigheit bestraft werden. *Besser also, ich setze gleich auf die Null.* Otto hat seine Systeme und Lotte ihren Glauben. Sie stellt sich hinter ihn und beugt sich vor, um in sein Ohr flüstern zu können. »Wie steht es, mein Liebster?«

Er dreht sich nicht zu ihr um. Sie weiß, dass sein Blick die Kugel zu hypnotisieren versucht. »Schlecht. Dabei hätte es wirklich funktionieren müssen. Aber diesmal wird es etwas, das habe ich im Gefühl.«

Otto stöhnt laut auf. *Also kein Treffer.*

Der Dracula-Heini beobachtet sie immer noch. »Allzu lange können wir nicht bleiben, Otto. Man hat uns auf dem Kieker. Aber für eine Runde wird es schon noch gehen.«

»Faites vos jeux!«, fordert der Croupier.

Lotte stellt sich das Gesicht des unheimlichen Mannes vor, wenn sie ihm einen Batzen Geld vor die Füße wirft, und setzt auf die Null.

»Rien ne va plus.«

Mit angehaltenem Atem verfolgen Otto und Lotte das Kreiseln der Kugel, bis sie in eines der Fächer fällt. Lotte ist sich so sicher, dass sie gleich ein »Zero« hören wird, dass sie sich bereit macht loszujubeln.

»Vingt et un, rouge.«

Weder Otto noch sie haben auf die 21 oder auf Rot gesetzt. Es ist vorbei. Allerdings ist ihr Aufpasser bereits auf den Weg zu ihnen.

»Wir sollten abhauen. Jetzt«, raunt Lotte.

Beieinander untergehakt eilen sie aus dem Saal. Lotte kann es kaum glauben, dass sie tatsächlich unbehelligt durch das Foyer bis nach draußen gelangen.

»Das war knapp«, sagt sie, als sie um die Ecke verschwunden sind.

»Es wird Zeit, zu härteren Bandagen zu greifen.« Otto schaut sie mit grimmiger Miene an. »Ich habe an diesem Abend von einem todsicheren System gehört. Das sollten wir einmal ausprobieren.«

»Ich glaube, der Roulettekugel ist mit Systemen nicht beizukommen, mein Liebling.«

Er nickt. »Deswegen werden wir wieder pokern.«

Lotte versucht, seinen Erklärungen zu folgen, ist sich aber am Ende nicht sicher, sie richtig verstanden zu haben. »Ist das nicht Betrug?«

»Würde dich das etwa stören?« Otto greift ihr in den Nacken und massiert mit dem Daumen ihren Hals. Er kennt ihre sensiblen Regionen, aber an diesem Abend spürt sie statt Erregung nur einen unangenehmen Druck an ihrer Schlagader.

Sie geht einen Schritt zur Seite. »Vermutlich nicht. Gehst du schon einmal zurück ins Zimmer? Ich würde gerne noch ein paar Schritte an der frischen Luft gehen.«

»Du benimmst dich heute Abend so seltsam. Stimmt etwas nicht?«

»Unsinn. Ich würde gerne noch einen Moment spazieren gehen, das ist alles. Dein System klingt übrigens genial, wenn ich es mir recht überlege.«

»Habe ich es dir nicht gesagt? Diesmal gewinnen wir wirklich.«

Zum Glück ist er leicht zufriedenzustellen und erhebt keine weiteren Einwände. Lotte verabschiedet sich von ihm mit einem flüchtigen Kuss auf die Lippen, dann lässt sie ihren feurigen Liebhaber mit großen Schritten hinter sich. Das Ausmaß ihrer Verachtung für ihn in diesem Moment erschreckt sie. Aber was er vorgeschlagen hat, zählt nicht mehr zu einem amüsanten Blendhandwerk, sondern ist handfester Betrug. Es hatte ihr gefallen, dass Otto zu den Männern gehört, die nicht zaudern, sondern schnell entschlossen zugreifen. Doch an diesem Abend ließ ihn seine Bereitschaft bloß gierig und verzweifelt wirken. Wann ist ihrem Spiel die Leichtigkeit abhanden gekommen? Sie sind doch hierher geflohen, um sich von allen Fesseln zu befreien.

Lotte denkt gar nicht daran, eine Abhängigkeit durch die andere zu ersetzen. *Ich brauche das Spielen nicht, wirklich nicht.* Das hat sie auch Kurt versichert, der in seinem letzten Brief seine Sorge äußerte, sie würde ihr Talent in Spielbanken verschwenden und darüber sogar ihre Liebe zum Theater vergessen. Er irrt sich. Bevor sie Otto traf, hat sie hart und viel geschuftet. Natürlich wird sie wieder auftreten. Aber sie hat sich eine kleine Pause verdient.

Als sie am Rande eines Parks eine Bank entdeckt, macht sie dort halt. Sie wühlt in ihrer Handtasche, bis sie ihr Zigarettenetui und das ovale Sturmfeuerzeug der Marke Hurricane in den Händen hält. Das hat sie aus einer Laune heraus im Wohnzimmer ihrer Mutter eingesteckt. Es ist nicht ausgeschlossen, dass es sich um eine sentimentale Kriegserinnerung von Ernst handelt, aber solange der faule Hund es sich auf Kosten anderer gut gehen lässt, kann man schon einen kleinen Beitrag von ihm erwarten. Das Feuerzeug hat Lotte gleich gefallen. Mit seiner robusten Unverwüstlichkeit ist es ein netter Überraschungsgast in einer mit Pfauenfedern bestickten Tasche. Sie nimmt den Messingdeckel ab und fährt mit dem Daumen über das Rädchen.

Nachdem sie ein paar tiefe Züge genommen hat, weiß sie, wie es weitergehen muss. Sie wird weiter an Otto glauben und ihrem Mann in Berlin beweisen, dass sie nicht alles für einen Irrtum über Bord geworfen hat.

Lotte vermeidet es, in Kurts Nähe Otto zu erwähnen. Und wenn, dann nennt sie ihn nur Herrn P. – dabei bräuchte es diese Diskretion vielleicht gar nicht, denn ihr Mann vergnügt sich längst mit Erika. Wer will es ihnen vorwerfen, wo Lotte in Monaco weilt und Cas in Berlin eine frisch entdeckte homosexuelle Ader auslebt?

Dass etwas zwischen Kurt und Erika entsteht, hat Lotte schon früher gespürt, weit vor ihrer Flucht mit Otto. Daran zu denken versetzt ihr trotz allem einen Stich. Sie bemüht sich, Kurt nicht darüber auszuhorchen, und wenn die Rede doch einmal auf Erika kommt, äußert Lotte sich mit einer munteren Ermutigung, die in keinster Weise ihren Empfindungen entspricht. Kurt ist schon immer großzügiger als sie gewesen. Gerade hat er ihr vorgeschlagen, in der Pariser *Mahagonny*-Inszenierung zu spielen, und sogar dem Herrn P. eine Rolle angeboten.

Ein verstohlenes Gelächter reißt Lotte aus ihren Gedanken. Ein junges Paar huscht eng aneinandergeschmiegt an ihrer Bank vorbei, ohne sie anzusehen. Das Klackern der hohen Absätze des Mädchens verhallt, doch als Lotte diesmal in die Stille horcht, hört sie noch etwas anderes. Ein Brausen, von dem sie anfangs dachte, es geistere nur durch ihren Kopf. Aber jetzt erinnert sie sich. Wie hat sie nur an den Spieltischen vergessen können, dass kaum zwei Straßenzüge weit entfernt das Meer liegt? Früher hätte sie sich direkt nach ihrer Ankunft in die Fluten gestürzt und wäre bedenklich weit hinausgeschwommen, bis ihre Kräfte nachlassen. Seit sie aber an Ottos Seite als Glücksritterin von Küstenort zu Küstenort reist, hat sie außer den Kasinos, den Restaurants und den Doppelbetten kaum etwas gesehen.

Dabei ist es ein Frevel, dem Wasser so nahe zu sein, ohne ihm

Beachtung zu schenken. Wenigstens ihre Füße möchte sie darin baden. Sie umschlingt ihr Handgelenk mit den Kordeln ihres Beutels und begibt sich in die Richtung, aus der das Brandungsrauschen zu kommen scheint. Ein scharfer Schmerz im rechten Knöchel lässt Lotte innehalten. Sie stößt einen Fluch aus. Einer ihrer Absätze ist an einer Unebenheit des Pflasters hängen geblieben und abgebrochen. Kurzerhand streift sie auch den zweiten Schuh ab. Das Paar lässt sie liegen. Die Schuhspitzen haben ohnehin gedrückt, und wenn sie morgen erst einmal eine Stange Geld gewonnen hat, kann sie sich neue kaufen. Vorsichtshalber zieht sie auch die Strumpfhose aus. Sie verstaut sie in ihrer Tasche, um das zarte Rayon zu schützen, das ihre Beine so schön schimmern lässt. Die Wahrscheinlichkeit, jetzt noch jemanden zu treffen, der daran Anstoß nehmen könnte, ist gering. Und selbst wenn – das befreiende Gefühl, barfuß durch die Nacht zu gehen, wäre jeden argwöhnischen Blick wert.

Die Steine unter ihren Füßen sind warm, nachdem den ganzen Tag die Sonne darauf geschienen hat. Ohne die Schuhe kommt sie viel schneller voran. Bald schon hat sie die Straßen, die Häuser, die Promenade hinter sich gelassen und sieht vor sich nur noch das Meer. Sie erkennt die Umrisse eines Felsens nahe an der Wasserkante und beschließt, sich wie eine Meerjungfrau darauf zu drapieren. Sie schert sich nicht um die Feuchtigkeit des Steins, die rasch durch den dünnen Stoff ihres Kleides kriecht. Seufzend lässt sie ihre Füße in die nasse, kühle Erde gleiten. Ein leichtes Schäumen umspült ihre Knöchel, und wenn das Wasser sich wieder zurückzieht, spürt sie den Sog. Sie versucht, dort draußen etwas zu erkennen, doch unter dem geizigen Schein des Sichelmonds sind Himmel und Meer am Horizont kaum voneinander abzugrenzen.

Sie holt Kurts Brief hervor und das Feuerzeug, damit sie seine Zeilen in der Dunkelheit entziffern kann. Mehrmals legt sie beim Lesen ungläubig Pausen ein. Wieso sagt Kurt ihr erst jetzt, dass ihm schon seit einiger Zeit merkwürdige Briefe zugestellt werden? »Was hat ein Jude wie du in einer Gemeinde wie Kleinmachnow zu suchen?« So lautete wohl das offenbar noch harmloseste dieser Schreiben. Wenn Lotte sich ausmalt, wie Kurt einen solchen Brief in Empfang nimmt, hasst sie sich dafür, nicht an seiner Seite zu sein. Sie sieht ihn vor sich – in Schockstarre auf dem Sofa zusammengerollt. Ein versteinerter Embryo. Sie stellt sich vor, dass sein treuer Schäferhund Harras ihn immer wieder besorgt anstupst und seine ergebene Haushälterin – die ebenfalls Erika heißt – sich alle Mühe gibt, ihn mit kräftigem Mokka ins Leben zurückzuholen.

Er kann sie nicht täuschen. Er beschreibt die Ereignisse mit einer Leichtigkeit, die nicht zu ihm passt. Die Umstände müssen ihm unerträglich sein. Aber ist es Lottes Unterstützung, die er sich wünscht? Vielleicht steckt ja doch keine falsche Tapferkeit hinter seinen Beschreibungen, sondern er konnte alles Schwere bereits bei Cas' Frau abladen. In einem Absatz deutete er so etwas an. Lotte bleibt nichts anderes übrig, als sich genau das für ihn zu erhoffen, während sie eigentlich speien möchte. Sicher vertraut er seiner neuen Freundin seine Geheimnisse an. Es ist nicht nur das Körperliche, sondern immer auch eine Nähe des Geistes, die er bei seinen Frauen sucht. Die Leidenschaft, die Lotte mit Otto teilt, lässt Kurt außen vor. Aber es ist nicht undenkbar, dass Kurt mit Erika über Dinge spricht, die Lotte als ihre gemeinsame Bekannte betreffen. Ein grauenhafter Gedanke, von Kurt zum Objekt seiner Vertrautheit mit einer anderen Frau gemacht zu werden.

In einem schwachen Moment hat sie sich einmal ausgerechnet an Kurts Schüler Bravi gewandt: »Erklär mir, was findet er an Erika?«

»Vielleicht braucht er eine Frau, die sich zuverlässig um ihn sorgt, ohne sich von Launen leiten zu lassen.«

Das Schlimmste an Bravi ist, dass er immer die Wahrheit sagen muss. Er wollte sie nicht verletzen, deshalb trafen seine Worte Lotte umso mehr. Sie konnte nicht einmal sich selbst erklären, wieso sie Kurt mit einer Hand umklammert und mit der anderen wegstößt. Ist es Egoismus? Ist es Selbstschutz? Umso überraschender treffen sie seine letzten Zeilen, in denen er ihr sagt, dass es weiterhin Lotte sei, die ihn vor dem Absturz bewahre, da er in ihr eine Schönheit und Wahrheit sähe, die alles Hässliche aufheben könne.

Überrascht bemerkt Lotte, dass die Flamme eine Ecke des Briefes verschlungen hat. Hat sie das getan? Sie lässt das Papier brennen, bis ihre Finger versengen. Den letzten schwarz umrandeten Fetzen lässt sie ins Wasser fallen. Danach zieht sie ihre Knie an ihre Brust und legt ihren Kopf darauf ab. Sie schluchzt laut auf. *Er und seine wohlklingenden Worte!* Früher hat sie seine poetischen Ausschweifungen belächelt und war doch von ihnen hingerissen, bis ihr der Gedanke gekommen war, dass er sie nur ihres Klanges wegen verfasste.

Sie bleibt weinend auf dem Felsen sitzen, bis sie sich ganz und gar leer fühlt. Sie wird ihm raten, nach Frankreich zu ziehen, nicht um ihretwillen, sondern weil er in Deutschland nicht mehr sicher ist. Außerdem wird sie ihm die Scheidung vorschlagen, auf die Otto schon seit einer Weile drängt. Kurt wird verstehen, dass eine offizielle Trennung für alle von Vorteil ist. Wer weiß, was den

Nazis noch alles einfällt. Sobald Lotte nicht mehr die Frau eines Juden ist, wird es leichter für sie sein, Kurts Vermögen in Sicherheit zu bringen. *Siehst du? Ich kann auch schrecklich vernünftig sein.*

Lotte klettert von ihrem Felsen und streift ihre Kleidung ab. Nackt geht sie gegen den Widerstand des Wassers vorwärts, bis es ihr bis zum Hals reicht. Dann löst sie ihre Beine vom Boden und lässt sich treiben, bis sie sich in der Dunkelheit über und unter ihr aufzulösen glaubt.

8. SZENE

---◇---

Eine Rückkehr und eine Flucht – Berlin, März 1933

Als Lotte aus der Bahn steigt, erstaunt es sie, dass sich auf den ersten Blick kaum etwas verändert hat. Dennoch ist sie froh, dass Kurt sich entschlossen hat, das Land zu verlassen. Selbst in ihrem engen Umfeld hat es bereits Verhaftungen gegeben. Sie hat sich sofort bereit erklärt, ihm bei seiner Flucht zu helfen.

Ottos letzte Worte vor ihrer Abfahrt klingen noch wie das Surren einer lästigen Fliege in ihrem Ohr. Für einen erwachsenen Mann kann er sich erschreckend albern verhalten.

»Wieso musst du auf einmal in dieses elende Berlin? Ich dachte, ihr lasst euch scheiden?«

Sie warf entnervt Kleider in den Koffer, ohne sie vorher zu falten. »Ich habe die Papiere im Januar eingereicht. Wir sind also so gut wie geschieden. Aber würdest du deine Frau in einer solchen Situation im Stich lassen?«

»Das ist ganz etwas anderes, immerhin haben wir ein Kind.«

Ein Kind. Ist denn die gemeinsam verbrachte Zeit, sind die Jahre der gegenseitigen Unterstützung im Vergleich dazu wertlos? Wäre ein Kind wirklich die vollkommene Verbindung zwischen zwei Menschen, wäre Otto jetzt wohl kaum bei ihr. Manchmal fragt sie sich nun aber doch, ob es nicht schön wäre, eines zu bekommen. Sie würde gerne einmal diese Bindung spüren, die sich nicht so leicht kappen lässt, weil sie einem im Blut liegt.

Sie hat gesehen, wie manche Mütter ihre Kleinen anschauen – und die Bedingungslosigkeit ihrer Zuneigung flößte Lotte ein wehmütiges Sehnen ein. Wäre es nicht eine Vergeudung, so etwas in seinem mutmaßlich einzigen Leben niemals zu erleben? Vielleicht sollte sie sich eines von Otto machen lassen, um das Geheimnis dieser Verbindung zu ergründen. Vielleicht hätte sie schon Kurt das übernehmen lassen sollen. Sicher wäre es ihr gelungen, ihn zu überzeugen, wenn sie es wirklich darauf angelegt hätte. Sie hat es nicht getan. Sie ist sich nicht einmal sicher, ob ihr Körper überhaupt noch zu einer Schwangerschaft fähig ist. Nach ihrer zweiten Abtreibung teilte der Arzt in Zürich ihr nüchtern mit, dass es Komplikationen gegeben habe und sie vielleicht kein Kind mehr bekommen würde.

Sie knallte ihren Koffer zu und verschloss rasch die Lederriemen. »Ach, Otto, ich würde viel lieber nicht fahren, aber ich muss Kurt ganz einfach beistehen.«

»Dann bleib doch in eurem albernen Berlin.«

»Jetzt klingst du wie ein dummer Schuljunge.«

An dem Flackern in seinen Augen erkannte sie, dass ihre Zurechtweisung in ihm den Drang ausgelöst hatte, noch einmal seine Männlichkeit unter Beweis zu stellen. Sie ließ ihn gewähren. Vielleicht würde es auch ihre Anspannung lösen, denn ein wenig bangte ihr vor dieser Reise nach Berlin. Dem Abschied haftete etwas Endgültiges an, denn sie würde nie mehr in die gleiche Stadt zurückkehren, ohne Kurt darin. Und viele der anderen Begleiter waren bereits fort. Brecht hatte sich schon im Februar abgesetzt, einen Tag nachdem der Reichstag gebrannt hatte.

Umso mehr überrascht es Lotte, dass Berlin kaum etwas davon anzumerken ist. Auf den hölzernen Bänken des Wartesaals sieht sie Kinder mit hellem Lachen, deren Mütter sie ermahnen, stillzusitzen. Über ihren Köpfen bewerben Plakate das »Richard-Wagner-Jahr«. Auf manchen Bildern wurde das Foto der Büste des Komponisten beschmiert. Wären Kurt und Brecht jünger, hätte sie sich nicht gewundert, wenn es die beiden gewesen wären, die auf diese Art einen Abschiedsgruß hinterlassen wollten. Sie hassen Wagner und seine Idee einer Verschmelzung aller Elemente in einem Gesamtkunstwerk inbrünstig. Das Gleiche hat Lotte schon mehrmals von sich behauptet, dabei genießt sie bisweilen genau das, was die Männer bekämpfen wollen – eine besinnungslose Verzauberung durch den ungehemmten Klangrausch seiner Opern.

Als Lotte den Bahnhof verlässt, sieht sie auf der Straße als Erstes einen Mann, der fluchend in den Himmel schaut. Es scheint, als verteufele er mit seinem lauten Zetern Gott persönlich. *Recht so.*

»Mistviecher«, ruft er voller Abscheu. Da entdeckt Lotte die Taubenscheiße auf seinem Jackettkragen. Im Weitergehen wirft sie einem Bettler ein paar Münzen in die Tasse. Die Märzluft hebt ihre Stimmung. Selbst in Berlin trägt sie noch das Versprechen eines Neuanfangs in sich. Sie ist rein und klar. Keine Spur von Schwefel und anderem Gestank, der nach einem großen Brand auftreten könnte. Wenn sie doch nur Ruhe geben könnten, nachdem sie den armen, verwirrten Jungen mit den Zündhölzern verhaftet und bestraft haben. Doch natürlich wollten sich die Nazis diese Chance nicht entgehen lassen. Endlich konnten sie vorgeben, den Beleg für eine groß angelegte kommunistische Verschwörung in den Händen zu halten und sich als Beschützer der braven Bürger aufspielen. Seltsamerweise bestanden diese Schutzmaßnahmen hauptsächlich aus zahlreichen Einschränkungen, die aber viele Menschen nicht einmal zu stören schienen. Wer niemanden kennt, der den neuen Anführern ein Dorn im Auge ist, und nicht erlebt, wie so jemand von ihnen behandelt wird, kann ihre Pläne vielleicht sogar tatsächlich begrüßen. Anders sieht es aus, wenn die ersten Freunde bereits in Kellern verschwunden und schwer geschunden zurückgekehrt sind. Wer der SA verdächtig erscheint, sollte sich auf das Post- und Telegraphen- und Fernsprechgeheimnis besser nicht mehr verlassen. Und die Todesstrafe, über deren Abschaffung man gerade noch diskutiert hat, wird ausgeweitet. Seit die Notverordnung eine Strafe ohne Gesetz erlaubt und Verhaftungen nicht mehr begründet werden müssen, vermehrt sich die Zahl der Inhaftierten so schnell, dass man in Dachau für sie ein sogenanntes politisches Konzentrationslager errichtet hat. Man munkelt allerdings, dass die Zahlen gerade gesenkt werden – da ein paar der Kommunisten, die das Lager einweihen durften, schon gar nicht mehr leben.

Neun Tage vor dem Brand feierten sie noch die Premiere des Stücks *Der Silbersee*, das Kurt gemeinsam mit ihrem alten Freund Georg Kaiser geschaffen hatte. Die beiden Männer hatten sich nicht gescheut, in ihrem Stück vor nationalsozialistischer Hetze zu warnen. Als ihre Freunde das mitbekamen, rieten sie ihnen, die Premiere ausfallen zu lassen, um die Nazis nicht noch mehr gegen sie aufzubringen, doch die beiden weigerten sich.

»Sie sind doch zu dumm, das Stück zu begreifen«, hatte Kaiser spöttisch behauptet.

»Und noch können sie ein Stück nicht verbieten«, hatte Kurt hinzugefügt.

Und so erlebte er mit dem *Silbersee* einen seiner größten Triumphe und die vorerst schlimmste Niederlage. Dabei schien sich sein Mut anfangs auszuzahlen: Das Stück, dem ein überwältigender Erfolg vorausgesagt wurde, kam auf drei Bühnen gleichzeitig heraus. Vom Publikum und vielen Kritikern wurde es gefeiert. Nur der *Völkische Beobachter* erklärte eilig, dass Hitler bald mit allem Ungesunden und Schädlichen wie diesem verkümmerten Drama Schluss machen würde. Er behielt recht. Kurz darauf vernichteten Flammen erst ein Gebäude und dann Kurts Noten. Bereits einen Tag nachdem sein Stück abgesetzt worden war, schloss man ihn aus der Preußischen Akademie der Künste aus.

Bei der Premiere hatte sie ihren Mann das erste Mal seit Monaten getroffen. Die Weills waren in so ausgelassener Stimmung gewesen, dass sie sich zur Feier des Tages sogar ganz aus Versehen küssten. Danach lösten sie sich schnell voneinander und überspielten den Vorfall mit Albernheiten. Im Nachhinein ist es, als hätten sich bei der Aufführung noch einmal alle Großen des Berliner Theaters zu einer Abschiedszeremonie versammelt, bevor man der freien Kunst den Schierlingsbecher reichte.

»Lotte?«

Auf der anderen Straßenseite winkt ihr jemand zu.

»Louise!«, ruft Lotte erfreut. Sie hat es so eilig, zu ihrer Freundin zu gelangen, dass sie auf ihrem Weg beinahe von einem Auto überfahren wird.

»Vorsichtig, meine Liebe.« Lachend schließt Louise ihre Arme um Lotte. »Es ist schön, dich wiederzusehen, auch wenn die Umstände es nicht sind.«

Lotte drückt die andere fest an sich. »Ach, Louise. Ich bin ja so froh, dass du mitkommst. Ich weiß nicht, ob ich es alleine durchstehen würde.«

»Es ist eine Schande.« Louises melodische Stimme klingt mit einem Mal hart. »Wir hätten es niemals so weit kommen lassen dürfen.«

»Wir?«

»Wir hätten stärker gegen die Braunen angehen müssen, wenn wir sie doch nur ernst genommen hätten.«

»Keiner von uns dachte, dass man sie ernst nehmen müsste. Andererseits scheinen viele ihr Regiment zu begrüßen.«

»Das ist das Schlimmste. Man fühlt sich jetzt unter Menschen oft recht einsam.«

Lotte denkt an Kurt in seinem Häuschen – und daran, dass es bald ganz leer stehen wird. Dann müssen sie es schnell verkaufen. Wenn es zu lange unbewohnt bliebe, würden Vandalen die Scheiben einwerfen und in den Vorgarten pissen.

»Komm, wir stärken uns mit Kaffee und Kuchen, bevor wir das Haus leer räumen.«

»Wäre es nicht besser, wir bringen es schnell hinter uns?«, erwidert Louise. »Wir haben keine Zeit zu verschwenden, wenn wir bis heute Abend fertig sein wollen.«

»Du hast ja recht. Aber … ich fürchte, ich brauche noch einen Moment. Bitte.«

Erst das letzte, beinahe kleinlaut hervorgebrachte Wort scheint Louise zu erweichen. Sie nickt.

»Also gut.«

Sie gehen in das erste Café, das ihnen unterkommt. Dort sitzen sie schweigend beieinander und blicken aus dem Fenster. Eine Gruppe junger Männer mit Armbinden zieht draußen vorbei. Louise neigt sich zu Lotte und spricht leise in ihr Ohr: »Kein Mensch kann glauben, dass der arme Kerl alleine auf die Idee gekommen ist, den Kasten in Brand zu stecken. Wir glauben, dass die Nazis selbst dahintersteckten, um anschließend eine noch größere Hölle entfesseln zu können. Schau nur, wie schön einheitlich ihre Uniformen nun sind. Sie müssen sie nicht mehr selbst basteln. Die guten Stücke sind nun so gefragt, dass man sie in einer Fabrik fertigt.«

Lotte rührt angespannt in ihrer Tasse, bis sie beschließt, zumindest ihrer besten Freundin gegenüber den Optimismus abzulegen, den auch sie in Wahrheit gar nicht mehr empfindet. Bislang hat sie sich gescheut, ihre Sorgen auszusprechen, hat lachend abgewiegelt: »Diese Schwachsinnigen werden sich schon selbst demontieren.«

Zuletzt hat sie die Gefahr nicht mehr abgestritten, weil sie daran zweifelte, sondern weil sie die dunkle Magie der Worte kennt, die den Dingen eine schreckliche Macht verleiht, sobald man sie benennt.

»Vielleicht solltest du all dies auch für eine Weile hinter dir lassen, Louise«, murmelt sie. »Hier gibt es nichts mehr für uns, aber anderswo stehen uns die Türen offen.«

»Wohin sollte ich denn gehen?«

»Nach London, ich werde wohl ebenfalls bald dort sein. Erinnerst du dich, dass ich im Dezember in Paris aufgetreten bin? Im Publikum saß Edward James. Engländer, steinreich. Er hat gesagt, dass er unbedingt einmal mit mir arbeiten möchte. Eine Sängerin wie dich sollte er da mit Kusshand nehmen. Ich werde ihn fragen.«

Es hatte sich ausgezahlt, auf Kurt zu hören und für ein *Mahagonny*-Gastspiel im Salle Gaveau den Spieltisch zu verlassen. Die Jubelrufe klingen Lotte immer noch in den Ohren ebenso wie die Lobhudeleien des exzentrischen Mäzens James, der im Publikum gesessen und seither einen Narren an ihr gefressen hat. Sicher würde er Lotte die Bitte nicht abschlagen.

»Das wäre großartig.«

Lotte verdreht die Augen. Der teilnahmslose Tonfall ihrer Freundin ist ihr nicht entgangen. »Willst du denn gar nicht weg aus Berlin?«

»Es kommt mir so verkehrt vor. Was wird aus diesem Land, wenn alle daraus verschwinden, die noch vernünftig denken?«

»Du musst ja nicht für immer in London bleiben. Aber du solltest dir die Stadt wenigstens einmal ansehen. Sie wird dir gefallen. Zurück kannst du ja immer noch.« *Aber danach womöglich nicht mehr mit heiler Haut verschwinden.*

Lotte greift nach der Hand ihrer Freundin. »Nun sag schon ja, du Hartherzige, damit ich schnell etwas für dich einfädeln kann.«

»Na gut. Du hast gewonnen«, erklärt Louise. Diesmal ist ihr Lächeln echt.

Zufrieden lehnt sich Lotte zurück. Es würde Louise in London gefallen. Lotte hat es gefallen. Es ist ihr unerklärlich, wie sie der Bühne so lange hatte fernbleiben können.

»Sollen wir aufbrechen?« Sie deutet auf die unangetastete Sah-

netorte vor ihnen. »Die lasse ich nur noch schnell für Harras ein-
packen. Er kann einen süßen Trost gebrauchen, wo ihn nun heute
Abend sein Herrchen verlässt.«

»Kann Kurt ihn nicht mitnehmen? Er hängt doch so an dem
Tier.«

»Leider nein. Vielleicht, wenn Kurt weiß, wo er leben wird.
Vorerst wird die Haushälterin mit Harras hier die Stellung halten,
bis wir das Haus verkaufen können.«

Kurz darauf verlassen sie das Café, und Lotte seufzt leise. »So
endet es also.« Unter ihrem Arm trägt sie den Pappkarton mit
dem Kuchen. Während der Straßenbahnfahrt nach Kleinmachnow reden sie kaum, auch nach dem Aussteigen nicht. Kaum
haben sie ein paar Meter zurückgelegt, lässt ein lauter Schrei sie
zusammenfahren. Ein paar Meter vor ihnen geht ein Junge zu
Boden. Er wird von einer Gruppe von Männern umringt. Einer
von ihnen tritt ihrem Opfer im Vorbeigehen noch einmal so kräftig in die Seite, dass es sich wimmernd zusammenkrümmt.

»Hey«, brüllen Lotte und Louise beinahe zeitgleich. Doch die
Männer verschwinden um die nächste Ecke, ohne sich noch einmal umzudrehen.

Louise krallt ihre Finger in Lottes Arm. »Hast du das gesehen?
Sie haben ihn im Vorbeigehen niedergeschlagen, als würden sie
es kaum bemerken.«

»So viele gegen ein Kind«, bestätigt Lotte. »Feiglinge.«

Schnell eilen sie dem Jungen zur Hilfe. Lotte reicht ihm beide
Hände, damit er sich leichter aufrichten kann. Dann klopft Louise
mit sanfter Hilflosigkeit an seiner löcherigen Hose herum, um
zumindest den frischen Straßenstaub zu entfernen. Damit legt sie
allerdings nur den alten Dreck frei.

Er kann kaum älter als zehn Jahre alt sein und stammt sicher nicht aus der besten Gegend.

»Schon gut«, sagt der Junge verlegen. Unter seiner Nase kleben Rotze und Erde. »Das brauchen Sie nicht tun.«

Er wischt sich mit geballter Faust über die Augen, doch seine Helferinnen haben die Tränen darin bereits gesehen.

»Kanntest du die?« Louise schaut wütend zu der Ecke, hinter der die Männer verschwunden sind.

Der arme Kerl blickt zu Boden, während er murmelt: »Einer war unser Nachbar.«

»O je, ihr versteht euch wohl nicht sehr gut?«, neckt Lotte ihn lächelnd.

»Sein Bruder war mein bester Freund. Aber jetzt spielt er natürlich nicht mehr mit mir.«

»Warum denn nicht?«, fragt Lotte. »Ich stelle es mir eigentlich recht nett vor, einen Freund wie dich zu haben.«

Der Junge errötet. »Sie sagen, dass wir Zigeuner sind.«

»Und?«, fragt Lotte. »Seid ihr?«

»Wir sind Roma.«

»Na und?«

»Sie sagen, mich und meine Brüder dürfte es gar nicht geben. Wir sind zu viele. Aber bald soll es damit vorbei sein, sagen sie.«

Lotte schaut über seinen Kopf hinweg zu Louise und sieht in deren Blick ihr eigenes Entsetzen gespiegelt. Nicht, dass man es den Zigeunern jemals leicht gemacht hätte, doch noch nie hat Lotte erlebt, dass man ihre Kinder öffentlich niederschlägt. Beinahe noch erschreckender ist der Tonfall des Jungen. Er klingt, als habe er die ihm zugewiesene Schuld bereits akzeptiert, die in nichts anderem als seiner Herkunft begründet ist.

Lotte legt dem Kind beide Hände auf die Schulter und beugt sich so weit herunter, dass ihre Augen sich auf einer Höhe mit seinen befinden. »Wie heißt du denn?«

»Enis.«

»Enis. Der Name gefällt mir. Ich kenne ganz zufällig ein paar Zigeuner. Sie haben die tollsten Dinge vollbracht. Ganz sicher wirst du das auch tun.«

»Ach ja? Was denn zum Beispiel?« Er verschränkt seine Arme und sieht sie zweifelnd an. Seine Augen sind dunkelblau, dabei dachte Lotte immer, dass Zigeuner schwarze Augen hätten.

Sie beißt sich nervös auf die Lippen. Kennt sie überhaupt einen Zigeuner? Sie hat ihn nur trösten wollen. In ihrem Metier hat man sich kaum für Nationalitäten oder Religionszugehörigkeiten interessiert. Der Junge scheint sich schon enttäuscht abwenden zu wollen, da fällt Lotte endlich etwas ein. »In einem Pariser Café habe ich einmal Django Reinhardt gesehen. Es ist unglaublich, was dieser Mann auf der Gitarre anstellen kann. Dabei ist eine Hand beinahe vollständig zerstört, nachdem sein Wohnwagen abgebrannt ist. Aber er hat sich nicht unterkriegen lassen. Wirklich! Er vollbringt wahre Wunder allein mit Zeige- und Mittelfinger.«

Lotte zupft mit einer Hand so wild auf einer unsichtbaren Gitarre herum, dass der Junge und Louise sich ansehen und in lautes Gelächter ausbrechen.

»Oh, und ganz sicher kennst du Pola Negri. Ihr Papa ist auch ein Zigeuner.«

Enis sieht Lotte nachdenklich an. »Mein Vater sagt aber, dass Künstler kein Beruf ist.«

»Und andere Leute sagen, dass Zigeuner und Juden nicht so

gut sind wie andere. Du musst nicht auf alles hören, was die Menschen sagen. Das meiste ist Unfug. Bald werden sie es einsehen.«

»Sind Sie sicher?« Er sieht sie durchdringend an.

»Absolut. Der Spuk ist bald vorbei.«

Die Miene des Jungen erhellt sich. Hoffentlich wird er nicht bald erfahren müssen, dass auch freundliche Erwachsene lügen. Wer weiß, was seinem Nachbarn noch alles einfällt.

»Dürfen wir dich nach Hause bringen?«, fragt Louise.

Enis wackelt abwehrend mit dem Kopf. »War nicht so schlimm, wirklich.«

»Du bist eben ein tapferer Junge.« Lotte greift nach ihrer Börse. »Und nun kaufst du dir auf den Schrecken erst mal ein paar Bonbons. Den lausigen Nachbarjungs gibst du aber nichts ab, ja?«

Als er mit seiner Beute davontrabt, strahlt er über das ganze Gesicht. Lotte schaut ihm nach und wendet sich dann wieder ihrer Freundin zu.

»Es ist ekelhaft«, spuckt Louise aus. »Das Schlimmste ist, dass er recht hat. Vielleicht ist es wirklich bald vorbei mit dem Nachwuchs.«

»Warum sagst du so etwas?«

»Du warst kaum noch hier in letzter Zeit, aber mir ist zu Ohren gekommen, dass sie ein Gesetz planen, das es erlaubt, diese Menschen zu sterilisieren.«

Lotte starrt ihre Freundin an. »Das ist wirklich scheußlich.«

»Willst du nun die Torte für Harras noch mitnehmen?«

»Die habe ich ja ganz vergessen.« Lotte fährt herum und sieht hinter ihnen die Pappschachtel am Boden liegen, die sie in der Aufregung hat fallen lassen. Vorsichtig hebt sie den lädierten

Karton auf und öffnet ihn. »O je. Aber was soll's. Harras wird sich kaum daran stören.«

Das Bellen des Hundes ist das Erste, was sie hören, nachdem Lotte an der Tür geläutet hat.

Schon wird ihnen von Kurts Haushälterin die Tür geöffnet.

»Guten Tag«, sagt Lotte. »Da sind wir also. Das hier ist meine Freundin Louise.«

Nachdem sich alle höflich begrüßt haben, kniet Lotte lachend nieder, um dem aufgeregt umherspringenden Harras das Fell zu kraulen. »Feiner Hund. Ich habe dir etwas Leckeres mitgebracht, siehst du?« Sie legt ihm den Karton mit der unförmigen Sahnemasse darin vor die Füße. Sogleich beginnt er gierig zu schlecken.

»Sie geben ihm doch nicht etwa Torte? Ich weiß nicht, was Herr Weill dazu sagen würde.« Erika runzelt die Stirn und sieht Harras an, als wolle sie ihn des Verrats bezichtigen, weil er der Treulosen über die Hände schleckt.

»Machen Sie sich nicht zu viele Gedanken. Ich weiß genau, dass mein Mann ihn auch nach Strich und Faden verwöhnt.«

Während Lotte aufsteht, blickt sie fest der Haushälterin in die Augen. Noch ist sie die Ehefrau des Arbeitgebers. »Wir sind hier, um Kurts Dinge zu ordnen«, erklärt sie förmlich.

»Ich weiß«, sagt Erika.

Die Freundinnen haben schon fast das Arbeitszimmer erreicht, als die Haushälterin noch heiser ein paar Worte hervorstößt: »Dies ist sein Haus. Es sollte nicht in einer heimlichen Nacht- und Nebelaktion ausgeräumt werden müssen. Es ist verkehrt, dass er aus diesem Land vertrieben wird.«

»Da sind wir einer Meinung«, erwidert Lotte ruhig. »Wenn er

bliebe, wäre er aber in großer Gefahr. Mir ist es lieber, er behält seine Gesundheit als seinen Stolz.«

Erika zieht ein Taschentuch hervor und tupft sich die Augen ab. »Ich wollte Ihnen sicher keinen Vorwurf machen. Ich weiß, dass Sie recht haben. Aber es ist eine Schande. Tun Sie, was Sie tun müssen, ich gehe derweil eine Runde mit dem guten Harras spazieren. Es sei denn, ich kann Ihnen behilflich sein?«

»Nicht nötig, vielen Dank. Wir kommen schon zurecht. Kümmern Sie sich lieber um den armen Harras. Es ist Kurt ein großer Trost, dass Sie so gut für ihn sorgen.«

Erika nickt. »Darf ich fragen, ob es Herrn Weill gut geht?«

»Sicher dürfen Sie das. Es geht ihm den Umständen entsprechend gut. Er ist bei Freunden untergekommen.«

Lotte verschweigt, dass er bei der anderen Erika Unterschlupf gefunden hat, auf deren Couch er nun nächtigt, während sie mit Cas nebenan schläft. Der Schein muss gewahrt bleiben.

Der Schäferhund sträubt sich mit aller Kraft gegen den Maulkorb, den Erika ihm anlegen will.

»Mach nicht so einen Aufstand, Harras. Bald werden wir alle einen tragen«, sagt Lotte.

Nachdem Erika und Harras das Haus verlassen haben, begeben sich die beiden Freundinnen ins Arbeitszimmer, wo Louise angesichts des Durcheinanders eine Hand vor den Mund schlägt. »Wo sollen wir denn bloß beginnen?«

»Ich hätte dich warnen sollen. Sein Kopf ist so voller Musik, dass es möglicherweise auf der ganzen Welt nicht genügend Papier gibt, um sie festzuhalten.«

»Wie gehen wir also vor?«, fragt Louise.

»Warte einen Moment.«

Kurz darauf kehrt Lotte mit drei Koffern zurück. »Noten, wichtige Dokumente und Kleidung stopfen wir hier hinein. Es gibt noch mehr davon. Das ganze Schlafzimmer steht voller Koffer, offenbar hat Kurt sich noch welche geliehen.«

»Wie wollt ihr die alle in dem Auto unterbringen? Ihr seid doch schon vier Leute, die mitfahren.«

Die Nehers werden sie begleiten.

»Wir können natürlich nicht alles jetzt mitnehmen. Einiges werden wir bei Freunden unterstellen müssen. Heute Abend darf nur das Notwendigste mitkommen. Gut, dass Kurt nicht hier ist, um zu entscheiden, was das ist. Sonst hätte er am Ende nur Noten und nicht eine Unterhose dabei.«

Louise lacht auf, dann seufzt sie. »Man kann sich kaum vorstellen, dass ihr bald geschieden sein wollt.«

Lotte legt den Zeigefinger auf die Lippen. »Pscht. Außer dir weiß es bislang kaum jemand. Wir hängen es nicht an die große Glocke.«

Louise betrachtet ihre Freundin nachdenklich.

Lotte erwidert trotzig ihren Blick. »Unter diesen Umständen ist es das Beste, was wir machen können. Du weißt doch, dass sie fluchtwillige Juden so gut wie enteignen. Und er wurde gewarnt, dass er verhaftet werden soll. Wenn ich nicht mehr seine Ehefrau bin, kann ich mich hier freier bewegen und seine Habseligkeiten vor den Nazis retten.«

Louise hebt beschwichtigend die Hände. »Ein vernünftiger Grund.«

»Wir überlassen ihnen nichts«, schwört Lotte mit grimmiger Entschlossenheit, während sie Kurts Sachen in Schachteln und Koffern verstaut. Wenigstens das kann sie für ihn tun. Dass sie nicht einmal Louise die ganze Wahrheit über ihre Trennung sagt, bereitet ihr Schuldgefühle. Dass ihr beim Packen unzählige sentimentale Erinnerungsstücke in die Hände fallen, macht die Sache nicht leichter. Sie findet Briefe von sich, dazu ein Zuckerpäckchen aus einem Café, auf dem Lotte bei einer ihrer ersten Verabredungen einen roten Kussmund hinterlassen hat – und natürlich die antike Pfeife mit den erlesenen Schnitzereien, die sie ihm einmal zum Geburtstag geschenkt hat. Viel Zeit, sich den Kopf darüber zu zerbrechen, bleibt Lotte glücklicherweise nicht. Immer wieder läuten Bekannte an der Tür, denen sie Gepäckstücke übergibt. Dazwischen sortiert und packt sie, bis die Haare ihr schweißnass im Gesicht kleben.

Als Kurt am späten Abend zum vielleicht letzten Mal die Tür des Häuschens aufschließt, das er sich so heiß ersehnt hatte, findet er dort zwei derangierte Frauen vor, die erschöpft auf dem Sofa zusammengesackt sind. Wehmütig blickt er auf die kahlen Stellen in der vertrauten Umgebung.

»Mir scheint, ihr wart fleißig.«

Lotte wirft sich in seine Arme und verbirgt ihren Kopf in seiner Halsbeuge. Sie spürt Kurts Nase in ihrem Haar und wie er tief einatmet. Dann schiebt er sie ein Stück von sich weg: »Du siehst gut aus, meine Kleine. Harte Arbeit scheint dir zu bekommen.«

Wie müde Kurts Lächeln wirkt. Die Nehers sollten ihm mehr Schlaf gönnen. »Bitte nimm dies alles nicht so schwer, Kurtchen. Paris wartet schon auf dich.«

Kurt erwidert nichts, sondern wendet sich dem Hund zu, der in diesem Moment an Erikas Seite den Raum betritt.

»Ach, Harras …«, ruft er wehmütig.

Kurt krault ihn hinter den Ohren, bis das Tier sich vor Freude auf den Rücken wirft, um seinem Herrchen auch noch den Bauch zu präsentieren.

Der Anblick lässt Lotte schlucken. »Ich werde dafür sorgen, dass er zu dir nach Frankreich kommt«, verspricht sie leise.

Kurt geht zu ihr und streichelt sanft mit dem Fingerknöchel über ihre Wange. »Du bist immer noch die Beste.«

Bevor sie etwas erwidern kann, klatscht er in die Hände. »Aber nun wollen wir rasch die Nehers erlösen. Sie warten draußen im Auto auf uns.«

Lotte nickt. »Ich verabschiede mich von Louise.«

»Und ich sage Cas Bescheid, damit er mir hilft, die Koffer ins Auto zu laden.«

Als Kurt zur Tür hinaus ist, zieht Lotte ihre Freundin in ihre Arme. Dabei raunt sie in ihr Ohr: »Louise, würdest du mir noch einen sehr großen Gefallen tun?«

»Sagst du mir welchen, bevor ich einwillige?«

»Es gibt bereits einen Termin für die Scheidung. Würdest du dort an meiner statt hingehen? Kurt wird ebenfalls jemanden schicken. Besser, er kehrt nicht noch einmal nach Berlin zurück.«

»Aber du bist heute doch nicht zum letzten Mal hier gewesen.«

»Natürlich nicht. Und wenn alles geklärt ist, werde ich die Urkunde abholen. Aber wenn es geht, würde ich der Prozedur lieber fernbleiben.«

Louise streicht ihr eine feuchte Strähne aus der Stirn. »Ihr seid ein seltsames Paar, sogar jetzt noch, wo ihr euch trennt.«

»Tust du mir den Gefallen?«

»Natürlich, meine Liebe. Und jetzt seht zu, dass ihr heil nach München kommt.«

Sie umarmen sich ein letztes Mal. Diesmal so fest, dass Lotte den Druck von Louises Armen noch spürt, als sie schon neben Kurt auf die Rückbank des Autos geschlüpft ist.

»Seid ihr bereit?« Cas betrachtet im Rückspiegel seine Passagiere.

»Ja. Fahr los, damit ich dieses Land endlich hinter mir lassen kann«, sagt Kurt. »Das alles hier kotzt mich dermaßen an.«

Lotte legt ihre Hand auf seine. »Wenn es vorbei ist, werden wir darüber lachen.«

9. Szene

Alte Bekannte und neue Freunde — Paris,
April 1933

Lotte hebt ihr Glas und prostet damit den Aufrichts zu. Auch der Regisseur und seine Frau Margot haben Deutschland im März verlassen und sind nach Paris gezogen.

»Ich kam mir vor wie in einer dieser Spionagegeschichten«, beginnt Lotte zu erzählen, »ihr könnt euch das nicht vorstellen! Wir saßen noch gar nicht lange im Auto, da hat uns schon der erste Naziposten gestoppt. Uns allen haben die Knie geschlottert, während sie mit ihren dreckigen Pfoten alles durchwühlt haben. Ihre Gesichter haben sich dunkelrot verfärbt, als sie nur Noten und Unterwäsche entdeckt haben. Die Scheine steckten ja alle in unseren Handschuhen. Wir haben so viele hineingestopft, wie es nur ging. Ich habe am meisten Geld untergebracht, denn ich habe mir Handschuhe von Kurt geliehen. Als wir heil in München ankamen, fielen wir uns alle um den Hals. Aber damit ist die Geschichte nicht zu Ende. Nachdem wir eine Nacht in München verbracht haben, mussten wir ja weiter zur Grenze. Und auf dem Weg platzte uns ein Reifen. Schon hatten wir erneut einen Polizisten am Hals. Uns war ganz beklommen zumute, aber mit einem Mal hörten wir, was der Polizist pfiff. Es war *O Moon of Alabama*. Er muss wohl Kurt erkannt haben. Wer hätte gedacht, dass in der Uniform ein Revoluzzer stecken könnte? Jedenfalls montierte er uns sehr freundlich das Reserverad und verlangte als Gegenleistung nichts weiter, als dass wir eine Zigarette mit ihm teilten. Ausgerechnet an der Grenze, wo wir auf alles vorbereitet waren, ließen sie uns ebenfalls anstandslos passieren. Und so standen wir im Morgengrauen an der Seine. Ich kann euch sagen, das war der schönste Sonnenaufgang seit langem.«

Gut, dass die Nehers nicht da sind, um zu erzählen, wie die Flucht wirklich abgelaufen ist. Die Aufrichts und Lotte sitzen nicht alleine an ihrem Tisch. In der Kunst findet man immer schnell neue Verbündete. Ihre frisch gewonnenen französischen Freunde, die sie in dieses kleine Restaurant auf dem Montmartre geführt haben, haben während ihrer Rede ratlos auf Lottes Lippen geschaut, über die in rasantem Tempo fremdartige Laute ratterten. Lachend schwenkt sie das erhobene Glas in die Richtung der anderen und ruft auf Französisch: »Auf uns fröhliche Exilanten. Und unsere neuen Freunde.«

»Zum Wohle!«

Das ist Jean Cocteau, einer ihrer neuen Bekannten. Es ist so drollig, wenn er deutsch mit ihnen redet. Trotzdem kann er es nicht lassen. Er albert gerne herum, zugleich aber ist der Dichter mit den wilden schwarzen Locken und riesigen Augen im hageren Gesicht das Genie unter ihnen. Er schreibt Drehbücher und Gedichte, steht als Schauspieler auf der Bühne und führt dazu noch bei Filmen Regie. Malen und eine Ballett-Choreographie entwerfen kann er ebenfalls.

Den meisten seiner Landsleute gilt er als Enfant terrible. Allerdings haben die Bilder seines Films *Das Blut eines Dichters* viele Menschen in seinen Bann gezogen, sogar diejenigen, die dessen Handlung ratlos zurückließ. Auch Lotte fühlte sich beim Schauen überwältigt. Sie hatte das Gefühl, durch die Traumlandschaft eines anderen zu wandeln, in der jederzeit der Boden unter ihr nachgeben, die Wände verschwinden oder ein Objekt durch etwas anderes ersetzt werden könnte. Menschen verwandelten sich in Skulpturen und Skulpturen in Menschen. Als sie anschließend versuchte, Freunden gegenüber das Geschehene in Worte zu fassen, um ihre Begeisterung zu vermitteln, scheiterte sie. Sogar Cocteau selbst gab vor, nicht zu begreifen, was Lotte daran fand, und blickte sie spitzbübisch mit zur Seite geneigtem Kopf an: »Dabei ist es doch nichts weiter als ein realistischer Dokumentarfilm über unwirkliche Ereignisse.«

Cocteau versteht sich gut mit Kurt. Anders als viele andere der Surrealisten interessiert er sich für die Musik, und sie empfinden eine beiderseitige Wertschätzung für die Arbeit des anderen.

»Wie geht es ihm?«, will Cocteau in diesem Moment wissen.

»Kurt? Sehr gut. In der nächsten Woche bin ich in Nancy, dann wollen wir uns treffen.«

In letzter Zeit hat Lotte ihn nur selten zu Gesicht bekommen. Sie betrachtet Paris als ihren neuen Wohnsitz, reist aber immer noch oft mit Otto an die Küste. Trotzdem vergeht kaum eine Woche, ohne dass sie einander einen Brief schreiben. Otto verfolgt den Austausch mit bissigen Kommentaren, während Kurt sich über seinen Nachfolger stets nur höflich äußert und seinen

Dank dafür bekundet, dass Ottos einflussreicher Vater ihnen bei der Rettung von Kurts Vermögen hilft. Ohne seine Verbindungen wäre es sehr viel schwieriger, all die Zoll- und Naziverordnungen zu überlisten.

»Würden Sie Herrn Weill bitte ausrichten, dass er mir noch eine Melodie schuldet.«

Lotte nickt. »Sicher, aber erwarten Sie nicht, dass er so bald Zeit dafür findet. Er ist wirklich sehr beschäftigt.«

Cocteau scheint etwas erwidern zu wollen, wird dann aber von seinem Nebenmann in ein Gespräch verstrickt, der ihm unbedingt eine Zeichnung zeigen will, die er gerade auf einer Serviette platziert hat.

»Schön, das zu hören«, erwidert stattdessen Aufricht. »Wir haben ihn schon eine ganze Weile nicht gesehen.«

»Wir planen gerade ein neues Stück. Aber es steht noch nichts fest, deshalb kann ich leider nicht darüber reden.«

Bedauernd zieht Lotte die Schultern hoch und lässt sie wieder sinken.

Margot legt ihre Hand auf Lottes Arm. »Du musst mir helfen, Ernst zu überreden, mit mir ans Meer zu fahren. Er ist alles andere als ein fröhlicher Exilant. Sogar die Kinder machen sich schon Sorgen.«

»Margot«, ermahnt Ernst sie leise.

»Es ist doch wahr«, beharrt Margot. »So geht es nicht weiter.«

Lotte mustert den alten Freund. Es muss schlimm um ihn stehen, wenn seine Frau sich genötigt sieht, nach Verbündeten zu suchen, die sie dabei unterstützen, ihn von der Stadt loszueisen. Noch nie hat Lotte erlebt, dass Margot den Wünschen ihres Mannes in der Öffentlichkeit zuwiderhandelt. Das Wohl ihres

Mannes ist auch ihr eigenes, während Lotte ihrem kaum ein paar Eier braten konnte. Ist Margot nicht geradezu das Idealbild einer Ehefrau?

»Ich kann nicht abstreiten, dass ich besorgt bin«, gibt Aufricht schließlich nach. »Ich muss pausenlos an unsere Freunde in Deutschland denken.«

»Es ist wirklich kaum zu ertragen. Mein alter Freund, der Herr Kaiser, weigert sich auch standhaft, sein Berlin zu verlassen.«

Margot nickt mit düsterer Miene. »Man sollte meinen, es würde reichen, dass unser König des Belcanto von SA-Leuten niedergeknüppelt wurde.«

»Du meinst Richard Tauber?« Das ist Lotte neu. »Wirklich? Was wollten die denn von dem? Ich hätte nicht gedacht, dass sie sich auch an einen weltbekannten Star heranmachen.«

Aufricht ballt auf dem Tisch seine Hände zu Fäusten. »Sie haben kaum noch etwas zu befürchten. Während er am Boden lag, sollen selbst Passanten gejohlt haben, dass ein Judenlümmel in Deutschland nichts zu suchen habe.«

»Geblieben ist er aber trotzdem«, ergänzt Margot. »Er konnte ja seine neue Operette nicht im Stich lassen. Du weißt doch, wie sie alle miteinander sind. Das Wichtigste ist ihnen die Kunst, manchmal sogar wichtiger als ihr Leben.«

Lotte zündet sich eine Zigarette an. »Du hast recht, genauso sind sie. Die einzige Befriedigung ist, dass diese brutalen Fuzzis sicher allesamt Frauen zu Hause sitzen haben, denen die Höschen feucht werden, wenn Tauber ›Dein ist mein ganzes Herz‹ singt.«

»Lotte!« Trotz ihres strengen Tonfalls kann sich Margot ein Lächeln nicht verkneifen.

»Schwer zu sagen, ob er mutig oder dumm ist«, sagt Aufricht. »Er hat übrigens Hitler persönlich einen Brief geschrieben.«

Lotte schaut ihn überrascht an. »Nein!«

»Doch!«

»Aber wieso?«

»Er wollte mitteilen, dass es sich bei den Querelen gegen ihn um ein Missverständnis handeln müsse. Er sei ein guter Katholik, der bereits einen Orden vom Papst erhalten habe. Nur seine Großeltern väterlicherseits seien Juden gewesen.«

Lotte muss plötzlich an den kleinen Zigeunerjungen denken, der sein Schicksal so nüchtern einschätzte. »Er hat sich wirklich vor ihm gerechtfertigt? Es ist nun also wirklich verwerflicher, ein Jude zu sein als grundlos einen zu schlagen.«

Margot schaut zu ihrem Mann. »Ich habe am ganzen Körper gezittert, als sie Ernst zum Verhör in die Hedemannstraße geschleift haben.«

»Davon wusste ich gar nichts.« Entsetzt blickt Lotte zu Aufricht. Sie hatte von dem Haus gehört, in dem die Gestapo ihre Gesinnungsfeinde zu Hackfleisch verarbeitet.

»Ich konnte ihnen zum Glück entkommen. Für fünfzig Mark haben sie jedes Interesse verloren.«

»Es ist schrecklich, solche Lumpen bezahlen zu müssen. Mein Vater hat uns davor gewarnt.«

Bei den Worten seiner Frau nimmt Ernst eine aufrechte Haltung ein, schaut Margot missbilligend an. »Es ist leichter, Größe zu wahren, wenn man selbst nie in eine solche Situation gerät.«

Margot berührt sanft seinen Oberarm. »Glaube nicht, dass ich dir einen Vorwurf mache. Ich hätte ihnen auch hundert Mark dafür gegeben, dass du heil zu mir zurückkehrst.«

»Achtung!«

Sie fahren zusammen, als laut dieser Ruf vom anderen Ende des Tisches ertönt.

Cocteau zwinkert ihnen zu, bevor er auf Französisch fortfährt: »Ich weiß nicht, worüber ihr redet, aber es klingt, als würdet ihr einen Krieg anzetteln. Deutsch ist eine so barbarische Sprache.«

Er springt auf, die Hand zum Hitlergruß erhoben. Dann speit er eine lange Reihe unverständlicher Silben voll harter Konsonanten aus. Die Exilanten lachen am lautesten, doch dabei sehen sie einander die schlecht getarnte Verzweiflung an.

10. Szene

Einvernehmlich getrennt — Nancy,
April 1933

Wieder einmal ist sie zu spät dran. Sicher wartet Kurt schon ungeduldig auf sie. Hoffentlich lässt er sich auf die Idee von Edward James ein. So zauberhaft James auch sein kann, ist er doch zugleich eine schreckliche Nervensäge. Wobei ihm seine Klassenzugehörigkeit vielleicht keine andere Wahl lässt, als mehr Exzentrik und Launenhaftigkeit an den Tag zu legen, als ein normaler Mensch erträgt. Andernfalls könnte man in Versuchung kommen, ihn für langweilig zu halten, mit all dem Geld, für das er kaum einen Finger rühren musste. Er stolziert mit dem unerschütterlichen Selbstverständnis der Privilegierten durch die Welt und behauptet steif und fest, der Sohn des Prinzen von Wales zu sein. Nebenher fördert er die Kunst. Vor allem die Surrealisten findet er sehr schick. Das Interessanteste an ihm ist zweifelsohne seine Ehefrau Tilly. Sie ist so schön, dass manche Menschen in ihrer Gegenwart geblendet den Blick senken, und zudem eine begabte Tänzerin. Auch wenn Lotte damals als Tänzerin begonnen hatte, taugte sie im Grunde nie zur Ballerina. Mit Tilly würde sie dennoch nicht tauschen wollen. In Lottes Augen verehrte James die Kunst, ohne sie zu verstehen – und dazu scheint für ihn auch seine Ehefrau Tilly zu zählen. Noch am Abend ihres Kennenlernens gestand sie Lotte, dass Edward auch mit Frauen nichts anderes anzufangen wisse, als sie auszustellen. »Das macht aber nichts. Manchmal glaube ich, dass ich selbst mit Männern wenig mehr anfangen kann, als mich mit ihren Titeln und ihrem Geld zu vergnügen.« Tillys herzförmiger Mund spitzte sich zu einem Kuss. Lotte zwinkerte ihr vergnügt zu. Sie verstand die Einladung, wollte sich aber noch nicht darauf festlegen, sie anzunehmen. Offenbar wurden sie bei ihrem Geplänkel von James beobachtet. Seither ist er von dem Gedanken besessen, ein Ballett mit Gesang auf die Bühne zu bringen, in dem beide Frauen Zwillinge spielen.

»In vielen Dingen bist du ein Abbild meiner Frau. Ihr könntet zwei Seiten der gleichen Medaille sein. Das heißt, dafür seid ihr nicht verschieden genug. Eigentlich ist eine der anderen ein Spiegel«, stellte er fest – so war seine Idee geboren, die beiden auf der Bühne verschmelzen zu lassen.

Wenn sich jetzt noch Kurt bereit erklärt, die Musik zu schreiben, könnte sich der vage Einfall zu einer vielversprechenden Angelegenheit entwickeln.

Als Lotte endlich das Café erreicht, hält dort niemand sehnsüchtig Ausschau nach ihr. Kurt ist wie üblich in seine Notizen versunken. Er sitzt vor einer Spiegelwand, so dass Lotte sich selbst auf den Mann zugehen sieht, der nicht mehr ihrer ist. Sie kann ihr Gesicht nicht sehen, da es von dicht gedrängten Buchstaben verdeckt wird, die verkünden, dass an diesem Tag ein Kanincheneintopf mit Senf aufgetischt wird. Geräuschvoll rückt sie sich einen der Stühle am Tisch zurecht und hüstelt.

Da endlich sieht Kurt hoch. Die angespannte Konzentration in seinem Gesicht weicht einem warmen Lächeln. Er steht zur Begrüßung auf, und Lotte berührt mehrmals seine Wangen mit ihren Lippen.

»Weil wir uns außerhalb von Paris befinden, gebe ich dir vier Küsse.« In der Hauptstadt scheinen mehr als zwei als unfein zu gelten, während man sich in der Provinz – also überall außerhalb von Paris – großzügiger gibt.

Lachend lässt Kurt sich auf seine bequeme, mit rotem Samt bezogene Bank sinken, während Lotte ihm gegenüber auf hartem Korbgeflecht Platz nimmt.

Mehrmals schaut sie in den Spiegel hinter ihm. Nicht aus Eitelkeit. Ganz im Gegenteil fühlt sie sich ungewohnt befangen, wenn sie sich selbst beim Reden und Trinken betrachtet. Dennoch kann sie dem menschlichen Reflex nicht widerstehen, das eigene Abbild zu betrachten, wo es sich zeigt. Dabei wecken ihre Beobachtungen ein permanentes Bedürfnis, sich selbst zu korrigieren. Sie sieht ihre Gesten gezierter werden und hört, dass ihre Worte wegen der betonten Lippenbewegungen prononcierter klingen.

So werde ich also gesehen? Dass sie so fahl aussieht, schiebt sie auf das matte Licht in dem Lokal.

»Verrätst du mir, warum wir hier sind?« Sie klingt unbefangen, obwohl sie ja weiß, was er gleich verkünden wird. James bewundert Kurts Musik, aber es ist Lotte, mit der er unbedingt arbeiten wollte. Lotte bat ihn jedoch darum, Kurt eine Mitarbeit anzubieten. Dabei sollte er nicht erwähnen, dass er Lotte bereits verpflichtet hatte, damit Kurt selbst auf die Idee käme, sie zu engagieren. Sie hat nicht für einen Moment daran gezweifelt, dass er es tun würde. Aber ihm das Gefühl zu geben, die Fäden in der Hand zu halten, ist ihr reumütiges Geschenk an ihn, nach allem, was er schon für sie getan hat.

»Ich habe einen spannenden Auftrag von Edward James erhalten. Es soll in dem Stück zwei weibliche Hauptrollen geben. Eine wird seine Frau übernehmen, bei der anderen habe ich an dich gedacht.«

Lotte lächelt. »Oh, das ist aber lieb von dir. Worum geht es denn?«

Was für eine Erleichterung. Sicher hätte James alles platzen lassen, wenn Kurt auf die Idee gekommen wäre, eine andere zu bitten. Gut, dass Erika nicht singen kann. Wenn man auf Bravi hört, scheint sie Lotte in Gefühlsdingen einiges vorauszuhaben, aber Kurts Musik zum Klingen zu bringen, das vermag sie nicht!

»Wusstest du, dass James' Bett die Form eines Sargs hat und an Napoleons Feldbett erinnert?«, fragt Lotte, nachdem Kurt seine Ausführungen zu dem neuen Stück beendet hat.

Kurts Augenbrauen schnellen in die Höhe.

Lotte schüttelt grinsend den Kopf. »Kurt! Wo denkst du hin? Doch nicht Edward. Das hat Tilly mir erzählt. Und selbst bei ihr bin ich mir nicht sicher, ob sie jemals in diesem Bett gelegen hat.«

Er zuckt die Achseln. »Schon von Amts wegen muss ich mir darum keine Gedanken mehr machen. Aber es muss verrückt sein, in so jungen Jahren bereits so viel Geld zu besitzen.«

Beinahe schmerzt es Lotte, dass ihn der Gedanke, sie könne mit James schlafen, kaum zu beschäftigen scheint.

Lotte nippt an dem Glas Pastis, das ihr der Kellner gerade hingestellt hat. »Kein Grund, sich Sorgen zu machen. Er versteht sich jetzt schon sehr gut darauf, es auszugeben.«

»Wofür wir ihm ausgesprochen dankbar sein sollen.«

Kurt zwinkert ihr zu.

Lotte haut mit der Faust auf den Tisch. »Genau.«

Sie sehen sich an und lachen.

»Ach, ist er nicht eine schreckliche Nervensäge?«, ruft Lotte. »Er war in Eton und in Oxford, und man weiß nicht, wozu eigentlich. Anscheinend macht man das in England einfach so. Was für eine Zeitverschwendung, wenn er dann nicht einmal eine einfache Nachricht übermitteln kann.«

»Was meinst du?« Kurt sieht sie verwirrt an.

»Kennst du die Geschichte noch gar nicht? Nach seinem Studium war er bei der britischen Botschaft in Rom angestellt. Sie haben ihn allerdings sehr schnell auf unbestimmte Zeit beurlaubt, weil er die chiffrierten Botschaften ganz falsch abgesetzt hat – mit furchterregenden Folgen.«

Kurt lacht. »Der arme Kerl. Wir dürfen nicht so gemein zu ihm sein. Wenn einem alles offensteht, wollen die Menschen auch dementsprechend viel von einem sehen. Es muss schwer sein, in seiner Position nicht immer unter den Erwartungen zu bleiben.«

Lotte nickt ohne Überzeugung. »Mag sein. Bleibt nur die Frage, wer das Libretto schreiben soll.«

Kurt taucht einen seiner feingliedrigen Zeigefinger in ein Häufchen Zucker, der bei Lottes Hieb über den Tisch verstreut wurde. Nachdenklich malt er einen kleinen Wirbel.

»Das könnte sich tatsächlich noch als Problem herausstellen.

Ich habe auf Cocteau gehofft. *Die menschliche Stimme* hat mich sehr bewegt.«

Lotte hat das Stück, von dem er spricht, nicht gesehen, aber sie weiß, dass darin eine Frau mit ihrem Liebhaber telefoniert, der am folgenden Tag eine andere heiraten wird. Die Verschmähte versucht verzweifelt, ihn zurückzugewinnen. Vergeblich. Am Ende scheint sie sich umbringen zu wollen.

Als Kurts Blick zu ihr zurückkehrt, liegt darin etwas, das sie nicht deuten kann. Erst hält sie es für Sehnsucht und denkt, dass er ihr mit der Erwähnung gerade dieses Stücks etwas sagen will. Doch dann grinst er, was sie davon überzeugt, dass er sich über sie lustig macht. Sie beschließt, nicht darauf einzugehen.

»Mir hat *Das Blut eines Dichters* sehr gefallen. Alles war so unwirklich und zugleich so wahr.«

»Es erstaunt mich nicht, dass du den Film mochtest«, erwidert Kurt. »Er war konfus, unberechenbar. Ein Gedicht in Bildern, schön und schrecklich zugleich. Das erinnert mich an jemanden.«

»Immer noch der gleiche Witzbold.«

Lotte klapst seinen Oberarm. Als ihre Hand danach den Arm hinab bis zu seiner gleitet, steckt keine Absicht dahinter. Sie nimmt sie aber auch nicht weg, als sie das Unpassende ihrer Berührung bemerkt. Für einen Moment sitzen sie so da und schauen auf ihre Hände. Dann zieht Kurt seine zurück.

»Das Problem ist nur, dass Edward bereits im Juni die Premiere feiern möchte und Cocteau so bald keine Zeit hat.«

Offenbar weiß Kurt doch mehr als sie. »So bald schon? Das erinnert ja fast an die *Dreigroschenoper*.«

»Was mich auf einen Einfall bringt.«

»Du meinst doch nicht etwa Brecht. Ich dachte, ihr hättet euch endgültig getrennt. Hat er dich nicht ohnehin mit Hanns Eisler betrogen?«

Sie beißt sich auf die Lippe. Warum musste sie über Betrug sprechen und damit vermintes Gelände betreten?

Kurt zuckt mit den Achseln. »Mir fällt niemand ein, den ich sonst auf die Schnelle fragen könnte. Bei ihm weiß ich immerhin, worauf ich mich einlasse und dass wir am Ende trotzdem zu einem guten Ergebnis kommen. Außerdem wird er abliefern, was James sich wünscht. Auch er möchte dringend hier Fuß fassen.«

Lotte nickt. »Warum nicht, Kurtchen. Schließlich hatten wir ja auch mal herrliche Zeiten miteinander. Kann dann nicht auch gleich Cas das Bühnenbild übernehmen? Ich muss zugeben, dass ich ihn ein wenig vermisse. Wie läuft es denn zwischen ihm und dir?«

»Es ist nicht die innige Freundschaft geworden, von der ich dachte, dass sie sich entwickeln würde.«

Kein Wunder, wenn du mit seiner Frau schläfst. Lotte schluckt ihre Antwort herunter. Auf diesen Anflug von Bitterkeit hat sie kein Recht.

Sie lächelt. »Hat er sich eigentlich schon das Nationalistenfähnchen auf sein Auto gespannt? Zuzutrauen wäre es ihm. Aber ich mag ihn trotzdem.«

Kurt seufzt. »So geht es mir auch. Natürlich werde ich ihn fragen. Was das andere angeht, werde ich nicht schlau aus ihm. Ich denke, er passt sich dem Nützlichen an. Er ist nie einer von den überzeugten Marxisten gewesen, und sicher ist er auch kein richtiger Nazi geworden.«

Im Spiegel sieht Lotte den leeren Teller vor sich stehen. Sie hat den Kuchen verspeist, fast ohne es wahrzunehmen. Nun fühlt sie sich beinahe ekelhaft satt, aber nicht zufrieden. Als sie die Sahnereste auf ihrem Teller betrachtet, entdeckt sie dort das Blatt einer Erdbeere. Sie erinnert sich nicht daran, eine gegessen zu haben.

Als sie ein Kind war, schenkten die Ärzte ihr manchmal Erdbeeren, wenn sie ihnen Gedichte aufsagte. Sie hatte jede Einzelne genossen, die sie sich in den Mund steckte. Ihre Brüder und sie waren Stammgäste in der Klinik. Oft kamen sie mit stark blutenden Schnittwunden an den Füßen, weil sie es nicht lassen konnten, durch den Halterbach zu waten, in dem viele zerbrochene Bierflaschen lagen. Doch die Erdbeeren waren es wert.

Bei dieser Erinnerung lächelt Lotte. Manchmal vermisst sie den Hunger von früher, die Gier. Es gibt immer noch etwas, das sie unaufhörlich antreibt, aber immer häufiger hat sie das Gefühl, dass es sich ihrer Kontrolle entzieht. Als säße in ihr eine andere, die für sie A sagt, woraufhin sie dann der Bequemlichkeit halber mit B weitermacht.

»Vermisst du manchmal Berlin?«, fragt sie.

»Die Frage stellt sich mir nicht«, erklärt Kurt fest. »Dieses Kapitel ist abgeschlossen, und ich verschwende keinen Gedanken mehr an dieses Land.«

Lotte weiß plötzlich nicht mehr, warum sie sich jemals Sorgen um diesen Mann gemacht hat, der nicht nur auf dem Notenpapier hervorragend einen Schlussstrich ziehen kann.

»Allzu oft denke ich auch nicht daran. Im Grunde fühle ich mich für das Leben im Exil wie geschaffen – aber ich kann schon deshalb nicht so einfach mit Berlin abschließen, weil wir noch nicht ganz fertig damit sind, deine Angelegenheiten zu regeln.«

Er lächelt verlegen. »Natürlich. Ich bin dir sehr dankbar für deinen Einsatz, glaube mir.«

»Gern geschehen, mein Fröschlein. Es gibt noch etwas, das ich mit dir besprechen möchte.«

»Soll Herr P. auch einen Gesangspart bekommen? Ich werde ihn gerne berücksichtigen.«

»Fein, ich danke dir dafür.« Sie hatte etwas anderes mit ihm besprechen wollen.

Kurt fixiert einen Punkt hinter ihrer Schulter. Als Lotte seinem Blick folgt, entdeckt sie dort zu ihrer Überraschung Bravi, der auf das Café zugeht.

»Ich wusste nicht, wie lange du und ich zusammensitzen würden, als ich mich hier mit ihm verabredet habe«, sagt Kurt. »Es macht dir doch nichts aus?«

»Unsinn, ich wollte ohnehin gerade gehen.«

Bravi begrüßt sie ohne Wangenküsse. »Hallo, Lotte. Wie geht es dir?«

»Sehr gut. Aber ich muss nun weiterflitzen. Ich lasse euch also allein. Bestimmt habt ihr viel zu besprechen.«

Sie ist sich sicher, dass Bravi gleich zum Dirigenten des neuen Stücks ernannt wird. An der Tür dreht sich Lotte noch einmal um. Sie erkennt die Wärme und das Einverständnis in der Mimik und den Gesten der Männer. Sie haben Lotte bereits vergessen.

11. Szene

---◇---

Kleine Sünden – Paris,
7. Juni 1933

Als Lotte das Théâtre des Champs Elysées verlässt, weiß sie für einen Moment nicht, in welcher Stadt sie sich befindet. An der Uraufführung der *Sieben Todsünden* waren so viele alte Bekannte beteiligt, dass man sich ebenso gut noch in Berlin hätte befinden können.

Gemeinsam überqueren sie lachend die steinerne Pont de l'Alma, um auf die andere Seite der Seine zu gelangen. Sie haben sich entschieden, in einer Bar weiterzufeiern. Sogar Brecht ist gekommen, nachdem Kurt ihm um der alten Zeiten willen tausend Francs für die Anreise geschickt hatte. Brecht hatte sich darauf versteift, den Aufenthalt in Paris nicht bezahlen zu können. Nachdem er das Libretto abgeliefert hatte, schien ihn die Inszenierung kaum noch zu interessieren. Trotz seines gespreizten Gebarens muss Lotte sich eingestehen, dass es ihr gefällt, ihn wiederzusehen.

»Nun sag schon, hat es dir gefallen?« Sie hakt sich bei ihm unter.

»Ich denke, es war wohl recht hübsch.« Seinen Blick hält er gleichgültig auf die Seine gerichtet.

Lotte macht sich von ihm los. »Hübsch? Es kam dir also hoffnungslos unbedeutend vor.«

»Vielleicht mochte ich auch nur das Publikum nicht.«

»Die Pariser sind dir wohl zu pompös?« Lotte betrachtet seine abgetragenen Schuhe und das Lederjackett mit dem speckigen Kragen.

Er zuckt mit den Achseln. »Ich überlege, nach Dänemark zu gehen.«

»Dänemark?« Lotte schaut ihn überrascht an. »Was gibt es denn da?«

»Vielleicht kann man dort eine Bar betreten und ein vernünftiges Gespräch führen, ohne dass einem gleich ein leichtes Mädchen auf den Knien sitzt.«

Lotte lacht auf. »Zumindest werden sie weniger leicht bekleidet sein. Es soll kalt sein im Norden. Ich hätte aber nicht gedacht, dass dich ein paar Mädchen aus dem Konzept bringen.«

In seinen Stücken wimmelt es von Huren, doch im wahren Leben könnte man Brecht mit einem braven Familienvater verwechseln – wenn man einmal davon absieht, dass er seine Weihnachtsbäume in mehreren Haushalten aufstellt.

Brecht gibt ein schnaubendes Geräusch von sich. »Es ist nur schwer, einer Unterhaltung zu folgen, wenn einem jemand am Hals rumfingert und wissen will, ob man lieber mit einer oder mit zwei Frauen ins Bett ginge.«

»Und?«

»Ich habe der Dame geantwortet, dass ich darauf keine Antwort geben könne, weil ich in ein so anregendes Gespräch über den dialektischen Materialismus vertieft sei, dass der Gedanke an noch mehr Erregung mir schier unerträglich wäre.«

Lotte verzieht ihr Gesicht. »Jetzt tut mir das Mädchen leid.«

»Du hast eben ein mitfühlendes Herz.« Brecht klopft ihr leicht auf die Schulter und gesellt sich zu Cas.

Amüsiert blickt Lotte ihm nach.

Tilly legt einen Arm um ihre Hüfte. »Wer tut dir leid?«

»Alle Menschen, die Paris nicht mögen.« Sie betrachtet die Lichter, die sich im Wasser spiegeln.

»Ich für meinen Teil liebe diese Stadt. Ich fühl mich schon wie eine richtige Pariserin.« Tilly legt ihren Kopf auf Lottes Schulter. »Und du?«

»Bedaure. So gut es mir hier auch gefällt, weiß ich nicht, ob ich eine Pariserin sein möchte. Vielleicht fühle ich mich ja überall zu Hause – für eine Weile«, sagt Lotte.

»Sagt man nicht, das Zuhause sei dort, wo das Herz ist?«

Mit anzüglich erhobener Braue nickt Tilly in die Richtung zweier Männer vor ihnen. Da es sich bei ihnen ausgerechnet um Otto und Kurt handelt, die schweigend nebeneinander hergehen, ist sich Lotte nicht sicher, auf wen der beiden Tilly anspielt.

Otto hat eine permanente Verteidigungshaltung gegenüber Kurt eingenommen, die ihn erschreckend klein aussehen lässt, vor allem da sich Kurt ihm gegenüber nie anders als höflich zeigt.

Ich habe ihn mir ganz anders vorgestellt. Wie konnte ich glauben, er hätte etwas Heroisches?

Lotte küsst Tilly auf die Wange. »Ich kann dir sagen, wo sich mein Herz befindet. Es sitzt ganz fest unter meinem Brustkorb.«

Tillys Gelächter lässt die anderen herumfahren: Kurt, Otto, Bravi, die Nehers – sie alle sehen zu, wie Tilly ihre Spielpartnerin leidenschaftlich auf den Mund küsst.

»Du bist wunderbar«, haucht sie danach in Lottes Ohr. Obwohl die Straßenlaternen nicht ausreichend Licht spenden, um die Mienen der anderen genau zu sehen, würde Lotte darauf wetten, dass sich Ottos Gesicht ärgerlich zusammengeknautscht und Kurt ein amüsiertes Lächeln aufgesetzt hat. Es kann weder dem einen noch dem anderen entgangen sein, dass sich die beiden Frauen während der Proben hautnah gekommen sind. Dabei erscheint es Lotte nur wie eine konsequente Fortführung des Bühnengeschehens, wenn sie auch dahinter verschmelzen, schließlich verkörpern sie zwei Bestandteile einer Person. Die praktisch veranlagte Anna I, die von Lotte gespielt wurde, singt, während die sehnsuchtsvolle Anna II sich die Seele aus dem Leib tanzt. Zugleich kann man Anna I als eine Art Verkäuferin betrachten, deren Ware Anna II ist. Und die Tänzerin Tilly verstand sich von Anfang an blendend darauf, sich als Produkt zu präsentieren, das von Lotte fachmännisch überprüft werden musste. Es war neu für sie, einen Frauenkörper zu erforschen, und dennoch wussten sie von Anfang an, wie sie einander zu berühren hatten. Sie umschlangen einander, bis Lotte Tillys weiche Haut überall zugleich zu spüren meinte. Es war, als würde sie in ein maßgefertigtes Seidenkleid schlüpfen, in dem nichts einschnürte oder flatterte. Sie aßen im Bett Schokoladenpralinen und tranken Champagner. Und nie bestand ein Zweifel daran, dass sie nach der letzten Aufführung ohne Schmerzen auseinandergehen würden.

Mit einer Hand umfasst Tilly eine Straßenlaterne und umkreist sie singend, als befände sie sich in einem amerikanischen Musical.

‗‗‗ Jetzt steht es da, unser kleines Haus in Louisiana.
Jetzt kehren wir zurück in unser kleines Haus
Am Mississippi-Fluss in Louisiana ‗‗‗

»Das ist mein Part!«, ruft Lotte lachend, fällt aber in den Gesang ihrer Freundin mit ein. Nachdem sie ihre kleine Aufführung beendet haben, entdeckt Lotte, dass Erika nun direkt neben Kurt geht. Ihre Ellbogen berühren sich beim Gehen wie unabsichtlich. Kurt flüstert seiner Begleiterin etwas ins Ohr. Diese lehnt sich ihm daraufhin leicht entgegen und scheint zu lächeln. Nichts an ihrem Gebaren wirkt frivol. Ein Stromschlag durchfährt Lotte bei diesem Anblick. Die zurückhaltende Zartheit ihrer Gesten kommt ihr intimer vor als alle Küsse, die sie selbst an diesem Abend ausgetauscht hat. Man würde meinen, sie bekäme nichts zu Gesicht, was sie sich nicht bereits ausgemalt hätte. Doch ihre Vorstellung ist gröber gewesen als die Realität.

Kurz darauf übertönt Cas' Stimme alle Plaudereien. »Die Champs-Elysées sind das eine. Aber weißt du, Otto, es ist ganz schön, nun auf dem Kurfürstendamm runterzugehen. Da sind gar keine Juden mehr.«

Die Szenerie scheint einzufrieren, nach dieser unvorstellbaren Bemerkung. Lotte ahnt, dass Cas von Eifersucht gegenüber Kurt getrieben ist. Nur wer Angst hat, neigt zu solcher Brutalität. Statt es nun aber dabei zu belassen, fährt Cas fort: »Der Kurfürstendamm ist jetzt so rein. Du weißt, was ich meine.«

»Halt's Maul, du Dreckskerl.« Abravanel droht mit der Faust.

»Was hast du gesagt?« Cas macht ein paar Schritte auf ihn zu.

»Für heute ist es genug.« Lotte greift nach seinem Handgelenk. Widerstrebend gibt Cas nach. »Also schön, weil Damen anwesend sind.«

Besorgt sieht Lotte sich nach Kurt um. Er steht immer noch wie versteinert da. Sie will gerade auf ihn zugehen, da kommt Erika ihr zuvor. Sie entschuldigt sich nicht für ihren Mann, was sicher zu einer Eskalation geführt hätte, aber sie umschließt Kurts Hand mit ihrer, woraufhin sich seine Erstarrung langsam löst. Mit pochendem Herzen fragt sich Lotte, ob ihre Berührung für ihn eine ebenso wirksame Medizin gewesen wäre. Gab es wirklich einmal eine Zeit, in der sie sich aneinander gebunden fühlten, als wären sie ein Leben? Es muss so gewesen sein. Denn wäre sie nicht so schön und so beängstigend gewesen, wäre alles andere vielleicht nie passiert. Nun aber hat sich der Mann, der in ihrem Blut ertrinken wollte, Räume erschaffen, zu denen sie keinen Zutritt hat.

In der Bar angekommen, steigert sich das Grüppchen in eine beinahe hysterische Fröhlichkeit hinein. Sie tanzen, lachen und singen, als sei nichts vorgefallen. Otto und Brecht verabschieden sich früh. Cas schiebt Tilly über die Tanzfläche, während Kurt mit Erika tanzt – immer noch ohne jede Laszivität, aber geborgen in einem undurchdringlichen Kokon der Vertrautheit.

Unschlüssig betrachten Bravi und Lotte die beiden Paare.

»Was habe ich nur getan?«, fragt Lotte.

»Wenigstens siehst du ein, dass du es dir selbst zuzuschreiben hast.« Bravi lächelt.

»Bin ich denn so schrecklich?«

»Nein. Du bist nur nicht die richtige Frau für ihn.«

»Und Erika ist die richtige Frau für ihn?«

Bravis Blick schweift von Cas zu Erika und zurück. Ein Ehepartner beobachtet den anderen, wenn dieser gerade nicht hinsieht.

Bravi seufzt. »Vielleicht nicht. Aber warst du nicht diejenige, die sich scheiden lassen wollte?«

»So bin ich ihm nützlicher.«

»Du wolltest nicht mehr Frau Weill sein, um ihm nützlich zu sein?«

Lotte läuft der Schweiß über den Rücken. Eine Daumenschraube bei einer peinlichen Befragung im Mittelalter kann kaum unerfreulicher gewesen sein, als Bravis unnachgiebiges Bohren. Wenn sie sich wenigstens ihrer eigenen Gefühle sicher wäre, dann könnte sie die tragische Heldin dieser jämmerlichen Geschichte sein.

»Ach, Bravi, ich weiß es doch nicht. Mein Kopf platzt gleich. Ich habe dies alles so über.«

12. SZENE

---◇---

Nun kann keiner mehr etwas tun – Berlin, September 1933

Fräulein Lenja?«

»Himmel!« Erschrocken fasst sich Lotte an den Hals, als sie unerwartet von einem Mann angesprochen wird. Sie wäre beim Gehen beinahe mit dem Kopf gegen seinen Brustkorb geprallt, so nahe vor ihr ist er zum Stehen gekommen. Seine schwarzen Augen erscheinen ihr vage vertraut. Seine Nase ist platt, deswegen hält sie ihn erst für einen der Boxer, deren Kämpfe sie sich früher so gerne angeschaut hat. Aber dann erkennt sie in ihm einen Schauspieler, der ihr gelegentlich in einem der üblichen Künstlertreffs über den Weg gelaufen war.

»Herr Kardan? Alexander Kardan?« Sie versucht, sich nicht anmerken zu lassen, dass sein Anblick sie verstört. *Er ist bereits tot.* Seine bleiche Haut ist straff über die Knochen gespannt, darin liegen die dunklen, großen Augen tief wie zwei leere Höhlen.

»Es ist nett, an diesem grauen Herbsttag in ein vertrautes Gesicht zu blicken.« Lächelnd umklammert Lotte ihre volle Tasche. Gerade hat sie in Potsdam die Scheidungspapiere abgeholt. »Geht es Ihnen gut, Herr Kardan?«

»Natürlich.« Sein unsteter Blick meidet ihren.

Vielleicht wird sie sich besser fühlen, wenn sie jemandem etwas Gutes tut, und er sieht aus, als könnte er ebenfalls eine Ablenkung vertragen. »Darf ich Sie zum Essen einladen?«

Kardan schneidet eine hässliche Grimasse, die Lotte daran erinnert, dass gerade diejenigen ihren Stolz angestrengt hüten, die ihn sich nicht leisten können. Seine Ärmel sind an den Ellbogen so fadenscheinig, dass sich bald die ersten Löcher in der Wolle zeigen werden.

»Es geht um etwas Geschäftliches«, sagt sie förmlich, womit sie alles aus ihrer Stimme verbannt, was er als Mitleid auslegen könnte. »Jemanden wie Sie suche ich gerade. Einen, der Berlin wie seine Westentasche kennt und garantiert nicht mit den Nazis gemeinsame Sache macht.«

Sie zwinkert ihm verschwörerisch zu. Seine Gesichtszüge glätten sich. *Na bitte.* Kaum jemand kann dem Vertrauen widerstehen, das andere in einen setzen. Ein Kavalier kann einer Frau, die seiner Dienste bedarf, schlecht etwas abschlagen. »Würden Sie mich also begleiten?«

»Also schön, Fräulein Lenja. Aber erwarten Sie nicht, dass ich eine angenehme Gesellschaft bin, die Dinge haben sich für mich sehr verändert.«

»Für uns alle«, sagt Lotte fest. Sie deutet auf das Restaurant auf der anderen Straßenseite. »Was meinen Sie, gehen wir gleich dort hinein?«

Er nickt. »Einverstanden.«

Es ist zu spät für ein Mittagessen und zu früh für den Nachmittagskaffee, deshalb sind im Restaurant viele Tische frei. Lotte schlägt einen vor dem weißen Kachelofen vor.

Sie räkelt sich auf ihrem Stuhl. »Da wird es einem doch gleich behaglicher.«

Mit Mühe gelingt es ihr, Kardan zu gebratenem Hühnchen zu überreden. »Mein Mann und ich sind wirklich auf jemanden wie Sie angewiesen.«

Sie zückt ihr Zigarettenetui. Schnell greift er in die Brusttasche seines Hemdes und holt sein eigenes hervor. »Nehmen Sie bitte eine von meinen.«

»Sehr gerne, danke.«

Sie dreht die Zigarette zwischen ihren Fingern. »Man weiß schon gar nicht mehr, welche Marke man rauchen soll. Immer gibt es diese Hitler-Bilder dazu. Früher konnte man sich wenigstens noch Bilder von Schauspielern ins Sammelalbum kleben.«

Kardan lacht hart auf. Dann schweigt er. Doch bevor Lotte das Wort ergreifen kann, bricht bei ihm ein Wortschwall voller Bitterkeit den Damm. Sein Vater ist aus dem Fenster gesprungen, die Mutter hat sich vergiftet. Sie glaubten nicht mehr daran, als Juden noch eine Zukunft zu haben.

Lotte bedauert für einen Moment, nicht doch gleich zurück nach Frankreich gefahren zu sein. Sie weiß nicht, wann sie hier zuletzt jemandem begegnet ist, der Gutes zu berichten hatte.

Ein Mann betritt den Raum und gesellt sich zu einem anderen, der ihn munter empfängt: »Hei-Tler.«

Der Neuankömmling erwidert den Gruß.

Sie tragen teure Anzüge und Anzeichen einer guten Erziehung, die vermuten lassen, dass sie früher nicht zu denen gehörten, die

»Heil Hitler« gerufen hätten. Ihr Nuscheln zeigt die Vertrautheit, mit der der Gruß ihnen mittlerweile über die Lippen geht. Er hat jetzt natürlich seinen provokativen Charakter verloren. Der Räuber wird zum Bürger und der Bürger zum Räuber. *Ach, Brechtchen! All dein Theater hat nichts genützt.*

»Das mit Ihren Eltern tut mir sehr leid, Herr Kardan.«

»Vielleicht sollte ich auch einfach verschwinden.«

»Sie meinen damit hoffentlich nur: außer Landes.«

»Das wäre eine Möglichkeit.«

Sicher fehlt ihm das Geld, um auszureisen. Aber vielleicht ließe sich daran ja tatsächlich etwas ändern. »Ich bin damit beschäftigt, Kurts Angelegenheiten zu ordnen. Es geht dabei um recht viel Geld. Ich könnte Unterstützung brauchen, die natürlich entlohnt werden würde.«

Sie verschweigt, dass sie bereits einen Helfer hat, der aber möglicherweise ihr Vertrauen nicht verdient. Wenn Otto Möbel verkauft, gelangt das Geld nie vollständig zu Kurt, und dessen Wagen fährt Otto auch noch.

Kardan schaut sie zweifelnd an.

»Bitte, ich weiß wirklich nicht, an wen ich mich sonst wenden könnte.« Hat sie zu dick aufgetragen? Auch wenn sie sich früher über den Weg gelaufen waren, hatten sie sich nie näher kennengelernt.

»Und wie kann ich Ihnen dabei helfen?«, fragt Kardan.

Sie erklärt es ihm. Vor allem gehe es darum, nun da Kurt ein Haus habe, den über die Stadt verteilten Hausrat nach und nach einzusammeln und zur Grenze zu schaffen. Sie zweifelt nicht daran, dass Kurt einwilligen wird. Er und Lotte sind noch einmal glimpflich davongekommen, doch dieser arme Mann ist nun

Vollwaise. Und wenn es so weitergeht, werden bald noch mehr Menschen sein Schicksal teilen.

Schaudernd denkt Lotte an jene Märznacht, in der sie nach Kurts Flucht aus Berlin das Hotel in München erreichten. Damals fing sie an zu begreifen, dass ihre vertraute Welt wirklich untergehen würde. In andächtiger Götterdämmerungsstimmung hockten dort ausreisewillige Künstler aufeinander und lauschten dem Rauschen im Radio. Dabei konnte nach dem Brand und allem niemand mehr daran zweifeln, dass Hitler sein Ermächtigungsgesetz durchbringen würde. Das Parlament hatte sich selbst entmachtet, die KPD war ausgeschaltet worden. Und wie zu erwarten gewesen war, stimmten fast alle anderen – wohl teils aus Angst, teils aus Überzeugung – dem Gesetz zur Behebung der Not von Volk und Reich zu. Nur die SPD verweigerte ihr Einverständnis mit anrührender Tapferkeit.

»Freiheit und Leben kann man uns nehmen, die Ehre nicht.« Der gute alte Otto Wels. Mit diesen Worten sicherte sich der Vorsitzende der Arbeiterpartei gleich den ersten Platz auf der Ausbürgerungsliste. So war er über Nacht kein Deutscher mehr, aber wenigstens noch am Leben.

Nachdem der Ausgang der Abstimmung verkündet war, verbarg Kurt das Gesicht in seinen Händen, während Hitlers schrille Stimme forderte, dass die Kunst sich fortan an Blut und Rasse zu orientieren habe.

»Nun kann keiner mehr etwas tun«, sagte Kurt düster.

»Das will ich gerne für Sie tun«, erklärt Kardan ernsthaft.

»Ich habe übrigens gehört, was gerade in Ihrer Heimat passiert ist. Dort scheint ja auch einiges im Gange zu sein.«

Lotte nickt betrübt. »Meine Schwester hat gesehen, wie Leichen davongetragen wurden.«

Keine zwei Wochen ist es her, dass in Österreich gemordet und in die Luft gejagt wurde, was das Zeug hält. Die erbitterten Schlachten gingen jedoch selbst an den meisten von Lottes Landsleuten unbemerkt vorbei, denn sie beschränkten sich auf die Arbeiterbezirke. Nachdem Kanzler Dollfuß sich auf das Ermächtigungsgesetz berufen hatte, brach vielerorts Chaos aus. Die österreichischen Sozialdemokraten zeigten sich sehr viel wehrhafter als die deutschen. Die kämpferischsten Männer unter ihnen, der Republikanische Schutzbund, eröffnete das Feuer. Es starben auch Frauen und Kinder, und doch beschleunigte es die Sache nur. Die Kampflustigen hatten zwar gegen den Willen ihrer Partei gehandelt, lieferten mit ihrem Einsatz aber einen Vorwand, auch unbeteiligte Genossen zu vertreiben oder zu verhaften.

»Und flugs war es auch in Österreich vorbei mit der schönen Demokratie«, sagt Lotte.

Kardan nickt. »Wenn ich daran denke, bin ich mir nicht mehr sicher, ob man überhaupt weit genug fliehen kann.«

13. Szene

$\diamond$

Arm, aber unglücklich – Louveciennes, Januar 1934

Harras' Bellen begrüßt Lotte, noch bevor Kurt ihr die Tür geöffnet hat. Sie hört das Tapsen seiner Pfoten auf dem Parkett. Ihm folgen die Schritte des Hausherrn.

»Komm herein«, sagt er, als er im Türrahmen steht.

Im Wohnzimmer lässt sich Lotte ächzend auf sein Sofa fallen. »Das war eine aufregende Woche, aber ich denke, wir haben nun alles geschafft. Danke, dass du Kardan das Geld hast zukommen lassen.«

»Ich muss zugeben, dass ich für einen Moment überrascht von deiner Bitte war. Wir kennen ihn kaum, und wenn wir ihn einmal getroffen haben, hatte ich das Gefühl, seine umständliche Art strengt dich ebenso an wie mich.«

Verwundert sieht Lotte ihn an. Sie erinnert sich kaum an Begegnungen mit Kardan, so dass sie weder Widerwillen noch Freude empfunden hat, ihm zu begegnen. Beinahe beschämt sie diese vorherige Gleichgültigkeit, wenn sie sich die elende Gestalt in Erinnerung ruft, die ihr vor kurzem am Tisch gegenübersaß.

»Vielleicht hatte ich das Gefühl, dass wir nun alle zusammenhalten müssten. Das ist das Geringste, was wir dem Geschmeiß entgegensetzen können, findest du nicht? Und ich glaube wirklich, dass er uns helfen kann.«

Kurt räuspert sich. »Wenigstens scheint er kein Schwindler zu sein.«

Lotte beißt sich auf die Lippe. Noch nie hat Kurt so eindeutige Worte über Otto geäußert – nicht, dass sie ihnen widersprechen könnte.

»Das ist der arme Kardan sicher nicht. Es muss seltsam sein, plötzlich als Waise dazustehen, egal in welchem Alter. Ich hoffe, du konntest deine Eltern davon überzeugen, das Land zu verlassen?«

»Sie denken darüber nach, in Palästina neu anzufangen.«

»Palästina? Das ist aber sehr weit weg.«

Kurt nickt. »Sie wollen nicht irgendwo ein geduldeter Gast sein. Sie setzen auf den neuen Staat Israel. Allerdings wollen die Briten nicht allzu viele Juden auf einmal ins Land lassen, um die Araber nicht zu verschrecken. Deswegen warten meine Eltern noch.«

»Ach, herrje. Es scheint mir nicht so, als würden dort unbegrenzt Milch und Honig fließen. Wollen deine Eltern dort wirklich hin?«

Er zuckt mit den Achseln. »Sie suchen eine neue Heimat, so wie wir alle. Mir hat es übrigens sehr geholfen, dass du mir diesen treuen Jungen hier geschickt hast. Danke noch mal.« Er krault Harras' Fell. »Das war eine herrliche Schau, als er hier vor dem

Haus in seiner riesigen Kiste vorgefahren wurde. Alle Nachbarn klebten an ihren Fenstern. Er hat sich nicht lumpen lassen, sondern ihnen die längste Pinkelnummer der Welt geboten.«

Lotte lacht laut auf. »Oh, Harras!«

»Wirklich, ich dachte, er würde niemals mehr aufhören zu pinkeln. Er muss es sich während der ganzen Reise vor Aufregung verkniffen haben. Wenigstens jault er nachts nicht mehr so viel wie am Anfang. Ich fürchte, er vermisst sein Häuschen im Grünen.«

Lotte verzieht das Gesicht. »Du wirst es nicht hören wollen, aber ich bin froh, dass es nun verkauft ist. So ein leeres Haus hat etwas Unheimliches. Hast du entschieden, was mit den restlichen Möbeln geschehen soll? Ein paar von ihnen haben wir vorerst bei den Eltern von Herrn P. untergebracht.«

»Vielleicht können sie ja dort bleiben, bis ich den Ort gefunden habe, an dem ich dauerhaft leben möchte. Bald werde ich mich wahrscheinlich für längere Zeit in Hollywood aufhalten.«

Hollywood? Lotte ringt sich ein Lächeln ab. »Das klingt ja traumhaft. Was hast du dort vor?«

»Marlene Dietrich hat mir geschrieben. Sie möchte, dass ich mit ihr und Sternberg an einem musikalischen Film arbeite.«

Lotte kann einer Spitze gegen die berühmte Schauspielerin nicht widerstehen. »Weißt du noch, wie sie damals für den *Dreigroschenfilm* vorgesprochen hat und Pabst sie nicht haben wollte?«

Kurt hebt die Augenbrauen. »Wenn ich mich recht erinnere, hat er sie abgelehnt, weil er ihre Beine zu schön und sie zu groß fand?«

Daran hat sie gar nicht mehr gedacht. Lotte betrachtet verärgert ihre Finger. »Dann lagern wir die Möbel ein, bis wir wissen, wo du bleibst. Falls du übrigens einen netten Amerikaner triffst, den ich heiraten kann, bringe ihn gerne mit.« Ein Anflug von Scham hält sie davon ab, deutlicher zu sagen, dass sie beinahe jedes Interesse an Otto verloren hat. »Herr P. ist uns leider noch recht viel Geld aus dem Hausverkauf schuldig. Ich hoffe, dass wir es jemals wiedersehen.«

Natürlich fand Otto zahlreiche Ausflüchte, warum Kurt nur ein Teil des Geldes erreichte. »Und überhaupt, seit wann bist du so kleinlich?«, fragte er sie bei ihrem letzten Streit.

»Es wäre etwas anderes, wenn es nur um mein Geld ginge. Ich hätte nicht gedacht, dass du ausgerechnet Kurt auf der Tasche liegen möchtest.«

»Ich bin nicht der Einzige, der sich selbst bedient hat.«

»Ich habe nie etwas ohne sein Wissen genommen. Außerdem war ich seine Frau. Das ist doch wohl etwas anderes.«

Otto trat gegen ein Tischbein. »Und ich bin der Mann, der sich abrackert, um sein Vermögen außer Landes zu schaffen. Da kann er doch wohl ein wenig Größe zeigen.«

»Größe? Du könnest seine Schuhe niemals ausfüllen.«

Diesmal gab es keine Versöhnung im Bett.

Lotte schaut Kurt bedauernd an. »Es tut mir leid.«

Er lächelt überrascht. »Das muss es nicht. Wer weiß, ob andernfalls nicht alles futsch wäre.«

»Nett von dir, das zu sagen, Kurt. War es eigentlich schön in Italien? Waren die Nehers brav? Und hast du meinen Ratschlag befolgt?«

»Welchen Ratschlag?«

»Dein Glätzchen nicht zu lange in die Sonne zu halten …«

»… weil ich sonst doof werde, richtig. Ich habe mich daran gehalten, außer beim Schwimmen natürlich.«

»Wie geht es den Nehers?« *Was ist mit Erika?*

»Cas hat sich eigenartig verhalten. Dort, wo sich Emigranten trafen, waren fast immer Geheimpolizisten in der Nähe. Ich glaube, sie haben absichtlich keinen Hehl aus ihrer Schnüffelei gemacht. Die Menschen sollten sich unwohl fühlen. Aber ich habe deutlich gemerkt, dass sich Cas genierte, mit mir gesehen zu werden.«

»Was für ein Opportunist. Er denkt wohl, es könnte ihm in Deutschland schaden.« *Was ist mit Erika?*

»Deutschland! Sobald ich eine andere Sprache ausreichend beherrsche, werde ich kein Wörtchen Deutsch mehr sprechen.«

»Oui, bien sur. That's the way«, sagt sie munter. Am liebsten würde sie frustriert aufstampfen.

»Ich vergesse immer, was für eine weltgewandte Frau du geworden bist.«

Sie presst die Lippen fest zusammen.

»Schau mich nicht so böse an«, sagt er lachend. »Ich meine es ernst. Ich freue mich, dass du wieder häufiger auf der Bühne stehst.«

Sie ist weniger gut beschäftigt, als er anzunehmen scheint. Mit Glück kann sie ein paar der offenen Rechnungen begleichen. Die Zeit an den Spieltischen hat ihrem beruflichen Aufstieg nicht gut getan. Wenn sie als Pussy Angora vorgibt, »lieber reich, aber glücklich« zu sein, tönt ihr fortwährend die Stimme ihrer Mutter im Ohr: »Kind, du gibst ja immer noch für alle das Wurschterl.«

»Und wie geht es dir?«, fragt Lotte.

»Wenn ich nach Amerika gehe, bleibe ich vielleicht dort.«

»Warum?«

»Langsam wird die Luft sogar in Frankreich dünn. Erinnerst du dich an die Konzertreihe, die Bravi dirigieren sollte? Er bestand darauf, Stücke von mir unterzubringen. Ich war es meinem Gewissen schuldig, ihm davon abzuraten. So weit ist es nun auch hier gekommen.« Kurt springt auf. »Hätte er doch auf mich gehört! Du kannst dir nicht vorstellen, wie sie hinterher gejohlt haben. Ein französischer Komponist hat mir den Hitlergruß gezeigt. Danach konnten Bravi und ich uns einen ganzen Abend nicht in die Augen schauen, so sehr haben wir uns voreinander geschämt.«

Lotte sucht seinen Blick, doch er wandert mit den Händen in den Taschen durch den Raum und sieht sie nicht.

»Kurt.«

»Ja?«

»Ich weigere mich, Mitleid mit dir zu haben – genau, wie Bravi es tut. Er hat auf deine Stücke bestanden, weil er an dich glaubt. Mehr als an jeden anderen. Und damit liegt er ausnahmsweise einmal richtig. Ignorier die Dummköpfe. Du feierst hier immer noch genügend Erfolge, die sie in ihre Schranken verweisen.«

Er setzt sich wieder hin und schaut nachdenklich aus dem Fenster. »Und dennoch kann ich nicht anders, als mich zu fragen, ob ich es nötig habe, mich in einen neuen Hexenkessel zu setzen. Ich will mich nicht länger im Kampf mit diesem Intriganten-Geschmeiß verbrauchen«, sagt Kurt leise.

Unvermittelt lächelt er und wendet sich ihr mit klarem Blick zu. »Was meinst du Lotte, wäre es nicht prima, wenn du hier einziehen würdest?«

Ist das sein Ernst? O Gott, was nun?

»Pasetti ist ebenfalls willkommen. Wir würden viel Geld sparen und hätten sicher eine Menge Spaß.«

Kein Mann, der noch an einer Frau hängt, würde deren Liebhaber mit so viel Gelassenheit in sein Haus einladen, denkt Lotte. Aber wenn sie hier einzöge …

Kurt winkt ab, da sie nicht sofort antwortet. »Eine dumme Idee. Ich ziehe sie hiermit zurück. Glückwunsch übrigens zu deinem neuen Stück *Lieber reich, aber glücklich*.«

Lotte sieht ihn ungläubig an. Dann macht sie ihrem aufgestauten Ärger mit einem Fauchen Luft: »Ach, Kurt, ich bin doch weder das eine noch das andere. Und mit Pasetti herrscht Krieg, wenn du es genau wissen willst.«

»Wie bedauerlich.«

Wenn sie seine liebenswürdige Gleichgültigkeit noch eine Sekunde länger ertragen muss, wird sie ihn erwürgen. Dabei ist alles nur ihre Schuld. Sie hat bei ihrer Suche nach irgendetwas alles auf die falsche Zahl gesetzt.

»Ich gehe dann mal besser.« Trotz allem kann sie nicht widerstehen, Kurt im Vorbeigehen einen Kuss auf die Wange zu hauchen. Er duftet nach Seife und Sandelholz. Sie schließt die Augen. Er riecht wie Kurt. »Ich finde allein hinaus.«

14. SZENE

---◇---

Entgegen ihrer Gewohnheit – Paris, Sommer 1934

Diese Leere! Sie liegt auf dem Bett und betrachtet das graue Rankenmuster, das der abblätternde Putz freigelegt hat. In der gläsernen Schale der Deckenleuchte über ihr sind schon einige Fliegen verreckt, ohne dass man sich darum gekümmert hätte.

Otto wartet auf sie an der Küste, doch sie konnte sich nicht durchringen, zu ihm zu fahren. Da sie allerdings auch keinen Schimmer hatte, wohin es sie stattdessen zog, hat sie sich in einer schäbigen Pariser Pension am Wegesrand einquartiert.

Hollywood. Auch wenn sie nicht mehr unter einem Dach leben, hat sie sich nie eine getrennte Zukunft auf zwei verschiedenen Kontinenten vorgestellt. Sie nimmt einen gierigen Schluck Armagnac, den sie in dem Laden an der Ecke aufgetrieben hat. Er schmeckt moderig. Vertrauenerweckend hat das Geschäft nicht ausgesehen, deswegen würde es Lotte nicht wundern, wenn die

Flasche eine andere Flüssigkeit enthielte. Sie muss an das Dienstmädchen denken, das sich vergiftete. Lotte war noch ein Kind und lag wegen unerklärlicher Schwellungen an Lippen und Augen in der Klinik, als eine junge Frau in das Bett ihr gegenüber gelegt wurde. Der Arzt sagte, sie hätte Lysol geschluckt, was zu der Zeit sehr in Mode war. Besonders die Frauen nahmen es. Aus unerwiderter Liebe oder aus Armut. Oft genug kam beides zusammen. Lotte hatte die junge, reglose Frau bewundert. Sie sah so schön und erhaben aus, während die Nonnen ihr unter gotteslästerlichem Fluchen eine Haarnadel nach der anderen entfernten und aufgeregt um ihr Leben kämpften. Ganz ruhig hatte sie dagelegen, als beträfe sie der Aufruhr nicht. Eine perfekte Ophelia in ihrem Schleier aus schwarzem Haar, Lotte konnte nicht aufhören hinzusehen, bis der Arzt einen Vorhang um das Bett des Dienstmädchens zog. Doch da war es bereits gestorben.

Als Lotte den engen Vorraum dieser Absteige betrat, wo der Portier hinter der Rezeption Radio hörte, spielten sie ausgerechnet eines von Kurts neuen Liedern, für die sie längst nicht mehr die erste Sängerin ist: »Je ne t'aime pas«. Galten diese Worte ihr? *Ich liebe dich nicht.*

Sie trinkt Armagnac, bis sich dessen brennende Süße in etwas Galliges verwandelt, das Zimmer vor ihren Augen verschwimmt und sie das Badezimmer aufsucht. Ihr ist so übel, dass sie über die Kloschüssel gebeugt darauf wartet, sich übergeben zu können, doch abgesehen davon, dass ihre Speiseröhre ein paar Mal krampfartig zuckt, passiert nichts. Ernüchtert steht sie auf und starrt in den Spiegel. Ihre Wangen sind fleckig, als habe sie Fieber, die Augen blutunterlaufen.

»Karoline Wilhelmine Charlotte Blaumauer, du bist das

Letzte.« Würde irgendjemand diese Frau dort vermissen? Würde ihr selbst etwas fehlen?

Zurück im Schlafzimmer setzt sie sich auf die Kante des Bettes. Das Wummern in ihrem Kopf soll endlich aufhören. Irgendetwas muss passieren. Sie wird etwas unternehmen, sobald sie die Nagelschere in ihrer Handtasche gefunden hat. Was danach passiert, überlässt sie einer höheren Macht.

Ein Klopfen. An ihrer Tür. Lotte fällt nicht gleich ein, wo sie sich befindet. Nur dass sie aufstehen muss, weiß sie. Aber sie ist wohl in einem dieser Albträume gefangen, in denen man glaubt aufzuwachen, es einem aber nicht gelingt, die Augen zu öffnen. Sie muss eingeschlafen sein. Das Klopfen hört auf. Jetzt hört sie stattdessen eine Männerstimme. Wenn der nicht aufhört zu brüllen, explodiert ihr Schädel. Sie möchte den Mann bitten, sie ihn Ruhe zu lassen, aber kein Ton verlässt ihren Mund. Endlich gelingt es ihr, sich aufzurichten. Sie steht auf, aber sofort geben ihre Beine nach, so dass sie auf dem Fußboden auf den Knien hockt. Bis es Lotte gelingt, sich mit ihren Händen hochzustemmen, scheint eine Ewigkeit zu vergehen. Zaghaft setzt sie einen Fuß vor den anderen.

»Lotte, verdammt, gleich lasse ich die Tür einschlagen.«

Als sie die Stimme erkennt, kichert sie. *Die höhere Macht habe ich mir anders vorgestellt.*

»Bravi.« Sie hat die Tür geöffnet und versucht, ihm zur Begrüßung die Arme um den Hals zu legen. Doch er umklammert ihre Hände, um Lotte auf Distanz zu halten. Er sieht angewidert aus. Sie folgt seinem Blick und entdeckt die weinroten Rinnsale an ihren Unterarmen. Das hatte sie glatt vergessen. »Oh.«

»Das ist alles, was dir einfällt?« Bravi betrachtet sie zornig, bevor er vorsichtig einen Arm um ihre Schulter legt, um sie zurück zum Bett zu führen.

»Setz dich. Ich bin gleich wieder da.«

»Wo gehst du hin?«

Ohne zu antworten, verschwindet er im Badezimmer. Kurz darauf kehrt er mit einem angefeuchteten Handtuch zurück. Sachte tupft er die Wunden ab. »Ich rufe einen Krankenwagen.«

Lotte schüttelt den Kopf. »Sieht nicht so aus, als wäre ich in Lebensgefahr. Ich scheine zu nichts Nützlichem fähig zu sein.«

Bravis Wangen röten sich vor Wut. »Warum hast du es überhaupt versucht?«

»Ich …«

»Von allen Dummheiten, die du bislang begangen hast … ich hätte dir bislang immer zugutegehalten, dass du nicht der Typ für so viel Selbstmitleid bist.«

Lotte lacht heiser auf. »Was für ein Kompliment.«

Er verdreht die Augen. »Warte, ich gehe nach unten und frage den Portier nach Verbandszeug. Ich kann doch sicher sein, dass du in der Zeit hier keinen Unsinn anstellst?«

Nickend streckt sie eine Hand nach ihm aus.

Hastig weicht er zurück. »Vorsichtig, fass mich bitte nicht an. Wenn ich da unten blutbesudelt auftauche, werde ich bestimmt verhaftet.«

»Der brave Bravi als brutale Bestie. Das könnte mir gefallen.«

»Du bist ja komplett betrunken. Ich gehe jetzt.«

Für einen Moment denkt Lotte, Bravi hätte in seinem Ärger entschieden, sie allein zurückzulassen. Was, wenn sie doch stirbt? Ganz allein in diesem elenden Zimmer. Ihr ist so kalt, nur ihre

Wangen brennen vor Scham über die Erkenntnis, dass er recht hat. Sie wollte nie tot sein, nur wiederauferstehen würde sie gerne.

»Mein Retter …«, murmelt sie, als Bravi doch noch einmal zurückkehrt. Unter dem Arm trägt er eine Verbandskiste. Er setzt sich neben sie aufs Bett und versorgt wortlos ihre Wunden.

»Ich brauche ihn«, entfährt es ihr.

Bravi runzelt die Stirn. »Hast du mich deshalb angerufen? Sollte ich dich finden und es ihm erzählen?«

»Ich habe dich angerufen?«

»Du bist eine schlechte Schauspielerin.«

»Nein, das bin ich nicht. Würde ich lügen, würdest du es nicht merken. Ich erinnere mich nicht, jemanden angerufen zu haben.«

Noch weniger versteht sie, warum ihr in einer Notlage niemand Besseres eingefallen sein soll als Kurts bester Freund.

»Ich werde es ihm nicht sagen«, sagt Bravi fest.

»Das würde ich auch nicht wollen. Wirklich nicht. Du musst mir nur sagen, ob es eine Chance gibt, dass wir noch einmal zueinanderfinden.«

»Weil du ihn brauchst?«

»Vielleicht braucht er mich ja auch.«

»Wohl kaum. Wie könnte irgendjemand das hier brauchen?«

»Das war dumm, ein Ausrutscher. Jetzt weiß ich es besser. Ich könnte für ihn da sein, mich um ihn kümmern.«

»Du wirst ihm den Rücken freihalten, ihm die Ruhe geben, nach der er verlangt, und seinen Haushalt führen?«

Lotte will Bravis Zweifeln ein lautes Ja entgegenbrüllen. *Wenn es denn das ist es, worauf es eurer Meinung nach in einer Ehe ankommt.* Aber sie kann ihn nicht mehr anlügen. Sie hat ihm ein Geheimnis aufgezwungen, das sie verbinden wird, ob es ihnen gefällt oder nicht. Sie schuldet ihm etwas, zumindest Ehrlichkeit.

»Du meinst, ich bin nicht in der Lage dazu, ihm eine anständige Frau zu sein.«

»Das meine ich. Es tut mir leid für dich.« Leise setzt er nach kurzem Zögern hinzu: »Und für ihn.«

Überrascht sieht sie ihn an. »Was willst du damit sagen? Vermisst er mich?«

»Ach, Lotte. Wenn du das fragen musst, kennst du ihn gar nicht. Bitte vergiss, was ich gerade gesagt habe. Ich wollte dir nicht neue Flausen in den Kopf setzen.«

Er hebt ihr Kinn so ungewohnt zärtlich an, dass Lotte für einen Moment fürchtet, er wolle sie nun küssen. Stattdessen mustert er sie mit prüfendem Blick. »Wenn du ihn liebst, dann lässt du ihn in Ruhe, verstanden?«

3. Akt

Wherever you die, I shall die;
And there shall I be buried beside you.
We will be together forever.
And our love will be the gift of our life.
(»Song of Ruth«, The Eternal Road/
Road of Promise)

1. Szene

———◇———

Zwei in einer Bar – Zürich, Sommer 1934

Lotte sinkt in einen der Stühle der Bar des Corso-Theaters. Sie zündet sich eine Zigarette an und stellt sich darauf ein, in wenigen Stunden wieder »reich, aber glücklich« sein zu müssen.

Seit sie Kurt das letzte Mal gesehen hat, ist es schon eine Weile her. Es ist ihr unmöglich, ihm unbefangen gegenüberzusitzen, solange sie Bravis Mahnung im Ohr hat. Kurts Freund hat ihr eine unentrinnbare Falle gestellt, indem er ihr klarmachte, dass sie die Wahrhaftigkeit ihrer Empfindungen nur beweisen kann, indem Lotte sie tief in sich verschließt. Sie soll Kurt lieben, ohne dass er jemals davon erfährt, damit sie keine zweite Gelegenheit erhält, sein Leben zu ruinieren. Bravi muss sie wirklich für eine schreckliche Gefahr halten. Und könnte sie ihre Hand dafür ins Feuer legen, dass er unrecht hat? Wenigstens ist sie noch am Leben und sollte deshalb besser versuchen, dessen verfluchte Schönheit bis zur Neige zu saufen.

Ihr Blick fällt auf den Mann, der eine riesige Wandnische mit Farbe füllt. Er steht ganz oben auf einer Trittleiter, mit nacktem Oberkörper. Lotte scheint er nicht zu bemerken, so versunken ist er in seinem Tun. Die Malerei erscheint Lotte faszinierend, aber zugleich fremder als das Theater oder die Musik. Lottes Ausdrucksmittel ist der eigene Körper, den sie den Ideen eines anderen überlässt, als wäre sie ein Gefäß. Maler gehen den umgekehrten Weg, indem sie ihr Inneres nach außen tragen – vielleicht sogar das Unaussprechliche, das bei Lottes Kunst naturgemäß nur diffuse Ahnung bleiben kann. Jedenfalls gelingt es ihr nicht gleich, in dem Bild etwas zu erkennen. Sie sieht, dass es keine Kanten gibt, sondern nur fließende Rundungen. Gelbe Flächen, darüber ein Blatt in allen Schattierungen von Grün, dessen Form an einen Skorpion erinnert. Teilweise werden die Ornamente von kleineren, korallenroten Gebilden überlappt. Lotte steht auf, um sie genauer zu erkunden. Beim Näherkommen sieht sie in den roten Flecken einen Strauß aus Staubgefäßen. Vielleicht sehen ja so die Träume eines glücklichen Botanikers aus.

Die sonnengebräunte Haut des Malerrückens überzieht ein feiner Film aus Schweiß, der ihn wie eine Skulptur aus Messing schimmern lässt. Seine Arme sind so schlank, dass die Sehnen hervortreten, doch zugleich werden sie von Muskeln konturiert, die verraten, dass es nicht an Kraft fehlt. Bei jeder seiner Bewegungen fließen Schatten über Wölbungen seiner Schultern und die tiefe Kerbe dazwischen. Lotte weiß, dass sie Max Ernst vor sich hat, weil sein Auftauchen in der Zeitung angekündigt wurde.

»Sie sind also das Genie, über das alle reden?«, ruft sie zu ihm hoch.

Vor Schreck gerät er ins Straucheln, findet aber schnell wieder

Halt und schaut zu ihr hinunter. »Guten Tag. Ich habe Sie gar nicht bemerkt. Gefällt es Ihnen?«

Da er keinerlei Anstalten macht, die Leiter hinabzusteigen, ist Lotte gezwungen, weiter zu ihm hinaufzuschauen. »Was wird es denn?«

»Sagen Sie es mir!« Er lächelt und hat nun nichts mehr von einer Statue. Sein Blick voll der kaum zu zügelnden Energie eines jungen Raubtiers.

»Mit Gärten kenne ich mich nicht aus«, erwidert Lotte.

Max Ernst lacht. Er steigt die Leiter hinab und streckt ihr eine farbengesprenkelte Hand entgegen. »Sie sehen einen Garten darin? Nicht schlecht, Fräulein Lenja. Dies wird der ›Garten der Nymphe Ancolie‹.«

Dass er ihren Namen kennt, schmeichelt ihr. Sie ergreift seine Hand, ohne sich um die Farbkleckse darauf zu scheren.

»Jetzt sind Ihre Finger ganz gelb«, sagt Max. Er versucht, die Farbe an seinem Hosenbein abzuwischen. »Etwas anderes habe ich leider gerade nicht.«

Lotte zieht schnell die Hand weg. »Lassen Sie das!«

Verdutzt zieht er die Braue hoch. »Schüchtern?«

»Unsinn, aber ich würde meine Hand gerne noch gewinnbringend versteigern. Immerhin stammt das Muster darauf von Max Ernst.«

Beim Lachen wirft er den Kopf in den Nacken. Dann schaut er ihr beinahe provozierend in die Augen. Seine erweiterten Pupillen verraten ihr, wie es weitergehen wird. Es hat sich herumgesprochen, dass er Frauen mag und unglücklich macht. *Genau der Richtige für mich.* Es wird um nichts anderes gehen als ihre Körper.

»Werden Sie heute Abend auftreten?«, fragt Max.

Lotte nickt.

»Und morgen?«

»Da nicht.«

»Hätten Sie dann vielleicht Lust, mit mir einen Spaziergang an der Limmat zu machen?«

Je ne t'aime pas – siehst du, Kurt?

»Warum nicht.«

Keiner von ihnen blinzelt, während ihre Blicke verhandeln, bis sie sicher sind, sich nicht in den Absichten des anderen getäuscht zu haben. Danach lässt Lotte ihn stehen und verlässt pfeifend den Raum. Ohne sich umzudrehen weiß sie, dass er ihr grinsend nachschaut, bis sie aus seinem Sichtfeld verschwunden ist.

2. Szene

---◆---

Eine unerwartete Nachricht – Paris, Herbst 1934

In den vergangenen Monaten hat Lotte sich nicht einen Moment den Kopf über die neuen Entwicklungen in ihrem Leben zerbrochen. Doch kaum schlendert sie an Bravis Seite über den Montmartre, fühlt sie sich wie eine gefallene Klosterschülerin, die den strengen Priester von ihrer bewahrten Unschuld überzeugen muss.

Lotte denkt an jenen allerersten Spaziergang mit Max. Das Wasser der Limmat glänzte wie grünes Glas. Sie machten einander auf Entdeckungen am Wegesrand aufmerksam, die ihnen schön oder skurril vorkamen, und lachten. Sie beide wussten, dass es sich um ein Vorspiel handelte, zu dem ihnen später die Geduld fehlen würde. Lange hielten sie es nicht durch. Sie waren kaum eine halbe Stunde gelaufen, als Ernst sie an sich zog. »Wie lange muss ich dich noch spazieren führen, bis du mich auf dein Zimmer bittest?«

»Ich dachte schon, du würdest nie fragen. Ich fürchte, du bist viel besser als dein Ruf.«

»Dann muss ich ihn wohl verteidigen.« Er knurrte und krallte seine Pranke in ihren Nacken, um sie so fest an sich zu ziehen, dass sie beinahe zerquetscht wurde. Das Ziehen, das sie dabei zwischen den Beinen fühlte, ist seither kaum abgeflacht. Sie verstehen sich, finden beieinander Auflösung und Vergessen. Als Artverwandte können sie sich im Rausch verlieren, ohne sich zu verletzen.

Wenn sie an ihre Nächte denkt, bringt Lotte gegenüber Bravi kaum Kurts Namen über die Lippen, aber sie muss es einfach wissen. »Wie geht es ihm?«

Fröstelnd hakt sie sich bei ihrem Begleiter unter, der sich ihrem Arm nicht entzieht, und spürt dankbar seine Körperwärme an ihrer Seite. An diesem kalten Novembertag kriechen die hauchfeinen Nieseltropfen durch alle Kleidungsschichten.

Mittlerweile kennt Lotte Bravi gut genug, um zu erkennen, dass ihn ihre Frage ärgert, er sie aber trotzdem beantworten wird. Es wäre zu erwarten gewesen, dass sie sich nach dem Abend im Hotel aus dem Weg gehen würden. Stattdessen ist eine zaghafte Freundschaft entstanden, wenngleich er ihr immer noch nicht ganz zu trauen scheint und sie sich in seiner Nähe weiterhin befangen fühlt, seit er sie im Hotel ohne jede Maske erlebt hat.

Er seufzt nachsichtig. »Kurt geht es gut, Lotte.«

Wenn Bravi sich doch nur durchringen könnte, preiszugeben, ob es in Kurts Leben gerade jemanden von Bedeutung gibt! Kurt schreibt ihr regelmäßig und sie ihm auch. Er hat sie mit dem Bandwurm geneckt, der sie vor einiger Zeit plagte, und sie ihn wegen seiner Schuppenflechte getröstet. Sie hatte ihm bei der Autoversicherung geholfen, sie haben Geldangelegenheiten bekakelt und nie an aufmunternden Worten gespart. Aber all dies fühlte sich so belanglos an.

»Ich habe von dir und Ernst gehört. Freut mich für dich«, sagt Bravi.

Lotte ist nicht so dumm, es abzustreiten. »Du warst schon einmal subtiler. Aber egal, was du denkst: An dieser Geschichte ist nur sein Name ernst. Wir vertreiben uns die Zeit. Im Grunde könnten wir ebenso gut Geschwister sein.«

Bravi zieht eine Augenbraue hoch. »Geschwister? Ich hoffe, du hast dir mit deinen Brüdern nicht auf die gleiche Art deine Zeit vertrieben?«

»Wieso halten dich nur alle für nett? Scheußlicher Gedanke. Wenn du sie kennen würdest, könntest du das nicht fragen. Irgendetwas muss ich doch anfangen, damit ich mich nicht Kurt an den Hals werfe. Das war es doch, was du wolltest, oder?«

»Und deshalb musst du dich natürlich dem Nächstbesten an den Hals werfen.«

»Pffff … Bravi, soll ich dir verraten, was euer Problem ist? Ihr seid es, die dem Körperlichen viel zu viel Bedeutung beimessen. Im Ernst, es ist doch nichts anderes als eine gute Flasche Wein. Man bekommt einen herrlichen Schwips, und wenn man zu viel davon nimmt, hat man im Nachhinein einen schalen Geschmack auf der Zunge. Mit Liebe hat das doch nichts zu tun.«

Bravi kneift die Augen zusammen, dann lacht er auf. »Es gefällt mir nicht, aber manchmal glaube ich, das Leben wäre viel einfacher, wenn alle so dächten wie du.«

»Na bitte.« Entgegenkommend räumt sie ein: »Aber wahrscheinlich ist deine Frau froh, dass du nicht mit mir übereinstimmst. Wie geht es Friedel?«

Es fällt ihr schwer, sich die beiden zusammen auszumalen. In Lottes Vorstellung lebt dieser Abravanel im Zölibat.

»Wir überlegen, nach Amerika zu gehen«, sagt Bravi.

»Ihr also auch?« Etwas in ihr krampft sich zusammen.

Noch weilt Kurt in Frankreich, aber es kann nicht mehr lange dauern, bis er das Land verlässt. Seine Unzufriedenheit wächst rapide – ebenso die Zahl derer, die ihn wegen seines Jüdischseins schmähen.

Lotte drückt ihren Ellbogen in Bravis Seite. »Ich glaube, ich werde sogar dich ein wenig vermissen.«

Er schmunzelt. »Wirklich? Dabei weiß ich nicht einmal, ob ich dich mag.«

»Macht uns das nicht fast zu einer Familie? Ständig bist du unzufrieden mit mir, und doch bleiben wir durch etwas verbunden, das wir uns nicht ausgesucht haben. Fast als wäre Kurt unser allmächtiger Vater.«

»Willst du sagen, du siehst mich als deinen Bruder? Das scheint mir ein gefährlicher Posten zu sein, nach dem, was du mir von Ernst und dir erzählt hast.«

»Nun mach dir mal nicht ins Hemd. In deinem Fall wäre es ja glatter Inzest.«

»Ich bin froh, dass du es so siehst.«

Höflich begleitet er sie zu ihrem Hotel. Nachdem sie sich voneinander verabschiedet haben, sieht sie ihm nach, bis er beinahe um die Ecke verschwunden ist. »Warte, Bravi!«

Er bleibt stehen, als er ihren Ruf hört, und sie rennt auf ihn zu. Reumütig sieht sie ihn an. »Nach dem, was du und ich erlebt haben, sagt man sich die Wahrheit, oder? Ich kann dir nicht versprechen, dass ich Kurt in Ruhe lasse. Das mit Ernst … ich kann nicht gut Zeit mit mir alleine verbringen. Ich glaube, das ist es. Aber du irrst dich, wenn du denkst, ich wolle Kurt nur um meinetwillen. Ich möchte wirklich für ihn da sein.«

Sie wappnet sich für seine Standpauke, aber die harschen Worte bleiben aus. Stattdessen legt Bravi ihr beide Hände auf die Schultern. Es macht sie ganz nervös, wie er sie mustert und offensichtlich zu einem Entschluss zu kommen versucht. Er atmet lautstark aus. »Also gut, Lotte. Dann will ich dir auch die Wahrheit sagen. Mit Erika ist es aus, und ich habe es endgültig satt, dass ihr mir in den Ohren liegt. Was das angeht, seid ihr beide unerträglich. Was alles andere angeht, ist er viel netter als du.«

»Ich weiß, Bravi. Ich weiß.«

Ihre ersten Tränen sind Lotte noch peinlich, doch dann spürt sie, wie mit ihnen ein Teil des schrecklichen Drucks entweicht. Sie küsst Bravi sanft auf die Wange. »Danke. Du wirst dich also für mich bei ihm verwenden?«

Er schüttelt den Kopf. »Das kann ich nicht, Lotte. Ich verstehe, dass es mir unmöglich ist, euch voneinander fernzuhalten. Aber an meiner Meinung hat sich nichts geändert. Für den Rest seid ihr nun selbst verantwortlich.«

3. SZENE

———◇———

Zwischen den Stühlen – Paris, Frühjahr 1935

In seinem letzten Brief ist Kurt mit keinem Wort auf ihren Vorschlag eingegangen. Dabei hatte er nicht weniger als ihr Versprechen beinhaltet, ihm den Rücken freizuhalten und ihm den Haushalt zu führen, sollte er vielleicht doch mit ihr zusammenziehen wollen. Am besten in England, dort könnten sie ihre sprachlichen Fähigkeiten vor der Amerikareise verbessern. Sie hatte ihm sogar vorgerechnet, wie viel Geld sie auf diese Weise sparen würden, und es so als den praktischen Einfall einer guten Freundin dargestellt. Nur für den Fall, dass Bravi sich irrt.

Sie weiß nicht, wie sie es deuten soll, dass Kurt diesen Teil ihres Briefes geflissentlich übergangen hat. Wenn sie nachts wach liegt, ist sie sich sicher, dass er nicht auf ihren Vorschlag reagieren wird, solange sie sich nicht ganz und gar von Max gelöst hat. Auch wenn sie nicht mehr zockt, glaubt sie noch daran, dass das

Schicksal auf der Seite derjenigen ist, die alles auf eine Karte setzen.

Trotzdem bringt sie es nicht über sich, mit Max zu brechen. Er hat ihr gutgetan, auch wenn sie wünschte, er würde sie nicht dermaßen in seine Angelegenheiten hineinziehen. Sie versucht, der Tatsache, dass sie gerade eingepfercht mit ihm und seinem halbwüchsigen Sohn in einem Wagen sitzt, nicht allzu viel Bedeutung beizumessen. Sicher wird Jimmy daraus nicht ableiten, dass er bald eine neue Stiefmutter hat, wo er mit den Eskapaden seines Vaters doch so vertraut ist. Schon als kleines Kind wurde er Zeuge, wie sich sein Vater mit dem Lyriker Paul Éluard eine Frau teilte. Was möglicherweise dazu geführt hat, dass sich Jimmys Mutter von Max getrennt hat. Dennoch lässt sie ihren Jungen oft seinen Vater besuchen. Max hat sie als insgesamt wenig nachtragende Frohnatur beschrieben.

Jimmy scheint wenig von der Leichtfüßigkeit seiner Eltern geerbt zu haben. Durch den Rückspiegel erhascht Lotte einen Blick auf dessen peinlich berührte Miene. Anscheinend hat sein Vater schon alle Hemmungslosigkeit für sich beansprucht, so dass für den Sohn nichts mehr übrig geblieben ist. Andererseits kann es für keinen fünfzehnjährigen Jungen angenehm sein, dabei zuzuschauen, wie der eigene Vater eine Frau auf sehr eindeutige Weise berührt. Max hat schon wieder seine Hand auf ihrem Oberschenkel. Seit einer Weile macht er sich über nichts anderes Gedanken als über sein Alter. Mit gerade einmal sechsundvierzig Jahren fürchtet er, seine Potenz zu verlieren. Sein Grausen versucht er, mit Unersättlichkeit in Schach zu halten.

»Solange es noch geht!«, ertönte an diesem Morgen sein Schlachtruf, als er zum dritten Mal mit ihr schlafen wollte und bei Lotte schon ein leichter Überdruss aufkam. Zu Beginn ihrer Bekanntschaft hat ihre Gier seiner in nichts nachgestanden, doch nun scheint es wieder einmal so weit zu sein, dass ihr Begehren nichts weiter als die unwillkürliche Reaktion auf die des Mannes an ihrer Seite ist. Wenigstens erfüllt diese meistens noch ihren Zweck. Deshalb zog Lotte ihn auch an diesem Morgen wieder auf sich und versicherte Max, dass er sich um seine Manneskraft einstweilen keine Sorgen machen müsse.

Nun aber schiebt sie entschlossen seine Hand weg, was Max mit einem widerwilligen Grunzen quittiert.

Lotte dreht sich zu Jimmy um. »Ich habe gehört, dass du nun in Glückstadt lebst und eine Lehre als Schriftsetzer begonnen hast. Gefällt es dir dort?«

Jimmy errötet.

Max klopft auf das Lenkrad. »Nun sag endlich was, mein Junge.« Dann, bevor Jimmy die Gelegenheit hat zu antworten, fährt er fort: »Er findet dich großartig. Die Platten der *Dreigroschenoper* hortet er wie seinen wertvollsten Besitz.«

»Ist das wahr?«, fragt Lotte.

Jimmy senkt den Blick. »Es stimmt, ich mag, wie Sie singen.«

»Danke. Das ist ein großes Kompliment für mich. Wirklich.«

Der Junge nickt schüchtern, aber diesmal heben sich dabei seine Mundwinkel ein ganzes Stück.

Wenn Lotte Glück hat, ist der Junge noch nicht zu alt, um sich mit Naschereien und Abenteuerfilmen bestechen zu lassen. »Hoffentlich ist der Film so gut, wie man sagt. Ich habe Schokoladenpralinen dabei, wirklich feine. Wir werden es uns richtig gut gehen lassen.«

Im Kino arrangiert Lotte es so, dass Jimmy zwischen Max und ihr sitzt. Er soll den »Schrei der Gehetzten« genießen dürfen, ohne von Zärtlichkeitsbekundungen der Erwachsenen behelligt zu werden. Das scheint ihm zu gefallen, genau wie die Pralinen. Er hat die Schachtel fast alleine geleert, lange bevor der mexikanische Revolutionär Pancho Villa – La Cucaracha genannt – am Ende erschossen wird. Der Name des Schauspielers hat groß auf dem Plakat über dem Eingang des Madeleine Cinéma geprangt, andernfalls würde Lotte ihn nicht erkennen. Sie haben Wallace Beerys ansehnliches Gesicht durch strähnige Ponyfransen, einen Sombrero und den albernen Schnurrbart verunstaltet.

Hinterher scheint Max aufgeräumter Stimmung zu sein. »Gehen wir noch etwas essen?«

Lotte schaut zu Jimmy. Als der nickt, stimmt sie ebenfalls zu. Doch im Auto vergisst sie seine Anwesenheit für einen Moment, weswegen sie zulässt, dass Max' Zunge über ihre empfindliche Ohrmuschel gleitet.

Von der Rückbank lässt sich ein gequälter Laut vernehmen. »Ich möchte an der nächsten Metro-Station aussteigen.«

»Entschuldigung.« Lotte lacht und rückt ein Stück von Max ab.

»Ist dir übel, Jimmy?«, fragt Max besorgt.

»Wundert dich das?«

Mit gerunzelter Stirn versucht Max, im Rückspiegel den Blick seines Sohnes aufzufangen. »Was hast du denn?«

»Nichts, ich würde nur gerne aussteigen.«

Unwillig hält Ernst den Wagen an. »Wie du meinst.«

Das laute Scheppern, nachdem Jimmy die Autotür zugeworfen hat, lässt eine ältere Passantin erschreckt zusammenfahren.

Doch da tritt Max schon wieder aufs Gaspedal. »Was soll's.

Morgen werde ich dafür etwas nur mit ihm unternehmen. Hast du übrigens schon über meine Pläne nachgedacht?«

»Du meinst dein Vorhaben, lebende Kunst aus mir zu machen?«

»Ich will, dass du dabei Kommentare singst, die sie alle provozieren. Kannst du das?«

»Zweifelst du daran?«

»Sicher nicht.«

Sie schließt ihre Augen und lässt den Kopf gegen die Rückenlehne sinken. *Gleich morgen werde ich es ihm sagen. Morgen ganz bestimmt.* Aber das entzückende Insekt, das er für sie gefertigt hat, wird sie unter Glas verwahren. Und auch die Karikatur wird sie behalten, die Ernst von ihrer beider Gesichtern angefertigt hat. Darauf pickt ein Raubvogel nach Lottes Hut. *Morgen.*

4. Szene

———◇———

Ein seltsamer Zipfel – Paris,
Frühjahr 1935

Weder hat sich Lotte eindeutig von Max getrennt, noch hat sie von Kurt jemals eine klare Antwort erhalten. Um noch einmal nachzufragen, ist sie zu stolz. Dass Max und sie nun aber schon seit längerem nicht mehr miteinander schlafen, ist weniger ihrem Anstand oder ihrem Aberglauben geschuldet als dem Umstand, dass sie schreckliche Schmerzen im Unterleib plagen. Schließlich haben sie Lotte auf die unbequeme Liege im Sprechzimmer von Monsieur Dalsace getrieben. Mit weit hoch geschobenem Rock liegt sie vor ihm, während der Arzt sich einfühlsam ihren Genitalien widmet. Zwischen seine Erkenntnisse zum Zustand ihrer Weiblichkeit platziert er Brocken höflicher Konversation. Er kommt ihr wie ein Mechaniker vor, der ein Gerät wartet.

»Ist der Motor irreparabel defekt?«

»Der Motor?« Verdutzt hält er inne.

»Schon gut.« Sie beschließt, lieber weiter zu schweigen.

»Ich habe damals übrigens Ihr Stück gesehen, Fräulein Lenja. Die *Todsünden*. Es hat mir sehr gefallen.« Endlich zieht er das kalte Metall aus ihr heraus, das gerade noch äußerst unangenehm an ihrer Gebärmutter gezwackt hat.

Mühsam unterdrückt Lotte ein Lachen. »Es freut mich, dass Ihnen gefällt, was Sie gesehen haben.«

Er räuspert sich. »Es handelt sich um einen Polypen in der Gebärmutter. Nichts Schlimmes, aber stellen Sie sich auf eine kleine Operation ein.«

»Einen Polypen? Woher kommt der denn?«

Dalsace zuckt mit den Achseln. »Solche Wucherungen sind nichts Ungewöhnliches. Sie tauchen einfach manchmal auf.«

Dann ist es ja gut. Für einen Moment fürchtete sie, die Erkrankung sei die Strafe für ihre Umtriebigkeit. Sie hielt sich nicht für sehr fromm, aber man konnte ja nie wissen. Als Kind machte sie jedes Mal an der Wohnungstür kehrt, wenn sie vergessen hatte, sich an der Marienstatue im Treppenhaus zu bekreuzigen.

»Werden Sie den ungezogenen Polypen jetzt gleich entfernen?«

»Dafür bin ich hier nicht eingerichtet. Aber ich werde gerne bei dem Eingriff für Sie da sein, gemeinsam mit einem Kollegen vor Ort.«

»Wird das sehr teuer werden?« So leichtfertig sie früher das Geld verschwendet hat, so achtsam behandelt sie nun jeden Franc. Allein schon, um nicht wieder Kurt um Unterstützung bitten zu müssen.

»Sie könnten sich im Hospital operieren lassen. Dort würde Sie der Eingriff keinen Franc kosten. Sie müssten sich allerdings mit mehreren Frauen ein Zimmer teilen und damit rechnen, dass zahlreiche Studenten bei der Operation anwesend sind.«

»Und in einer Privatklinik?«

»Dort erhielten Sie ein Einzelzimmer, müssten aber alles in allem mit tausend Francs rechnen.«

Offenbar deutet er ihr Zögern richtig, denn er fügt rasch hinzu: »Gehen Sie ruhig in das Hospital. Ich bin ja bei Ihnen.«

»Danke, Herr Doktor. Dann kann es nicht so schlimm werden. Wie lange werde ich dort bleiben müssen?«

»Sie können nach dem Eingriff schnell wieder nach Hause gehen. Dort sollte allerdings jemand sein, der sich um Sie kümmert und Sie davon abhält, sich anzustrengen.«

Lotte denkt an ihr kleines Zimmer in der Pension und an ihre Haushälterin Madame Charan, die sich einen feuchten Kehricht um sie schert. »Das wird kein Problem werden.«

Sie schwingt ihre Beine über die Liege und steht auf. Bei ihrem Versuch, wieder in die Unterhosen zu schlüpfen, unterbricht sie der Arzt mit einer Geste in Richtung des Paravents. Lotte fragt sich, welche Frau noch Wert auf diese Diskretion legt, nachdem der Arzt ohnehin schon alles gesehen und berührt hat. Dennoch folgt sie seiner Aufforderung.

»Was bekommen Sie von mir für diese Untersuchung?«, fragt sie danach.

»Nichts. Für Künstler ist die Behandlung umsonst.«

»Vielen Dank. Das ist aber nett von Ihnen.«

Er lächelt. »Nichts zu danken. Der Staat hat es so festgelegt.«

»Vive la France!«, ruft Lotte zum Abschied.

5. SZENE

---◇---

Ein Wiedersehen – Paris,
Frühjahr 1935

Kurt hat ihr nicht erlaubt, sich im Hospital operieren zu lassen, sondern auf die Privatklinik bestanden – auf seine Kosten. Außerdem nötigte er sie, sich in seiner Wohnung auszukurieren, damit seine freundliche Madame Berton Lotte bekochen und aufpäppeln könne. Man würde sich nicht in die Quere kommen, da er sich woanders aufhalte. Als ob Lotte sich darum sorgen würde! Allerdings scheinen sich seine Pläne geändert zu haben, denn sie ist kaum vier Tage hier, und schon hat er seine Rückkehr angekündigt. Zugleich bat er sie, die Wohnung nicht seinetwegen zu verlassen, da sie sich noch zu schonen hätte. Seine Worte klangen fürchterlich sachlich.

Unruhig rutscht sie auf dem Sofa hin und her. Vielleicht hätte sie besser gehen sollen. Er scheint ja nicht sehr viel Wert auf ihre Anwesenheit zu legen. Je näher seine Ankunftszeit rückt, desto weniger überzeugt ist sie, ihn umstimmen zu können. Sie hätte ohne weiteres in ihre Pension zurückkehren können, da ihr Körper sich gut erholt zu haben scheint. Doch sie ist geblieben.

Als sie hört, wie er die Tür aufsperrt, springt sie auf. Dann setzt sie sich wieder hin und streicht ihre Rockfalten glatt. Auf dem Couchtisch neben ihr liegt ein Buch. Es liegt dort seit ihrer Ankunft, ohne dass sie einen Blick hineingeworfen hätte. Nun schlägt sie es an beliebiger Stelle auf. *Huckleberry Finn.* Kurt hat ihr erzählt, wie gerne er eine Oper aus diesem Stoff schaffen würde. Mark Twain hat ihrer aller Vorstellung von Amerika ebenso geprägt wie die Geschichten von Jack London.

»Hallo.« Kurt steht im Raum.

Sie sieht auf. »Hallo.« Lotte gelingt es, überrascht zu klingen, als sei sie so in ihr Buch versunken gewesen, dass sie Kurts Rückkehr nicht bemerkt hat.

»Wo ist denn Harras?«, will Kurt wissen.

Sie legt das Buch zur Seite und erhebt sich. »Bei Madame Berton.«

Sie begrüßen sich mit Wangenküssen. Beim Hinsetzen rückt Lotte an den Rand des Sofas, um Kurt den freien Platz zu offerieren, aber wieder einmal ignoriert er ihre Einladung und wählt den Sessel. Nach dieser Zurückweisung weiß sie gar nicht mehr, wie sie es anfangen soll, mit ihm zu reden. Erst mal fragt sie ihn deshalb nach seinen Londoner Abenteuern aus. Er berichtet ihr, wie zwischenzeitlich Scotland Yard bei ihm auf der Matte stand, weil sich die Pfundnoten, die er Aufricht abgekauft hatte, als Blüten entpuppten. Sie lacht laut, nachdem er diese Anekdote zum Besten gegeben hat, dabei fällt es ihr schwer, sich auf sein Plaudern zu konzentrieren. Zwischen ihnen liegt ein dichter Dunstschleier alles Unausgesprochenen, wie eine Trennwand, die alle Geräusche dämpft.

Unruhig wippt sie mit dem Fuß. Schließlich unterbricht sie seine Ausführungen: »Hast du schon über meinen Vorschlag nachgedacht?«

Er sieht sie fragend an.

»Ich spreche davon, einen gemeinsamen Haushalt in London zu eröffnen.« Sie versucht, nicht gereizt zu klingen.

Er schnippt ein imaginäres Staubkorn von seinem Ellbogen.

»Um ehrlich zu sein, hat es mir in London viel weniger gut gefallen als gedacht.«

Als ob es bei ihrem Vorschlag jemals um London gegangen wäre. Sie zwingt sich, weiterhin Ruhe zu bewahren. »Es tut mir leid, dass sie dort mit der *Dreigroschenoper* nicht viel anfangen konnten. Aber vielleicht sollte man den Engländern eine zweite Chance geben. Wenigstens verachten sie Hitler derart, dass ihr Land sicher eine nazifreie Zone bleiben wird.«

Er sieht aus dem Fenster. »Vielleicht könnte ich dort tatsächlich die Zeit überbrücken, bis ich nach Amerika gehe. Es dauert seine Zeit, ein Visum zu erhalten.«

»Vielleicht könntest du für mich auch eines beantragen. Du wirst jemanden brauchen, der dir den Haushalt führt. Das könnte ich übernehmen. Niemand kennt dich so gut wie ich, du könntest in Ruhe arbeiten.«

Kurt gibt ein seltsames Geräusch von sich. »Wie willst du das denn anstellen?«

»Ich kann Eier braten, und den Rest bekomme ich auch hin«, erklärt sie verärgert.

Nachdenklich betrachtet er sie. »Ich kann mir dich nicht als meine kleine Hausfrau vorstellen und denke auch nicht, dass du das wirklich möchtest.«

Sie ist den Tränen nahe, weil sie ihm nicht guten Gewissens widersprechen kann. Sie wäre eine katastrophale Haushälterin. Außer um ihn zu foppen, hat sie noch nie einem Mann die Puschen hinterhergetragen.

Dann ist es nun wirklich vorbei?

Noch scheint er zu zögern. Ob aus Angst oder aus echter Ablehnung, vermag Lotte nicht festzustellen. Sie kennt ihn immer noch gut genug, um zu wissen, dass seine Zurückhaltung frei von der Arroganz ist, die ihm manche unterstellen. Nur ihre Nuancen zu lesen hat Lotte verlernt. Sie hält ihre Hände so fest ineinander verschränkt, dass die Knöchel weiß hervortreten. *Amerika.* Früher haben sie gemeinsam von diesem wilden Land geträumt. Kurt sollte es mit ihr an seiner Seite erobern.

»Ach, Lenja-Benja, bist du dir ganz sicher, dass du es für eine gute Idee hältst? Das Zusammenleben ist uns nie gut geglückt.«

Nun ist Lotte gewiss, dass sie verloren hat. Kurt hat wie ein Mann geklungen, der einen Entschluss gefasst hat, nicht wie jemand, der eine offene Frage stellen wollte. Selbst wenn er seine Entscheidung aus Vernunft und gegen seine Gefühle getroffen haben sollte, wird er an ihr festhalten. Wankelmut hat nie zu seinen Schwächen gezählt. Es ist Lotte unmöglich, über diese Absage mit einem munteren Lächeln hinwegzugehen.

»Ich habe ja ganz vergessen, dass ich noch eine Verabredung habe.« Sie muss auf der Stelle den Raum verlassen, bevor sie sich noch selbst demütigt.

Im Vorbeigehen küsst sie Kurt flüchtig auf die Wange.

»Tschüs, mein Fröschlein. Ich muss mich jetzt leider ein wenig beeilen.«

Als sie die Türklinke hinunterdrückt, flattert ihr das Herz im Brustkorb wie ein panischer Sperling.

»Lenjakind, du hast meine Frage noch nicht beantwortet.«

Lotte erstarrt. Dann lässt sie die Klinke los und dreht sich langsam um. Seine Augen sind feucht, und dann plötzlich sind ihre es auch. Sie nimmt Anlauf, um sich auf seinen Schoß zu werfen, wo sie ihm sanft die Brille von der Nase zieht.

»Falls sie ins Wasser fällt, springe ich ihr hinterher.« Sie legt ihm die Hände auf die Wangen. »Wirklich, Kurt, dieses Mal bin ich mir ganz sicher. Wir müssen zusammen sein. Es geht nicht anders.«

Sie hören erst auf, sich zu küssen, als ihnen die Luft ausgeht. Kurt atmet tief ein. Er lächelt, als er erwidert: »Dann glaube ich es auch.«

6. SZENE

―――◇―――

Aufbruch,
September 1935

Als das Schiffshorn zum Ablegen bläst, winkt Lotte von ihrem Deck aus den wildfremden Köpfen unter ihr zu. Dabei nimmt sie so viel Schwung, dass sie aus Versehen ihren Nebenmann trifft.

»Aua.« Es ist der Regisseur Max Reinhardt, der sich mit schmerzverzerrter Miene an den Hals fasst.

Lotte hält sich die Hand vor den Mund. »Hoppla, bitte verzeihen Sie mir.«

»Schon gut«, krächzt er. »Bei Ihnen muss man wohl mit so etwas rechnen. Sie haben sehr viel Energie.«

»Danke für das Kompliment. Aber es ist wirklich aufregend, oder?«

»Nun ja. Sie brechen in eine neue Heimat auf und haben allen Grund, aufgeregt zu sein. Für mich wird es erst mal nur ein Gastspiel.«

»Ihr Pech.« Lotte grinst.

Reinhardt verzieht keine Miene. »Soll ich etwa gehen und alles verlieren, was ich in fünfunddreißig Jahren aufgebaut habe? Finden Sie es wirklich so leicht, Ihre Heimat zurückzulassen?«

»Ich verlasse nicht meine Heimat, ich laufe aus Cherbourg aus. Davor habe ich in Paris, London, Berlin und Zürich gelebt. Geboren bin ich in Wien. Ich lasse nicht das Gleiche zurück wie Sie. Meine Heimat steht vielleicht da vorne.« Sie deutet auf Kurt, der seinen Blick bereits vom Land abgewandt hat und versonnen auf das Meer schaut.

»Vielleicht überlegen Sie es sich ja noch einmal, wenn Sie erst dort sind, Herr Reinhardt. Sie werden ganz sicher Geschmack an dem Land finden. Denken Sie nur an den Broadway. Was für Möglichkeiten sich Ihnen dort auftun würden.«

Er schmunzelt milde. »Vielleicht sollten wir erst mal dieses Stück zu Ende bringen. Wer weiß, wie die Amerikaner es aufnehmen.«

»Es wird ihnen sicher gefallen. Wenn ich es recht verstanden habe, wollen Sie es zuerst in einem Zelt aufführen?«

Bei dem Stück handelt es sich um Kurts ersten Auftrag aus der Neuen Welt. Der Dichter Franz Werfel hat sich bereit erklärt, den Text zu verfassen.

Reinhardt nickt. »Ein riesiges Zelt. Es soll im Central Park stehen. Ich will, dass es selbst für die sensationsverwöhnten New Yorker etwas ganz Besonderes ist.«

»Im Central Park? Wie praktisch. Dann werden wir es von unserem Hotel aus zu Fuß erreichen können. Es liegt direkt am Park. Ich habe mir Amerika auf einer Karte angeschaut. Ich glaube nicht, dass sich dort sonst viel zu Fuß erreichen lässt. Wobei ich das eigentlich herrlich finde.« Tatsächlich erscheint Lotte der Gedanke einer unbegrenzten Ausdehnung voller Gelegenheiten unwiderstehlich. Sie wird Cowboys, Indianern, Wolkenkratzern und Negern begegnen und diese Brötchen mit den dicken Buletten darin verspeisen.

Beim Abendessen auf hoher See sitzen sie im Schiffssalon zwischen Säulen auf brokatbezogenen Stühlen unter einer prunkvoll verzierten Dachkuppel. Die Kellner flitzen unermüdlich hin und her. Trotz ihres Eifers verrutscht nicht einem einzigen die weiße Serviette, die über seinem Unterarm liegt. Max Reinhardt berichtet derweil, wie er einmal eine ganze Schauspielklasse ins Theater geschleift hat, um ihnen Lotte in *Frühlingserwachen* vorzuführen. »Ich habe zu ihnen gesagt: ›Schaut euch dieses Musterbeispiel an Vitalität an. So muss die Ilse gespielt werden. So und nicht anders.‹«

Lotte strahlt ihn an. »Wirklich? Das habe ich ja gar nicht gewusst.«

»Das ist meine Lotte.« Kurt nimmt ihre Hand und küsst sie neckisch. »Ich bin mir sicher, dass selbst Gott ihre Vitalität liebt. Sie sind ein Wunder, mein Fräulein.«

Wenn sie diesen Männern so zuhört, ist sie sich fast sicher, dass es ihr tatsächlich gelingen wird, den amerikanischen Kontinent zu erobern. In Europa ist es ihr schließlich schon einmal geglückt.

Die Kellner servieren Gänseleberpastete, so fein, dass sie auf der Zunge schmilzt, dazu Muscheln, Flussaal und eine exotisch gewürzte Ananas. Lotte schließt die Augen und genießt die köstliche Überreizung ihrer Geschmacksknospen.

»Was für ein Luxus. Man fühlt sich beinahe schuldig, wenn man an die Zurückgebliebenen denkt.«

Kurt nickt betroffen. Sicher kommt ihm Hans Fallada in den Sinn. Wie so viele andere Schriftsteller vermochte er es nicht, sich von seiner Muttersprache als seinem wichtigsten Werkzeug zu trennen. Seine Mieter denunzierten ihn, woraufhin man ihn bald abholte, diesen freundlichen, traurigen Mann, der noch kurz zuvor Kurt gerettet hatte, indem er ihn über einen Mittelsmann vor einer Verhaftung warnen ließ. Die elenden Mieter waren vor ihm die Eigentümer des Hauses gewesen. Sie bauten wohl darauf, es billig zurückzuerhalten, wenn sie den neuen Besitzer als Volksfeind verunglimpften. Wenn Lotte daran denkt, wie erfolgreich sie damit waren, packt sie immer noch die Wut. Zwar wurde Fallada bald wieder entlassen, kehrte aber nie mehr in das Haus zurück, sondern verkroch sich als unerwünschter Autor im entlegenen Carwitz. Als Lotte zuletzt von ihm hörte, hieß es, er habe seine Umgänglichkeit verloren und ziehe es nun vor, sich zu Tode zu saufen.

»Ich fürchte, dass wir in New York sparsamer leben müssen.« Kurt lässt seinen Blick über die Säulen, den Brokat und die Langusten schweifen.

»Mach dir keine Sorgen, Liebling. Ich werde unser Geld zusammenhalten. Ich brauche nicht viel.« Lotte lehnt den Luxus nicht ab, wenn er sich ihr vor die Füße wirft, aber sie kann ihn ebenso leicht entbehren. Sie will den Broadway erobern und ihrem Mann Gesellschaft leisten. Darüber hinaus hat sie keine Pläne. Jedenfalls keine, deren Umsetzung sonderlich viel Geld kosten würde.

»Wenn wir dort sind, möchte ich in jedem Fahrstuhl, den wir

erwischen, die Wolkenkratzer hinauffahren, und zwar noch bevor wir die Koffer auspacken, Kurt. Und natürlich müssen wir uns den Broadway ansehen. Ach, und ich möchte nach Hoboken fahren, um ein paar echte Neger zu sehen.«

Reinhardt räuspert sich. »Mir ist allerdings zu Ohren gekommen, dass man die vor allem in Harlem antrifft.«

»Wirklich?«, fragt Lotte. »O je. Das hätten wir wissen müssen, als wir *Das Lied von Hoboken* gespielt haben.«

In der *Negerkomödie* – so lautet der Untertitel des Stücks – rannten Lotte und ihre Kollegen mit geschwärzten Gesichtern über die Bühne und waren der festen Überzeugung, es handele sich bei Hoboken um ein zweites Afrika. Aber vielleicht hatte der Autor des Stücks ebenso wenig Ahnung von Hoboken und Harlem wie Brecht von Alabama und Bilbao.

»Gut«, sagt Kurt. »Dann besichtigen wir zuerst die Wolkenkratzer. Danach würde ich gerne eine Karte an meine Eltern schreiben. Von New York nach Palästina – so weit ist noch keine Nachricht zwischen uns gereist.«

»Sie sind gerade ausgewandert, wie wir, aber in eine andere Richtung«, erklärt Lotte, an Max Reinhardt gewandt. »Wir werden sie vermissen.« Sie lehnt ihren Kopf an die Schulter ihres Mannes. Von nun an wird sie seine Familie sein.

Nachdem ihre Mahlzeit beendet ist, verabschieden sich Lotte und Kurt von ihrem Bekannten, um in dem Pool ein Deck tiefer ein paar Runden zu schwimmen.

»Man fragt sich, ob in Athen überhaupt noch Säulen stehen«, raunt Kurt. Auch die kleine Badehalle wurde imposant ausstaffiert.

Kurt hat keine Handvoll Bahnen gezogen, da setzt er sich schon wieder auf eine der beheizten Marmorbänke.

»Erwartest du, dass ich dir hier alleine ein Wasserballett aufführe?« Sie taucht unter, um unter Wasser einen Handstand zu machen. Dann strampelt sie mit ihren Beinen, so dass Kurt eine ganze Ladung Wasser abbekommen muss. Als sie wieder auftaucht, hat der einzige andere Gast, ein älterer Herr, empört seine Schwimmzüge unterbrochen. »Was ist das für ein Benehmen.«

Lotte schaut weiter nur zu Kurt. »Früher hast du länger durchgehalten.«

»Hier stößt man nach drei Zügen gegen die nächste Wand. Da warte ich lieber, bis ich wieder im Meer schwimmen kann.«

Lotte stützt ihre Hände am Beckenrand ab, um sich aus dem Wasser zu stemmen. »Recht hast du, mein Liebster.«

Der Schwimmer scheint einen Hustenkrampf zu erleiden. Endlich schenkt ihm Lotte ihre Aufmerksamkeit. »Mir ist aufgefallen, dass es eine Treppe gibt, vielen Dank. Aber ich bevorzuge nun einmal den direkten Weg.«

»So ist sie«, bestätigt Kurt und zuckt bedauernd die Achseln.

Sie nimmt das Handtuch, das er ihr entgegen hält, und drückt damit erst die Haare aus, bevor sie ihren Körper abrubbelt. Dann sinkt sie auf die Bank neben Kurt.

»Bald können wir wieder im Atlantik baden. Diesmal auf der anderen Seite. Gibt es in New York überhaupt einen Strand?«

»Davon sollte man ausgehen. Teile der Stadt liegen schließlich am Meer«, erwidert Kurt.

Lotte räkelt sich mit empor gestreckten Armen. »Ich glaube es ist an der Zeit, schlafen zu gehen.«

In ihrer Kabine schmiegen sie sich müde vom warmen Wasser und zu viel Essen aneinander. Mit ihrem Zeigefinger zeichnet Lotte die Konturen von Kurts nackter Brust nach. »Was der arme Bravi wohl denkt?«

»Bist du sehr gekränkt, wenn ich dir verrate, dass alle meine Freunde mich vor dir gewarnt haben?«

»Nein.« *Doch.* »Was hast du ihnen gesagt?«

»Dass dich ja irgendjemand vor den bösen Nazis retten musste.«

»Das ist der Grund?«

»Aber nein. Ich habe außerdem gesagt, dass es alte jüdische Tradition ist, dass ein Mann seiner Frau zu vergeben hat.«

Gekränkt dreht Lotte sich auf den Rücken. »Das kann dir keiner abgenommen haben. Du hast dich noch nie als Bewahrer jüdischer Traditionen aufgespielt. Und diese hast du ganz sicher erfunden.«

Lachend dreht er sich zu ihr auf die Seite. Sie spürt seine Lippen an ihrem Ohr, und durch den ungeschützten Gehörgang kriecht sein Flüstern direkt in ihr Innerstes, wie es seine Musik immer schon vermocht hat.

»In Wahrheit sind wir hier, weil du mir etwas gibst, das mir kein anderer Mensch zu geben vermag.«

Besänftigt streichelt sie sein Gesicht. »Und ich dachte schon, es ist dir ernst, mit deinem ganzen ›Je ne t'aime pas‹.«

»Hättest du genau hingehört, mein Schatz, wäre dir aufgegangen, was es eigentlich bedeutet. Dass ich dich liebe.«

»So wie ich dich.«

7. Szene

◇

Ankunft,
10. September 1935

Kurts Rufe reißen sie auf dem Schlaf. »Steh auf, Lotte! Schnell!« Erschrocken reißt sie die schlafklebrigen Augen auf. Draußen wird es bereits hell. Sie muss Stunden geschlafen haben, dabei hat sie das Gefühl, nur kurz eingenickt zu sein. »Was ist denn los, Kurt? Hast du einen Eisberg gesehen?«

»Etwas viel Besseres, Liebchen. Du musst schnell an Deck kommen. Ich habe die halbe Nacht draußen verbracht, um diesen Anblick nicht zu verpassen. Du wirst es bereuen, wenn du nicht sofort aufstehst.«

»Sind wir etwa schon da?«

»So gut wie.«

Hastig schlüpft sie in Kleid und Strümpfe von gestern. Ihren Mantel streift sie über, während sie die Treppe zum Zwischendeck hochrennt – immer zwei Stufen auf einmal nehmend.

Oben angelangt, beugt sie sich weit über die Reling. »Oh …«

Kurt schlingt von hinten seine Arme um sie. In andächtiger Stille beobachten sie, wie die grünblaue Statue mit der Fackel in der Hand an ihnen vorbeizieht.

»Wir haben es tatsächlich geschafft, Kurt. Welcome to New York, Darling.« Sie dreht sich um und küsst seine Nasenspitze.

Nachdem sie Ellis Island im Hafen von New York passiert haben, erreichen sie Manhattan, wo sie auf die Skyline schauen, die sie schon so oft auf Bildern und auf der Leinwand gesehen haben.

»Es ist wie nach Hause kommen«, flüstert Lotte. »Aber ich habe nicht geahnt, dass diese Kästen tatsächlich an den Wolken kratzen!«

Erfreut über so viel Begeisterung verstrickt der Amerikaner neben ihnen sie in ein Gespräch. »Sie sind wohl das erste Mal hier?«

Sie erfahren von ihm, dass er gerade Verwandtschaft in Großbritannien besucht, hat und erklären ihm, dass sie echte Amerikaner zu werden gedenken.

»Wie vernünftig von Ihnen.« Der Mann lächelt so stolz, als wäre der Erfolg seines Landes allein ihm zuzuschreiben.

»Kennen Sie vielleicht das Hotel St. Moritz?«, fragt Lotte. »Dort sollen wir unterkommen.«

Er nickt. »Sie werden sich wohl ein Taxi nehmen müssen. Aber seien Sie vorsichtig. Den Fahrern ist nicht zu trauen. Sie sind zwielichtige Burschen, alle miteinander. Vor kurzem haben sie wieder einmal einen Aufstand angezettelt und dabei einige Menschen verletzt. Sind viele Zuhälter und Verbrecher darunter.«

»Oh«, sagt Lotte. *Wie aufregend.*

Als sie die Taxis sehen, zögern sie keine Sekunde, in eines einzusteigen. Lotte fragt sich während der Fahrt, ob Kurt auch so enttäuscht ist. Ihr Fahrer verhält sich schrecklich zuvorkommend, kein bisschen wie ein Gangster. Stattdessen erweist er sich als ebenso auskunftswillig wie für seine Gäste unverständlich.

»Es klingt, als würde er permanent auf etwas kauen«, flüstert Lotte. »Ganz anders als in London.«

»Wir werden uns bald daran gewöhnt haben«, erwidert Kurt.

Vor einem Klotz, der Lotte ohne seine vielen ebenbürtigen Nachbarn wie ein außerordentlicher Koloss erschienen wäre, hält der Wagen an. Tausende gläserner Augen starren aus dem braungrauen Sandstein auf sie herab. Das Bauwerk erinnert sie an einen überdimensionierten Wehrturm. Es besteht aus einem Kasten, auf den in verschiedenen Höhen weitere Quader geschichtet wurden, von denen manche Zinnen tragen.

Ein Page nimmt dem Fahrer ihr Gepäck ab und geleitet sie, nachdem sie ihre Rechnung beglichen haben, ins Innere des Hotels.

»Da hängt ja sogar das echte St. Moritz.« Lotte deutet auf ein Gemälde an der Wand. »Meine Güte, ist denn hier alles aus Marmor?«

»Manches ist golden«, sagt Kurt lächelnd.

»Wo ist denn hier der Fahrstuhl?«, ruft Lotte dem Portier an der Rezeption entgegen, noch bevor dieser sie angemessen begrüßen kann.

Die Augenbrauen des Mannes zucken ein paar Mal. »Sie haben die Auswahl zwischen sechs Fahrstühlen. Suchen Sie einen bestimmten?«

»Egal, wir nehmen alle.«

»Nun gut.« Ein Räuspern. »Wenn Sie sich einmal umdrehen würden. Dort sehen Sie schon zwei von ihnen.«

»Das sollte für unsere Zwecke erst mal genügen, was meinst du, Lenja-Benja?« Kurt zwinkert ihr zu.

»Wie ist denn Ihr Name?« Der Portier blättert in seinem Buch. Verlegen sehen sich die Angesprochenen an.

»Herr und Frau Weill«, sagt Lotte dann. Sie haben sich als Ehepaar angemeldet, weil sie fürchteten, sonst kein gemeinsames Zimmer beziehen zu dürfen.

»Herr und Frau Weill, ich heiße Sie herzlich willkommen in unserem Haus. Ihre Zimmernummer steht auf den Schlüsseln. Sie wohnen im zweiundzwanzigsten Stock. Um Ihr Gepäck wird sich einer unserer Angestellten kümmern, mit allen weiteren Fragen wenden Sie sich bitte vertrauensvoll an mich.«

»Zweiundzwanzig! Wie viele Stockwerke sind es denn insgesamt?«

»Es sind dreiunddreißig, Madame.«

Lotte pfeift. »Beeindruckend. Da passen sicher jede Menge Zimmer hinein.«

»Rund tausend«, erwidert der Mann unbeeindruckt.

»Vielen Dank.« Lotte zerrt am Arm ihres Mannes. »Los, schnappen wir uns einen der Fahrstühle.«

Nachdem sie alle sechs nacheinander ausprobiert und die Aussicht genossen haben – »So ähnlich musst du dir Fliegen vorstellen«, hat Kurt gesagt –, verlassen sie das Haus, ohne bislang einmal ihr Zimmer betreten zu haben.

»Broadway?«, fragt Kurt auf der Straße.

Sie nickt. »Unbedingt.«

Auf ihrem Weg kann Kurt sich kaum von den Auslagen der Geschäfte losreißen. In einem Lebensmittelladen hüpft er vor Freude. »Hast du diese riesigen Behälter an Speiseeis gesehen?«

Sie bewundern die Theater und deren Lichter und machen am Ende vor einem Kino halt. Kurt legt einen Arm um Lotte. »*Dark Angel*. Das scheint mir die perfekte Gelegenheit zu sein, um in unserer neuen Sprache anzukommen.«

Einander an den Händen haltend warten sie darauf, dass nach dem Vorprogramm ihr erster Film auf amerikanischem Boden anfängt. Als es so weit ist, wird ihnen klar, dass sie einen Fehler gemacht haben.

»Im Ernst?« Lotte prustet. »Ein Stummfilm?«

Vor Lachen laufen ihnen die Tränen hinunter, während die ersten Zuschauer schon über die Störung zu murren beginnen.

Lotte dreht sich zu ihnen um und legt einen Zeigefinger an die Lippen: »Psssst.«

Schnell duckt sie sich vor dem Ärger der anderen weg. Sie verbirgt ihr Gesicht an Kurts Brust, der lächelnd ihr Haar streichelt.

»Wenn wir echte Amerikaner sein wollen, brauche ich aber auch einen amerikanischen Künstlernamen«, flüstert Lotte, als alle wieder still dem Film folgen.

»Du hast bereits einen Namen, behalte ihn lieber. Ein paar Amerikaner kennen dich sicher schon von deinen Aufnahmen zur *Dreigroschenoper*.«

»Ich denke, du hast recht. Aber dann will ich mich in Zukunft wenigstens mit einem Y statt des Js schreiben. Das wirkt so weltgewandt.«

»Na gut, Lotte Lenya mit Y.«

Als Lotte am Ende des Films aufsteht, zieht Kurt sie zurück auf seinen Schoß. »Wenn wir uns schon im Hotel als die Weills ausgeben, könnten wir uns doch tatsächlich noch einmal trauen, was meinst du?«

»Sicher.« Sie legt ihre Arme um seinen Hals. »Wenn schon jemand eine ehrbare Frau aus mir machen muss, habe ich nichts dagegen, dass du es bist.«

EPILOG

Nun, da sich Lottes Augen an die Dunkelheit in Brechts Arbeitszimmer gewöhnt hatten, sah sie seine Gesichtszüge deutlicher. Doch alles, was dahinter lag, erschien ihr unschärfer als zu Beginn ihres Besuchs. Der beinahe zärtliche Umgang, den sie an diesem Abend pflegten, war nur ein sentimentales Echo. Es war eine Illusion zu glauben, sie würden einander noch kennen.

So viele Menschen waren Lotte über die Jahre fremd geworden. Manchmal dachte sie noch an Louise, die damals zwar tatsächlich nach London gefahren, aber bald darauf nach Berlin zurückgekehrt war. Während des Kriegs versteckte sie Juden. Als die Männer mit ihren Schlachten fertig waren, wurde sie von den Russen vergewaltigt. Danach hatte sie das Singen verlernt. In diesen Tagen kämpfte sie als Politikerin in Westberlin für die Jugend und die Kultur. Sie hatten keinen Kontakt mehr.

Andere waren bereits gestorben. Kaiser. Nur einen Monat nach der bedingungslosen Kapitulation. Kurt. Und kurz darauf ihre Mutter. Kurts Tod war nicht zu verwinden, aber sie vermisste auch ihre Mutter sehr. Irgendwann einmal würde sie in die Ameisgasse gehen und die neuen Mieter bitten, sie für einen Moment hereinzulassen. Sie würde vielleicht ein wenig in der Küche verweilen, in der sie als Kind schlief. Womöglich erlaubte man ihr ja sogar, auch das Schlafzimmer ihrer Mutter noch einmal zu betreten. Sie würde gerne sehen, ob die mit Kupferplatten überzogene Kuppel der Kirche am Steinhof noch genauso im Abendlicht schimmerte wie damals, als man sie frisch erbaut hatte.

Kurt. Seine letzten Worte an sie lauteten: »Liebst du mich denn wirklich, Lenya?«

»Nur dich.« Mehr gab es nicht zu sagen. Aber hätte sie gewusst, dass sie danach nie wieder miteinander reden würden, hätte sie gelächelt, statt sich insgeheim über die Frage zu ärgern. Nun konnte sie nur hoffen, dass er ihr geglaubt hatte, denn es war die Wahrheit.

Gelogen hatten nur die Ärzte, die von einem vierwöchigen Krankenhausaufenthalt und Schonung gesprochen hatten, aber mit keinem Wort erwähnten, dass es auch ganz anders kommen könnte. Als er umfiel, schrieb er gerade an einer neuen Oper. In dem Autor Maxwell Anderson hatte er endlich einen passenden Partner für seinen *Huckleberry Finn* gefunden. Er war so glücklich darüber gewesen. Dennoch hatte Lotte versucht, ihm im Krankenhaus den Stift aus der Hand zu nehmen, den er ansetzte, sobald seine Finger einmal nicht zitterten. Als er ihr entgegnete, dass er siechen würde, wenn er nur still daläge, hinderte sie ihn nicht mehr an der Arbeit. Später warfen ihr das manche seiner Freunde vor, dabei hatte sicher nicht sie ihn angetrieben, sich zu Tode zu schinden. Als hätte sie ihn jemals von einem Notenblatt fernhalten können! Es war ihr immer noch unbegreiflich, dass Kurts Geist mitsamt all der Musik, die noch hinausgewollt hatte, erloschen sein sollte.

Als der Arzt den Wartesaal betrat, wobei er den Blicken von Lotte und Kurts anderen Besuchern auswich, wusste Lotte, was er gleich sagen würde. Doch selbst nachdem er es ausgesprochen hatte, war sie nicht imstande, es zu verinnerlichen. Sie verstand es auch dann noch nicht, als sie den Toten zurück ins Haus schafften, um ihn dort aufzubahren. Sie saß neben ihm, redete mit ihm und hatte trockene Augen, als sie Albert und Emma in einem Brief mitteilte, dass sie einen weiteren Sohn verloren hatten. Hanns war bereits drei Jahre zuvor gestorben.

Als Albert Weill am Ende des gleichen Jahres verstarb, fragte sich Lotte unwillkürlich, ob er beschlossen hatte, kein weiteres seiner Kinder überleben zu wollen.

Lotte schritt bei der Beerdigung hinter Kurts Sarg her und glaubte immer noch nicht, dass er wirklich fort sein könnte. Sie erwartete, zu ihm zurückzukehren. In ihr wunderschönes, aber eigentlich schon für zwei Menschen viel zu großes Brook House. Es hatte eine weinüberwucherte Veranda und lag an der South Mountain Road am nördlichen Ende der Stadt.

Sie selbst hatte die Verse für seinen Grabstein ausgewählt und die passenden Noten eingravieren lassen. Die Zeilen stammten aus Kurts letztem vollendeten Stück *Lost in the Stars*. Verfasst hatte sie Maxwell Anderson, der sie bei der Zeremonie auch vortrug:

===== A bird of passage out of night
Flies in at a lighted door,
Flies through and on in its darkened flight
And then is seen no more. =====

===== This is the life of men on earth
Out of darkness we come at birth
Into a lamplit room, and then
Go forward into dark again. =====

Erst später, als alle Gäste gegangen waren und sie alleine in ihrem Haus saß, setzte das Begreifen ein. Danach überkam sie selbst im Wachzustand ständig das Gefühl, tief zu fallen, wie man es manchmal beim Einschlafen verspürt. Sie sank auf den Boden des Meeres, begraben unter Wassermassen, die ihr die Luft abschnürten. In Kurts Grab konnte es nicht dunkler sein als in ihrer Tiefsee. Ihre treuesten Freunde, darunter die Aufrichts, die ebenfalls nach Amerika ausgewandert waren, besuchten sie beinahe täglich. Margot schlief sogar gelegentlich in ihrem Haus, damit Lotte nicht auf dumme Ideen kam. Wäre Lotte nicht so schrecklich müde gewesen, hätte sie ihr sagen können, dass man ihren Schlaf nicht bewachen musste. Ihre Träume waren die einzigen Orte, an denen sie sich noch lebendig fühlte. Kurt besuchte sie dort. Erst im Morgengrauem entglitt er ihr wieder. Dann krallte sie die Hände in seinem Kissen fest und bat ihn um Verzeihung, dass sie ihm nie die Frau gewesen war, die er verdient hätte.

Zu den Bußhandlungen, die sie sich auferlegte, gehörte der Brief an Cas, in dem sie ihn bat, genau zu berichten, wie sich Kurts Flucht nach ihrem Aufenthalt in München abgespielt hatte. Dass sie ihn damals in München zurückgelassen hatte, um zu Otto nach Wien zu fahren, belastete sie beinahe mehr als die Scheidung. Danach tischte sie allen die aufregende Räuberpistole von hilfreichen Gendarmen und dummen Nazis auf ihrer Reise von Berlin bis nach Frankreich auf, bis sie beinahe selbst daran glaubte, denn die Scham über ihr Verhalten setzte bereits ein, kurz nachdem sie das Münchner Hotel verlassen hatte. Sie sprachen nie über das, was danach geschehen war. Sie hatte keine Ahnung, wie Kurt nach Frankreich gelangt war. In dem Wissen, dass es sie quälen würde, verlangte sie von Cas, diese Lücken zu füllen.

Bei ihrem Aufbruch in die Neue Welt hatten Kurt und sie beschlossen, nicht zurückzublicken. Doch so optimistisch sie damals auch in die Zukunft blickten, ließ sich Kurt dennoch kein Kind abtrotzen. Er gab vor, um ihre Gesundheit besorgt zu sein, dabei hatte sie sich von einem Arzt versichern lassen, dass ein kleiner Eingriff ihre Fruchtbarkeit wiederherstellen könnte. Dennoch fürchtete Kurt sich vor dem, was eine Schwangerschaft ihrem 42-jährigen Körper antun würde. *Immer so verflucht rücksichtsvoll!*

Sie hätte sich gerne um etwas Kleines gekümmert. Ausreichend Zeit hatte sie auch. Es hatte sich als Irrtum entpuppt, dass die Amerikaner auf jemanden wie sie gewartet haben könnten. In den letzten Jahren war sie kaum mehr als die Ehefrau eines äußerst erfolgreichen Musical-Komponisten gewesen, während Kurt einen Triumph nach dem anderen feierte. »Liebes, ich muss nicht durch einen Sohn weiterleben, ich hoffe, dass mein Werk das übernehmen wird.«

Nach seinem Tod half ein neuer Ehemann ihr, den Auftrag in Kurts Worten zu erkennen. Unterstützt von George Davies umsorgte sie seither Kurts Musik wie eine Mutter. George war ihr der ideale Gefährte. Dank ihm war Lotte dem Verstorbenen treuer denn je. Er war homosexuell und schon deshalb nicht daran interessiert, Kurt zu ersetzen. Ganz im Gegenteil war dessen Musik die große Leidenschaft, die sie teilen konnten.

»Siehst du, nun bin ich dir doch noch die perfekte Ehefrau«, vertraute sie eines Abends Kurts Kopfkissen an.

In Amerika hatte sich herausgestellt, dass es keinem von ihnen gelang, das andere Geschlecht vollständig zu ignorieren. Einmal hätte er sie beinahe für eine andere Frau verlassen. Dennoch blieben sie bis zu seinem Ende *das* Paar. Nachdem sie ihn endgültig verloren hatte und versank, holte George sie wieder an die Oberfläche. Er war ihr schon davor ein guter Freund gewesen, seit sie ihm kurz nach ihrer Ankunft in New York begegnete. Er war gut darin, andere zu fördern. Als Herausgeber von Zeitschriften hatte er junge Talente wie Truman Capote und Jane Bowles entdeckt. Er war es auch, der erkannte, dass Lotte eine Aufgabe benötigte. »Rette sein Erbe«, hatte George gesagt.

Lotte kam wieder zu sich. Die ersten Atemzüge stachen so sehr, dass sie ihren Freund für dessen Mühen hasste. Doch als sie begriff, wie richtig er lag, heirateten sie. Die Unterstellungen, George würde sie finanziell ausnutzen, ignorierte sie. Sicher, er konnte mit Geld nicht umgehen, aber niemand sonst hätte vermocht, was er getan hatte.

Ohne seine Beharrlichkeit wäre sie niemals mit Kurts Stücken in der New Yorker Townhall aufgetreten. Noch Minuten vor ihrem Auftritt verfluchte sie ihn wortreich, weil sie überzeugt war zu versagen.

»Denk daran, was für eine große Freude du ihm damit machen

würdest.« George lächelte unbeeindruckt von Lottes Beschimpfungen.

Sie betrat die Bühne mit hängenden Schultern. Die Stimme
war anfangs zu leise, die Gesten waren scheu. Doch während
des Auftritts geschah etwas. Unverhofft kehrte ein Teil von ihr
zurück, den sie insgeheim während der ganzen letzten Jahre
vermisst hatte. Sie hob ab und wurde zum Schmetterling. Anschließend applaudierte das Publikum in einer Lautstärke, von
der Lotte noch Stunden später die Ohren brausten. Für einen
kleinen Moment fühlte sie sich schuldig, dass sie nach Kurts Tod
zu solchen Hochgefühlen in der Lage gewesen war. Doch dann
erkannte sie, dass sie ihn damit nicht zurückließ. Indem sie ihre
neue Zukunft antrat, stärkte sie sein Vermächtnis.

Nach ihrem Auftritt in der Townhall rissen sich die Produzenten um Lotte. Jeder wollte die *Dreigroschenoper* neu inszenieren.
Doch erst als sie auf ein paar Anfänger traf, die das Stück genauso
zu verstehen schienen wie sie, willigte sie ein. Sie übernahm sogar
die Rolle der Jenny, wieder einmal ermutigt von George. Dafür
erhielt er wenig zurück, wenn man einmal davon absah, dass sie
ihm finanziell unter die Arme griff. Aber wenn er wieder einmal
auf Männersuche in den Brooklyn Docks zusammengeschlagen
wurde, pflegte Lotte ihn wie eine Mutter. Im ach so freien Amerika lebten Menschen wie er gefährlicher als im alten Berlin vor
dem Krieg.

»Ach, Kurtchen. Pass auf, den Deutschen zeigen wir es auch
noch. Das verspreche ich dir«, erzählte sie eines Abends seinem
Liegestuhl auf der Veranda ihres Hauses.

In der alten Heimat misstraute man Kurts Arbeit. Sie war zu

erfolgreich. »Zu broadwaymäßig«, schrieben sie, als sei das ein schrecklicher Makel und Kurt eine Hure, die sich bedingungslos dem Höchstbietenden hingegeben hätte. Dummköpfe! Natürlich hatte Kurt sich in den Jahren verändert wie jeder andere, sich dabei aber nie selbst verleugnet. Wer genau hinsah, sollte erkennen, dass ein *Lost in the Stars* gar nicht so weit von einem *Mahagonny* entfernt lag, nur dass es nun eben Schwarze in Johannesburg waren, die in Not gerieten, töteten und getötet wurden.

Gerade wegen der Voreingenommenheit seiner deutschen Kritiker war es Lotte wichtig, dass die Schallplatte, die sie hier einsingen sollte, ein Erfolg würde. Brecht musste ihr einfach erlauben, den *Surabaya-Johnny* mit in die Sammlung aufzunehmen.

Nachdem sie ihr Lied beendet hatte, betrachtete sie abschätzend ihr Gegenüber. Regungslos erwiderte Brecht ihren Blick. Dann stand er auf und ging langsam auf sie zu. Als er ganz dicht vor ihr stand, streichelte er ihr fast unerträglich zärtlich die Wange. »Du hast es so gesungen, wie ich es geschrieben habe.«

Lotte lächelte. Sicher würde es ihm gefallen zu hören, dass sie diesen Text für einen seiner besten hielt. Doch in einer Sache irrte er sich. Sachte legte Lotte ihre Hand auf seine, die immer noch auf ihrer Wange ruhte, und schaute ihm fest in die Augen. Mochte Brecht in ihnen doch lesen, was er wollte. Lotte selbst hörte in ihrem Innern laut und deutlich, was sie sagen wollten:

Nein, ich habe es gesungen, wie er *es geschrieben hat.*

Nachwort und Dank

Ich war jung, Gott, erst sechzehn Jahre …«, da habe ich in der Lüneburger Stadtbücherei eine Aufnahme mit Stücken von Kurt Weill entdeckt, gesungen von Lotte Lenya. Zu dem Zeitpunkt kannte ich keinen der beiden, aber ich mochte die Zeichnung von der leicht verlebten Frau auf dem Cover. Zu Hause legte ich die Kassette in den Recorder – das waren die Neunziger – und nahm sie wochenlang nicht mehr heraus.

Alles, was diese Frau mit ihrem stark rollenden R sang, klang leicht und hell, aber zugleich so, als balanciere sie dabei über einem Abgrund. Sie sang mit einer Intensität, die jedes Wort direkt unter die Haut kriechen ließ. Gerade die brutale Schönheit ihrer Version der *Ballade vom ertrunkenen Mädchen* hat ihre Widerhaken hinterlassen. Ich habe das Bild der jungen Frau, die langsam untergeht und verwesend von Gott vergessen wird, lange nicht aus dem Kopf bekommen.

Ein weiterer meiner Favoriten war das vergleichsweise harmlose *Surabaya Johnny*, das auch zu Lotte Lenyas Lieblingsstücken zählte. Ich habe mir die Noten gekauft und mich damit an das alte Klavier gesetzt, das mein Großvater uns hinterlassen hat. Dann habe ich sehr oft, sehr laut und sehr falsch gesungen. Immerhin mit stark rollendem R.

An dieser Stelle möchte ich meinen Eltern danken, die jedes

Mal vorgaben, sich zu freuen, wenn ich das Klavier malträtierte. Dabei muss sich zumindest mein tatsächlich sehr musikalischer Vater das ein oder andere Mal innerlich gewunden haben – ganz unabhängig davon, dass er Rockmusik vorzieht. Zum Glück für meine Mitmenschen habe ich bald gemerkt, dass mir zum Singen jedes Talent fehlt und ich ohnehin viel lieber schreibe.

Die Liebe zu Lenya und Weill ist geblieben. Umso glücklicher war ich über die Gelegenheit, ein Buch über die beiden schreiben zu dürfen. Hier gilt mein Dank Lisbeth Körbelin und Sarah Mainka, die das Buch vermittelt haben, sowie Carla Grosch, die es ausgewählt hat, und Volker Jarck, der es mit vielen guten Vorschlägen und Korrekturen verbessert hat.

Bei allem, was ich bereits über meine Hauptfiguren wusste, war dennoch viel akribische Recherche nötig, um ein solches Buch zu schreiben. Während der Arbeit hat mir ein Besuch der Bibliothek der Kurt-Weill-Gesellschaft in Dessau erheblich weitergeholfen: Vielen Dank, liebe Frau Hempel, für die Zeit, die Sie sich genommen haben, und die wertvollen Hinweise!

Dankenswerterweise ist ein Großteil des Briefwechsels von Lenya und Weill erhalten geblieben. Und meine Protagonistin hat sich in zahlreichen Interviews freimütig zu ihrem Leben geäußert, deshalb bilde ich mir ein, dass ich ein Stück weit in ihre Haut schlüpfen konnte. Dennoch bleibt dies ein Roman, in dem ich das Gerüst der Fakten immer wieder mit fiktionalen Elementen füllen musste. Manchmal habe ich Ereignisse der Dramaturgie zuliebe gerafft dargestellt oder Sätze, die in Briefen gefallen sind, in etwas anderer Form in einen Dialog aufgenommen. Wo es widersprüchliche Berichte gab, habe ich Lotte Lenyas Wahrheit zu meiner gemacht. Aber nicht für jedes Gespräch gab es Zeugen, und schon in die Köpfe noch Lebender kann man nur schwer schauen. Deshalb bleibt die Hauptfigur *meine* Version von Lotte Lenya. Sollten sich darüber hinaus – bei aller Gewissenhaftigkeit, um die ich mich bemüht habe – weitere Fehler eingeschlichen haben, gehen auch die allein auf meine Kappe.

Die Romanhandlung endet kurz nach Weills Tod, die Geschichte von Lotte Lenya ging weiter. Sie feierte nicht nur immer wieder neue Erfolge mit Weills Liedern, sondern legte ganz unabhängig davon noch eine beachtliche Filmkarriere hin. Für ihre Rolle als zwielichtige Gräfin in *Der zweite Frühling der Mrs. Stone* erhielt sie sogar eine Oscar-Nominierung.

Während der Arbeit an diesem Buch habe ich auf die oft gestellte Frage »Wer ist eigentlich Lotte Lenya?« irgendwann nur noch erwidert: »Die war bei James Bond dabei. Die böse Russin. Die den vergifteten Dolch aus der Schuhspitze schnellen lässt.«

Wie sich herausstellte, war dies die beste Antwort. Den Aha-Effekt kann man sehr gut ausnutzen, um zu erzählen, dass Lotte Lenya schon vor 1963, vor den *Liebesgrüßen aus Moskau*, ein recht aufregendes Leben geführt hat.

Last but not least möchte ich meiner Familie und meinen Freunden danken, die mich mitsamt meinen Spleens, von denen die Liebe zur Musik der 1920er und 1930er Jahre noch der harmloseste ist, so liebevoll annehmen und begleiten.

Stephanie Schuster
DIE WUNDERFRAUEN
Alles, was das Herz begehrt
Roman

Inmitten der 1950er Jahre, den Zeiten des Aufbruchs, eröff-
net Luise Dahlmann ein kleines Lebensmittelgeschäft in
Starnberg, in der Nähe von München. Dort gibt es alles, was
das Herz begehrt: Obst und Gemüse, Frischwaren, Ny-
lonstrümpfe, buttriger Kuchen, Schokolade … und jede
Menge Klatsch und Tratsch. Drei Frauen kreuzen dabei
immer wieder Luises Weg und werden schließlich Freundinnen: Annabel von Thaler, die neidische Arztgattin von
nebenan, die junge Helga Knaup aus München und Marie
Wagner, geflohen aus Schlesien. Sie alle haben Träume und
gemeinsam wagen sie es: einen Neubeginn.
Der erste Band der Wunderfrauen-Trilogie.

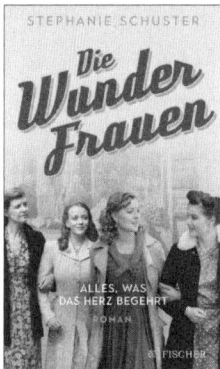

480 Seiten, Klappenbroschur

Weitere Informationen finden Sie auf
www.fischerverlage.de

AZ 596-70032/1

Daniel Speck
Piccola Sicilia
Roman

»Piccola Sicilia«, das italienische Viertel der farbenfrohen
Mittelmeerstadt Tunis, 1942. Drei Religionen leben in guter
Nachbarschaft zusammen – bis der Krieg das Land erreicht.
Im Grand Hotel Majestic begegnet der deutsche Fotograf
Moritz dem jüdischen Zimmermädchen Yasmina. Doch sie
hat nur Augen für Victor, den Pianisten.
Sizilien, heute: Taucher ziehen ein altes Flugzeugwrack aus
dem Meer. Die Berliner Archäologin Nina sucht ihren ver-
schollenen Großvater Moritz und trifft Joëlle, eine unbe-
kannte Verwandte aus Haifa, die ihr Leben auf den Kopf
stellt. Gemeinsam enthüllen sie ein faszinierendes Familien-
geheimnis.

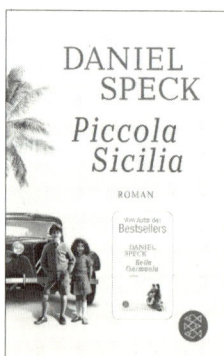

640 Seiten, broschiert

Weitere Informationen finden Sie auf
www.fischerverlage.de

AZ 596-70261/1

Elizabeth Gilbert
City of Girls
Roman

Das Leben ist zu flüchtig, zu gefährlich und zu kostbar, um
es nicht voll und ganz zu genießen. Nach einer Jugend in
der Provinz und dem Rausschmiss aus dem College, stürzt
sich die 19-jährige Vivian kopfüber in das wilde Leben
Manhattans der Vierziger: Musicals, Bars, Jazz und Gangster. Um jede Ecke biegt eine neue Liebe, erst recht im Lily
Playhouse, dem sympathisch heruntergekommenen Theater,
für das sie Kostüme näht. Ein Schatten scheint sich über sie
zu legen, doch sie lernt und bleibt sich selber treu.
Mit betörender Leichtigkeit, Witz, Charme und einer Heldin zum Verlieben gelingt Elizabeth Gilbert eine »Hymne
auf die Freuden des Lebens« (Evening Standard).

Aus dem amerikanischen Englisch von
Britt Somann-Jung
496 Seiten, Klappenbroschur

Weitere Informationen finden Sie auf
www.fischerverlage.de

AZ 10-002476/1

Peter Prange
Unsere wunderbaren Jahre
Ein deutsches Märchen.
Roman

Sie sind jung, sie haben große Träume, und sie fangen alle neu
an: am Tag der Währungsreform 1948, jeder mit 40 DM. Was
werden sechs junge Leute daraus machen? Vom Schuh-
verkäufer zum Unternehmer, von der Fabrikantentochter
zur rebellischen Studentin - sie alle gehen ihre ganz eigenen
Wege. Ihre Schicksale sind gleichzeitig dramatische Fami-
liengeschichte und episches Zeitporträt von 1948 bis 2001. Es
ist der Roman der Bundesrepublik. Es ist unsere Geschichte.
Der große Deutschland-Roman aus der Zeit, als die D-Mark
unsere Währung war.

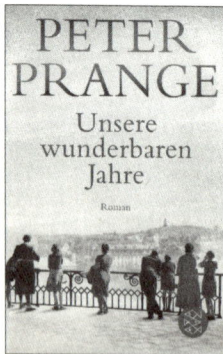

976 Seiten, broschiert

Weitere Informationen finden Sie auf
www.fischerverlage.de

AZ 596-03606/1

Petra Grill
Oktoberfest 1900 - Träume und Wagnis
Roman

München, 1900: Dass sie ein einfaches Schankmädchen war, muss Colina verheimlichen. Denn jetzt ist sie aufgestiegen zur Gouvernante der jungen, eigenwilligen Clara. Deren Vater, der Brauereimagnat Prank, strebt nach Macht und Einfluss auf dem Oktoberfest. Auch Claras Verheiratung soll dabei helfen. Aber Clara will sich seinen Befehlen nicht unterordnen. Trotz Colinas Warnung flieht sie von zu Hause. Der Skandal droht alles zu zerstören. Doch dann entwickelt Colina mitten im Glanz und Getriebe des Oktoberfestes einen gewagten Plan: Für sich und Clara will sie eine neue Chance aufs Glück erkämpfen.

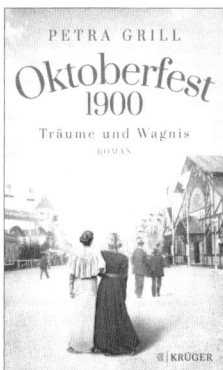

496 Seiten, Klappenbroschur

Weitere Informationen finden Sie auf
www.fischerverlage.de

AZ 8105-0057/1